财务精英进阶指南
登记申报+
纳税评估+税务稽查
实务及风险防范

卓青青　王　越◎著

中国铁道出版社有限公司
CHINA RAILWAY PUBLISHING HOUSE CO., LTD.

图书在版编目（CIP）数据

财务精英进阶指南：登记申报＋纳税评估＋税务稽查实务及风险防范 / 卓青青，王越著 .—北京：中国铁道出版社有限公司，2022.8

ISBN 978-7-113-29138-9

Ⅰ.①财… Ⅱ.①卓… ②王… Ⅲ.①企业管理－税收管理－税法－研究－中国 Ⅳ.① D922.220.4

中国版本图书馆 CIP 数据核字（2022）第 080148 号

书　　名：财务精英进阶指南：登记申报＋纳税评估＋税务稽查实务及风险防范
　　　　　CAIWU JINGYING JINJIE ZHINAN:DENGJI SHENBAO+NASHUI PINGGU+SHUIWU JICHA SHIWU JI FENGXIAN FANGFAN
作　　者：卓青青　王　越

责任编辑：王淑艳　　　　编辑部电话：（010）51873022　　电子邮箱：554890432@qq.com
封面设计：末末美书
责任校对：孙　玫
责任印制：赵星辰

出版发行：中国铁道出版社有限公司（100054，北京市西城区右安门西街 8 号）
网　　址：http://www.tdpress.com
印　　刷：三河市航远印刷有限公司
版　　次：2022 年 8 月第 1 版　2022 年 8 月第 1 次印刷
开　　本：787 mm×1 092 mm　1/16　印张：19.25　字数：409 千
书　　号：ISBN 978-7-113-29138-9
定　　价：88.00 元

序言

作为行政法的税法，纳税人和税务机关并不是平等的主体。从税务征收、管理、稽查的角度看，一个是被管理者，一个是管理者；从业务的角度看，一个是被服务者，一个则是服务者。税务机关既有纳税评估、稽查、增值税专用发票开票限额许可、特别纳税调整等权限，也有提供12366咨询服务、纳税信用级别查询服务、无接触便利办税服务等义务。纳税人、扣缴义务人、受托代征人、纳税担保人等则有纳税申报、接受税务检查、接受纳税评估、提交同期资料等义务，当然也有陈述申辩权、行政复议权、行政诉讼权等权利。两者各自行使权利并履行义务，只有纳税人对税法的遵从度有了提升，税务机关的"征管查"效率才能得以提高，形成依法治税、依法交税的良好局面，这也是税收征管改革的目标。

目前，许多税务当事人，特别是纳税人对税务登记申报、纳税评估、税务稽查程序性的规定知之不详，在实务中应对失当，造成该履行的义务未履行，形成涉税风险；该享有的权利未享受，坐受损失。为了让纳税人充分掌握税法与相关法律关系以及实务业务处理方法，笔者继2021年出版《财务精英进阶指南：业务＋税务＋法务协同操作实务及风险防范》之后，2022年又酝酿这部书稿，欲打造成姊妹篇，形成相辅相成、互为裨益的格局，权且称之为系统论。

《财务精英进阶指南：业务＋税务＋法务协同操作实务及风险防范》主要讲的是如何从宏观财经理论、相关法律、会计准则等多角度去理解税法，税法的起草宗旨与相关法条的竞合，特别是税法条款更新前后的意义与含义等，其目的是为读者释疑解惑。换个说法，如果《财务精英进阶指南：业务＋税务＋法务协同操作实务及风险防范》是讲解税种立法渊源的话，那么这本书则是另外一种思路，即从程序正义角度去理解税法。

本书分为三部分：第一部分介绍登记、申报等常规工作，主要体现在税务登记、自行申报、发票领取与开具、涉税咨询，重点对登记、申报流程中的一些关键节点进行剖析，通过案例举证破除一些错误的想法，树立纳税人法制观念，提高办事能力。第二部分讲解纳税评估流程，税务机关采用大数据技术对异常户重点监控，实现"无风险不打扰、有违法要追究、全过程强智控"的税务执法新体系，利用"以数治税"来实现科学征管。所以对纳税人来说，了解税务机关评估的处理程序、原则，以及纳税评估指标非常重要。第三部分是对重点税源企业而言，与税务稽查打交道是必选题，纳税人在依法纳税的同时，也需要尽力维护自己的合法权益。了解稽查相当重要，因此该部分专门对稽查选案、检查、审理、执行、法律救济环节进行深入解剖。

我们作为从事税务工作近二十年的老兵，曾做过一人进户、各税统查的税务专管员，也在税务大厅受理纳税申报、发售发票等工作，并且还是纳税评估落地后的第一批评估技术骨干，还曾在税务稽查局从事检查与审理工作，在法规、税政、征管部门从事重大案件审理、税务优惠审批备案、评估模型设计等工作，但凡税务业务岗位，均有涉猎。

基于此，我们结合税务程序法政策与二十年的实践经验编写这本重在讲解税务执法程序的图书，希望能给读者以借鉴，对实务工作有所裨益。

卓青青　王　越

目　录

第一部分　登记申报环节程序知识及应对举措

第二部分　纳税评估环节程序知识及应对举措

第三部分　税务稽查环节程序知识及应对举措

第一部分

登记申报环节程序知识及应对举措

众所周知，绝大部分税款均是纳税人通过自行申报方式缴入国库的，税务稽查入库数字并不高，这里引用国家税务总局官网公布的信息图。

2006年—2019年全国税务稽查查补税款收入（单位：亿元）

综上可见，大部分纳税人的税收遵从度还是可以的，这意味着大部分纳税人鲜有与稽查打交道的经历，涉税工作主要体现在税务登记、自行申报、发票领取与开具、涉税咨询这些正常流程中。所以，我们在第一部分就重点对登记申报流程中的一些关键节点进行剖析，通过案例举证的方式从外力角度来破除一些陈规杂念。

▶▶ 了解税务局内部架构，节约沟通成本

案例背景

　　纳税人经常和税务局打交道，但鲜有纳税人对税务局的组织架构进行深入的了解，那么建立在不了解的基础上，又如何能做到合理合法的"交往"？甚至不少财务工作者还停留在几十年前税务专管员的回忆之中，言之则必谈专管员如何。其实随着税收征管改革的进行，"互联网＋税务"时代的来临，专管员这种管户制的落后征管模式（一人进户，各税统管）早已是明日黄花了，当前的税务征管模式转变为职责明确、各有攸归的管事制了。

　　以地级市江苏省无锡市税务机关为例，主要有内设机构和派出机构。

1. 内设机构

　　内设机构中与纳税人有关的科室如下（摘自税务局官网）：

　　（1）法制科，承担组织实施依法行政工作；承担规范性文件合法性审查、合规性评估、备案审查、清理等工作；组织协调重大税务案件审理；组织办理行政复议、行政诉讼等事项；组织实施税收、社会保险费和有关非税收入的执法督察；组织实施预算执行、基本建设、政府采购等内部财务审计和领导干部经济责任审计。

　　（2）货物和劳务税科，承担组织实施增值税、消费税、车辆购置税和进出口税收等管理工作；承担相关税种具体业务问题的解释和处理。

　　（3）所得税科，承担组织实施企业所得税和个人所得税征收管理工作，拟订征收管理具体实施办法；承担企业所得税和个人所得税具体业务问题的解释和处理。

　　（4）财产和行为税科，承担组织实施房产税、城镇土地使用税、土地增值税、契税、城市维护建设税、印花税、资源税、环境保护税、车船税、耕地占用税和烟叶税等征收管理工作；承担相关税种具体业务问题的解释和处理。

（5）社会保险费和非税收入科，承担组织实施基本养老保险费、基本医疗保险费、失业保险费、工伤保险费、生育保险费等社会保险费和有关非税收入征收管理工作；参与有关社会保险费及非税收入征收的政策辅导、咨询服务、法律救济等工作。

（6）纳税服务科，承担组织开展纳税服务（含缴费服务，下同）工作；承担税法宣传、纳税辅导、咨询服务、办税服务和权益保护等工作。

（7）征收管理科，承担组织实施税收征管法律法规、规章及规范性文件；承担税务登记、纳税申报、普通发票管理等征管工作；组织实施信息化建设工作。

（8）国际税收管理科，承担组织实施国家（地区）税收条约（安排）；承担跨境税收管理工作；组织实施反避税工作；负责外事管理。

一般而言，纳税人是不和内设机构直接打交道的，而且内设机构依据《税收规范性文件制定管理办法》（国家税务总局令第50号）第六条规定：各级税务机关的内设机构、派出机构和临时性机构，不得以自己的名义制定税务规范性文件。

2. 派出机构

派出机构如下：

（1）第一税务分局（重点税源企业税收服务和管理局），承担组织实施大企业税收服务和管理工作；承担大企业的名册管理、数据补充采集、风险分析、风险应对工作。

（2）第二税务分局，承担组织实施进出口税收管理工作，对进出口税收具体业务问题进行解释和处理；参与海关特殊监管区域税收管理工作；承担出口退税工作。

（3）第三税务分局（办税服务厅），承担组织实施管辖企业的各项税收、社会保险费征收管理；承担面向纳税人和缴费人的纳税辅导、咨询服务、办税服务、权益保护等工作。

（4）第四税务分局（税收风险管理局），承担组织实施信息数据和风险管理工作；承担各类税收数据、社会保险费和有关非税收入数据的集中管理与分析应用。

（5）稽查局，承担组织实施税务稽查法律法规、规章及规范性文件；承担案源管理、税务稽查工作；组织查办督办税收重大违法案件。下面以无锡市税务局稽查局设置为例介绍说明。

①第一稽查局承担市税务局列名大企业的税务稽查、税收高风险事项应对和协查等工作；承担滨湖区、锡山区、宜兴市、高新区（新吴区）区域内税收、社会

保险费和有关非税收入违法案件的查处以及查办案件的执行工作。②第二稽查局，承担市税务局列名大企业的税务稽查、税收高风险事项应对和协查等工作；承担梁溪区、惠山区、江阴市区域内税收、社会保险费和有关非税收入违法案件的查处以及查办案件的执行工作。

同样的，稽查局作为派出机构，也不能制定发布税收规范性文件，但根据《中华人民共和国税收征收管理法》（以下简称《税收征收管理法》）第十四条：本法所称税务机关是指各级税务局、税务分局、税务所和按照国务院规定设立的并向社会公告的税务机构。《中华人民共和国税收征收管理法实施细则》（以下简称《税收征收管理法实施细则》）第九条：税收征管法第十四条所称按照国务院规定设立的并向社会公告的税务机构，是指省以下税务局的稽查局。

因此，稽查局可以自己的名义对纳税人进行稽查处理处罚的，这一点和内设机构不一样。

县（区）税务局与地市税务局相比并没有稽查职能，除了对应地级市税务局的内设机构外，主要是下辖若干管理分局，比如江阴市税务局的下列几个分局：

第一税务分局，主要职责为承担各项税收、社会保险费和非税收入征收服务工作；统筹面向纳税人和缴费人的纳税辅导、咨询服务、办税服务、权益保护等工作；完成上级交办或转办的其他事项。

第二税务分局主要职责为承担县级重点税源集中管理、风险应对和县直机关事业单位社会保险费征收管理等工作。

华士税务分局主要职责为承担华士镇、新桥镇辖区内纳税人（缴费人）的基础税（费）源管理和低中等风险应对工作。

……

所以，纳税人正常情况下的税务登记、申报纳税、发票领购、纳税咨询主要是与纳税服务分局打交道，而低中等风险主要是地级市辖区的税源管理股或县级市或县的税源管理分局来处理，至于稽查局主要是分片对若干县、市区企业实施稽查。另外，大企业专门有大企业的分局归口管理，出口退税专门有一个分局对应，海洋石油税收也专门有一个分局对应，而比较特殊的关联交易、资本弱化、成本分摊等则由内设机构的国际税收管理部门统筹管理。如果和税务机关发生争议，涉及法律救济，比如行政复议、行政诉讼，则由内设的法制机构负责应对。

▶▶ 多缴税了怎么办，网上办理勿拖延

案例背景

　　锐志股份有限公司 2021 年 6 月在对往年账务进行审计时发现，公司在 2018 年 12 月支付的一笔 100 万元咨询费用，当时未取得发票就作了纳税调增。但在 2020 年 3 月份取得发票后，并未对 2018 年企业所得税汇算清缴申报表做出更正申报，导致多缴企业所得税 25 万元。多缴税款怎么办？要找主管税务局哪个部门办理呢？

方法提示

　　政策层面是否可以退税，我们来看两个文件：

　　一是《国家税务总局关于发布企业所得税税前扣除凭证管理办法的公告》（国家税务总局公告 2018 年第 28 号）第十七条，除发生本办法第十五条规定的情形外，企业以前年度应当取得而未取得发票、其他外部凭证，且相应支出在该年度没有税前扣除的，在以后年度取得符合规定的发票、其他外部凭证或者按照本办法第十四条的规定提供可以证实其支出真实性的相关资料，相应支出可以追补至该支出发生年度税前扣除，但追补年限不得超过五年。

　　二是《税收征收管理法》第五十一条，纳税人超过应纳税额缴纳的税款，税务机关发现后应当立即退还；纳税人自结算缴纳税款之日起三年内发现的，可以向税务机关要求退还多缴的税款并加算银行同期存款利息，税务机关及时查实后应当立即退还；涉及从国库中退库的，依照法律、行政法规有关国库管理的规定退还。

归结到本案例，2018 年未取得发票，相应的支出自然不得在税前扣除，因此纳税调增的税款并不属于错缴税款，应当适用的是国家税务总局公告 2018 年第 28 号，即追补年限不得超过 5 年，显然 2021 年 6 月距离 2018 年汇算清缴最后截止日 2019 年 5 月 31 日尚不足 5 年，可以对之前的 2018 年度、2019 年度、2020 年度企业所得税进行更正申报，具体更正申报的要求要参见各省、自治区、直辖市、计划单列市主管税务机关的要求。比如《天津市税务局关于 2020 年度企业所得税汇算清缴相关问题的须知》规定：2020 年度企业所得税汇算清缴申报截止日（2021 年 5 月 31 日）前，纳税人如发现企业所得税年度申报有误的，可以进行更正申报，并结清应缴应退企业所得税款，涉及补缴税款的不加收滞纳金。2020 年度企业所得税汇算清缴申报截止日（2021 年 5 月 31 日）后，纳税人如发现企业所得税年度申报有误的，可以进行更正申报。涉及补缴税款的，应自 2021 年 6 月 1 日起按日加收滞纳金。

因此，在对 2018 年进行更正申报时，通过企业所得税年度纳税申报表将自动实现多缴税款的提示，见下表。

中华人民共和国企业所得税年度纳税申报表（A 类）

行次	类别	项目	金额
…	…	…	…
29	加：境外所得应纳所得税额（填写 A108000）		
30	减：境外所得抵免所得税额（填写 A108000）		
31	八、实际应纳所得税额（28+29-30）		
32	减：本年累计实际已缴纳的所得税额		
33	九、本年应补（退）所得税额（31-32）		
34	其中：总机构分摊本年应补（退）所得税额（填写 A109000）		
35	财政集中分配本年应补（退）所得税额（填写 A109000）		
36	总机构主体生产经营部门分摊本年应补（退）所得税额（填写 A109000）		

续上表

行次	类别	项目	金额
37	实际应纳税额计算	减：民族自治地区企业所得税地方分享部分：(□免征 □减征：减征幅度 %)	
38		十、本年实际应补（退）所得税额（33-37）	

结合本例，比如当年除了这张未取得发票的咨询费外无其他税会差异，2018年企业利润1 000万元，实际也就是应纳税所得额1 000万元，31行重新更正申报后实际应纳所得税额为1 000×25%＝250（万元），32行本年累计实际已缴纳的所得税额为1 100（调增了100万元的结果）×25%＝275（万元），则33行自动得出本年应退所得税额25万元。这个25万元则由2021年度的所得税直接来抵顶，抵顶不完的可以申请退税，但退的是2020年的税款，而不是2018年的税款。

换个例子，锐志股份有限公司2018年在缴纳核定征收的购销合同税目印花税时，由于财务人员疏忽，将核定的计税依据1亿元错看成10亿元，从而多缴纳了税率万分之三的印花税，即90 000×0.03%＝27（万元），在2021年5月审计时发现，由于上述税款确实属于2018年度多缴的税款，纳税人可依据《税收征收管理法》第五十一条的规定来申请退税，另外《税收征收管理法实施细则》（国务院令〔2002〕362号）第七十八条：税务机关发现纳税人多缴税款的，应当自发现之日起10日内办理退还手续；纳税人发现多缴税款，要求退还的，税务机关应当自接到纳税人退还申请之日起30日内查实并办理退还手续。第七十九条：当纳税人既有应退税款又有欠缴税款的，税务机关可以将应退税款和利息先抵扣欠缴税款；抵扣后有余额的，退还纳税人。

综上，纳税人应当第一时间向税务机关申请退税，因为延误一日，超过三年的部分即失之交臂。如何办理退税呢？很多纳税人往往想到的是先找主管税务分局协商，这是极为不妥的，兵贵神速，时不我待，与其和主管税务局若干人员交涉，不如首选在电子税务局官网办理更为妥当，及时填报下列表单，落款时间即为纳税人发现之日，特别是三年期限即满，更是要只争朝夕。退（抵）税申请表如下。

退（抵）税申请表

金额单位：元，至角分

申请人名称		纳税人□　　扣缴义务人□	
纳税人名称		统一社会信用代码（纳税人识别号）	
联系人姓名		联系电话	
申请退税类型		汇算结算退税□　　误收退税□　　留抵退税□	

			一、汇算结算、误收税款退税		
原完税情况	税种	品目名称	税款所属时期	税票号码	实缴金额
	合计（小写）				
申请退税金额（小写）					

二、留抵退税	
增量留抵税额大于零，且申请退税前连续 12 个月（或实际经营期至少 3 个月）生产并销售非金属矿物制品、通用设备、专用设备及计算机、通信和其他电子设备销售额占全部销售额的比重超过 50%	是□　　否□

年　　月至　　年　　月生产并销售非金属矿物制品、通用设备、专用设备及计算机、通信和其他电子设备销售额，同期全部销售额，占比_____%。	连续六个月（按季纳税的，连续两个季度）增量留抵税额均大于零的起止时间。　　年　　月至　　年　　月

申请退税前 36 个月未发生骗取留抵退税、出口退税或虚开增值税专用发票情形	是□　　否□
申请退税前 36 个月未因偷税被税务机关处罚两次及以上	是□　　否□
自 2019 年 4 月 1 日起未享受即征即退、先征后返（退）政策	是□　　否□
出口货物劳务、发生跨境应税行为，适用免抵退税办法	是□　　否□
本期已申报免抵退税应退税额	

续上表

2019年4月至申请退税前一税款所属期已抵扣的增值税专用发票（含税控机动车销售统一发票）注明的增值税额	
2019年4月至申请退税前一税款所属期已抵扣的海关进口增值税专用缴款书注明的增值税额	
2019年4月至申请退税前一税款所属期已抵扣的解缴税款完税凭证注明的增值税额	
2019年4月至申请退税前一税款所属期全部已抵扣的进项税额	
本期申请退还的增量留抵税额	

退税申请理由	经办人：	（公章） 年　　月　　日
授权 声明	如果你已委托代理人申请，请填写下列资料： 　　为代理相关税务事宜，现授权 ＿＿＿＿＿＿＿＿＿＿＿＿ ＿＿＿＿＿＿（地址）＿ ＿＿＿＿＿＿为本纳税人的代理申请人，任何与本申请有关的往来文件，都可寄于此人。 授权人签章：	声明　　此表是根据国家税收法律法规及相关规定填写的，对填报内容（及附带资料）的真实性、可靠性、完整性负责。 申请人签章：

以下由税务机关填写

受理情况	受理人： 　　　　年　　月　　日

| 核实部门意见：
退还方式：退库□　抵扣欠税□
退税类型：汇算结算退税□
　　　　　误收退税□
　　　　　留抵退税□
退税发起方式：纳税人自行申请□
　　　　　税务机关发现并通知□
退（抵）税金额：

经办人：　　　　负责人：
　　　　　　　　年　　月　　日 | 税务机关负责人意见：

签字

年　　月　　日（公章） |

表单说明：
一、本表适用于办理汇算结算、误收税款退税、留抵退税。
二、纳税人退税账户与原缴税账户不一致的，需另行提交资料，并经税务机关确认。

三、本表一式四联，纳税人一联、税务机关三联。

四、申请人名称：填写纳税人或扣缴义务人名称。如申请留抵退税，应填写纳税人名称。

五、申请人身份：选择"纳税人"或"扣缴义务人"。如申请留抵退税，应选择"纳税人"。

六、纳税人名称：填写税务登记证所载纳税人的全称。

七、统一社会信用代码（纳税人识别号）：填写纳税人统一社会信用代码。

八、联系人名称：填写联系人姓名。

九、联系电话：填写联系人固定电话号码或手机号码。

十、申请退税类型：选择"汇算结算退税"、"误收退税"或"留抵退税"。

十一、原完税情况：填写与汇算结算和误收税款退税相关信息。分税种、品目名称、税款所属时期、税票号码、实缴金额等项目，填写申请办理退税的已入库信息，上述信息应与完税费（缴款）凭证复印件、完税费（缴款）凭证原件或完税电子信息一致。

十二、申请退税金额：填写与汇算结算和误收税款退税相关的申请退（抵）税的金额，应小于等于原完税情况实缴金额合计。

…………

二十三、退税申请理由：简要概述退税申请理由，如果本次退税账户与原缴税账户不一致，需在此说明，并需另行提交资料，经税务机关登记确认。

二十四、受理情况：填写核对接受纳税人、扣缴义务人资料的情况。

二十五、退还方式：申请汇算结算或误收税款退税的，退还方式可以单选或多选，对于有欠税的纳税人，一般情况应选择"抵扣欠税"，对于选择"抵扣欠税"情况，可以取消该选择，将全部申请退税的金额，以"退库"方式办理。

二十六、退税类型：税务机关依据纳税人申请事项，选择"汇算结算退税"、"误收退税"或"留抵退税"。

二十七、退税发起方式：纳税人申请汇算结算或误收税款退税的，税务机关选择"纳税人自行申请"或"税务机关发现并通知"；纳税人申请留抵退税的，税务机关选择"纳税人自行申请"。

二十八、退（抵）税金额：填写税务机关核准后的退（抵）税额。

这样，即可从填报表单之日起往前计算追溯三年予以退税，这里附一例退税成功的案例。

宁波圣莱达电器股份有限公司收到关于退税的公告（2019-038 号），由于 2018 年 5 月 10 日公司收到中国证监会《行政处罚决定书》（〔2018〕33 号），认定公司 2015 年度虚构影视版权转让业务，虚增 2015 年度收入和利润 1 000 万元，公司已根据《企业会计准则》的要求对上述会计差错进行了更正。经公司申请，慈城税务所于近日退还宁波圣莱达电器股份有限公司已缴纳的所得税税款 250 万元。

当然，现在随着税务机关依法治税力度及管理服务水平的提升，税务机关发现纳税人多缴税款是会及时给予退税处理的，这里也摘录一个案例。

2021 年 5 月，武汉市税务局收到了百川能源股份有限公司（以下简称百川公司）送来的锦旗。原来，在此前针对重组业务开展的专项核查中，武汉市税务局第一税务分局发现百川公司多缴纳了税款，快速为企业办理了退税，还帮助企业完善了税务风险内控的漏洞，增强了其税法遵从度。

百川公司是一家清洁能源企业，前身为万元鸿集团股份有限公司。几年前，万元鸿集团股份有限公司开展重大资产置换业务，并发行股份购买了百川燃气公司100%的股权。企业财税人员在进行年度企业所得税申报时，对业务实质理解有偏差，误将两笔因资产增值产生的递延所得税负债转至营业外收入，造成企业多确认了2 000多万元的收入，当年多缴纳600多万元的企业所得税。

发现该错误后，武汉市税务局第一税务分局干部研阅了企业财务报表、各类鉴证报告和上市公司公告等资料，与企业沟通，深入了解业务情况、会计处理和企业所得税申报情况。同时，积极与上级税政部门联系，进一步明确此项业务的正确处理和政策适用。通过与主管税务机关的对接，共同辅导企业更正申报、办理退税，最终成功将这笔600多万元的税款退还给企业。

►► 抵税没利息，退税有要求

案例背景

纳税人经常面临这样的灵魂拷问，多缴的税款，是向税务机关直接要求退还呢，还是直接抵顶以后年度的税款？向税务机关要求退税会不会得罪税务局？手续繁杂是不是得不偿失？但是抵顶以后年度的税款，也有问题，万一未来没有足够的税款抵顶，这笔多缴的税款岂不是成为长时期无息贷款吗？

方法提示

由于税法是由国家制定和执行的单方面赋予纳税人义务的行为，纳税人本身就处在弱势地位。因此，为了能更好地保护纳税人权益，在税收法律法规有疑义时，国家本身作为税法制定和执行者，应承担因该疑义产生的不利后果，即在有疑义时，应采用有利于纳税人的原则来适用解释法律法规。

大家想一想，退税可以立即拿到真金白银，而抵税则是向税务局放了一笔无息贷款，哪个更有利于纳税人呢？显然是退税，因此，纳税人在正常情况下多缴的税款，首先就应当退税。

比如，《国家税务总局关于印发企业所得税汇算清缴管理办法的通知》（国税发〔2009〕79号）第十一条：

> 纳税人在纳税年度内预缴企业所得税税款少于应缴企业所得税税款的，应在汇算清缴期内结清应补缴的企业所得税税款；预缴税款超过应纳税款的，主管税务机关应及时按有关规定办理退税，或者经纳税人同意后抵缴其下一年度应缴企业所得税税款。

看到这里我们就明白了，如果是抵税，前提条件是纳税人同意才可以；纳税人如果不同意，主管税务局只能将税款退还给纳税人。

> 《国家税务总局关于企业所得税年度汇算清缴有关事项的公告》（国家税务总局公告 2021 年第 34 号）更是一锤定音："纳税人在纳税年度内预缴企业所得税税款超过汇算清缴应纳税款的，纳税人应及时申请退税，主管税务机关应及时按有关规定办理退税，不再抵缴其下一年度应缴企业所得税税款。"

有苏州的纳税人问：企业所得税汇缴结束后，有应退税额是否可以不申请退税？如果要申请退税，如何办理？

苏州税务局答：自 2021 年度汇缴起，纳税人在纳税年度内预缴企业所得税税款超过汇缴应纳税款的，纳税人应及时申请退税，主管税务机关应及时按有关规定办理退税，不再抵缴其下一年度应缴企业所得税税款。

企业所得税汇缴通过电子税务局申报的，纳税人一旦汇缴产生多缴税款，系统自动提示纳税人有多缴税金是否办理网上退税信息，纳税人通过电子税务局可以直接申请企业所得税汇缴退税，申请信息直接与金三税务系统端的审核链接，无须纳税人上门申请办理退税。

当然，如果有文件规定只许抵、不许退的，则另当别论了。比如，增值税留抵税额不符合条件的，只能留抵，不能退还。再比如《国家税务总局关于发布企业资产损失所得税税前扣除管理办法的公告》（国家税务总局公告 2011 年第 25 号）：企业因以前年度实际资产损失未在税前扣除而多缴的企业所得税税款，可在追补确认年度企业所得税应纳税款中予以抵扣，不足抵扣的，向以后年度递延抵扣。像这种多缴的税款只能向后递延抵扣，不可以办理退税。

另外，也要注意退税的性质和税务与会计的处理，比如留抵税额退税对于纳税人而言并不是取得的收入，会计处理如下：

借：银行存款

贷：应交税费——应交增值税（进项税额转出）

而对于即征即退的增值税，财政部修订发布了《企业会计准则第 16 号——政府补助》，2017 年 6 月 12 日起施行。"其他收益"是本次修订新增的一个损益类会计科目，应当在利润表中的"营业利润"项目之上单独列报，记入"其他收益"的政府补助在该项目中反映。该科目专门用于核算与企业日常活动相关，但不宜确认收入或冲减成本费用的政府补助。会计处理可能就是在即征环节做会计分录，即：

　　借：应交税费——未交增值税

　　　贷：银行存款

在即退环节会计分录如下：

　　借：银行存款

　　　贷：其他收益

此项"其他收益"不属于企业所得税的免税收入或不征税收入，纳入企业所得税征税范畴。

▶▶ 有事就问 12366，其实局长信箱也不错

案例背景

　　小张是某公司财务部工作人员，财务总监安排她负责公司涉税事宜，她本着既要自力更生，也要争取外援的原则，遇到解决不了的涉税疑难问题时总是向 12366 求助，但是在求助后，很多情况下她仍然感到困惑，因为她所问的，往往与所答的并不吻合。

方法提示

　　其实设身处地想一想，仅通过拨打 12366 语音电话，通过电话交流就想一劳永逸解决问题的思路是存疑的。比如笔者本人，便极不习惯与人就涉税疑难问题进行语音交流，为什么呢？其一，语音交流的过程中，往往会出现辞不达意、方言掺杂、条件缺失等情境；其二，解铃还须系铃人，对问题的解答还是需要查找文件、剖析文件得出答案，而在语音通话时很难做到一边接听电话，一边查找文件，所以口头的咨询远不如书面的咨询来得明确。

　　那么 12366 有没有书面的咨询呢？确实有，比如打开国家税务总局官网，我们便可找到。

连续单击下列页面，即可进行书面咨询。

还有一个渠道也不错，即各地税务局的局长信箱，比如下面某省税务局官网这个界面。

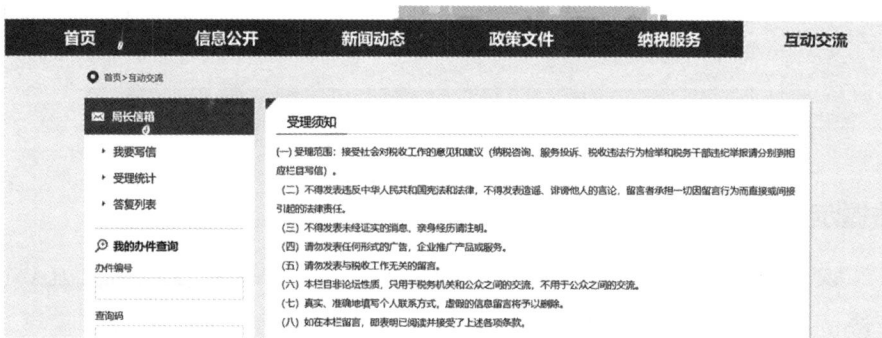

曾经有一个案例，便是通过局长信箱得到了很好的解决。

某股份有限公司委托建筑施工企业承建公司物流储运大楼工程，与受托施工单位、监理单位、设计单位、勘察单位在 2021 年 2 月 2 日办理单项工程竣工验收。在 2021 年 4 月 8 日于消防主管部门办理建设工程消防验收备案，在 2021 年 4 月 15 日从政府绿化主管部门取得配套绿化竣工验收备案，最终于 2021 年 7 月 27 日取得建筑工程竣工验收备案表。

纳税人查阅了关于房产税纳税义务发生时间的规定，找到了《财政部 国家税务总局关于房产税若干具体问题的解释和暂行规定》（财税地字 1986 第 008 号），该文规定：纳税人委托施工企业建设的房屋，从办理验收手续之次月起征收房产税。纳税人在办理验收手续前已使用或出租、出借的新建房屋，应从使用或出租、出借的当月起，缴纳房产税。

那么，办理验收手续当月指的是哪一个月就很关键了，这直接影响房产税的纳税起始点，于是该企业财务和当地主管税务局进行了沟通，税务主管人员也是莫衷一是，各执一词，怎么办？笔者劝该企业财务人员主动向省局局长信箱求助，毕竟是省局层面的局长信箱，应当会得出更为权威的结论。

该纳税人的咨询稿如下：

有关房产税纳税义务起始时间确定的咨询事项

省局领导：

我公司为增值税一般纳税人，前期委托施工企业新建的物流中心近期已投入使用，目前在电子税务局进行"房产税、城镇土地使用税的税源信息采集"过程中遇到一个有关"房产取得时间"的确认问题。

根据《财政部　国家税务总局关于房产税若干具体问题的解释和暂行规定》（财税地字 1986 第 008 号）的规定：纳税人委托施工企业建设的房屋，从办理验收手续之次月起征收房产税。纳税人在办理验收手续前已使用或出租、出借的新建房屋，应从使用或出租、出借的当月起，缴纳房产税。

我公司作为建设单位与受托施工单位、监理单位、设计单位、勘察单位是在 2021 年 2 月 2 日办理单项工程竣工验收。与消防主管部门在 2021 年 4 月 8 日办理建设工程消防验收备案，在 2021 年 4 月 15 日取得政府主管部门的配套绿化竣工验收备案，最终于 2021 年 7 月 27 日取得建筑工程竣工验收备案表。

那么上述文件所指的办理验收手续具体指哪个月份，文件所言不详，鉴于最终验收在 2021 年 7 月，我公司才取得政府权威部门的竣工验收备案，因此文件中"办理验收手续"是否为我公司取得建筑工程竣工验收备案表的时间 2021 年 7 月 27 日，则应当从 2021 年 8 月征收房产税。以上理解是否正确，望予以回复为感！

一个着急的纳税人
2021 年 9 月 28 日

不久该纳税人得到了答复：

江苏省 12366 中心答复：

尊敬的纳税人（扣缴义务人、缴费人）您好！您提交的网上留言咨询已收悉，现答复如下：

一、根据《建设工程质量管理条例》第四十三条规定："县级以上地方人民政府建设行政主管部门对本行政区域内的建设工程质量实施监督管理。"第四十九条规定："建设单位应当自建设工程竣工验收合格之日起 15 日内，将建设工程竣工验收报告和规划、公安消防、环保部门出具的认可文件或者批准使用文件报建设行政部门或者其他部门备案。"因此，办理验收手续时间以报送备案时间为准确认。

二、根据《江苏省税务局关于房产税 车船使用税若干具体问题的解释和规定》（苏税三〔87〕11 号）第一条第二款规定，纳税单位新建、扩建、翻建的房屋，从建成验收的次月起缴纳房产税，未办检、验收手续而已经使用的，自使用次月起缴纳房产税，其房产价格尚未入账的，可先按基建计划价格计算征税，待工程验收结算后，再按入账后价格进行调整，并办理税款的退补手续。

根据《国家税务总局关于房产税 城镇土地使用税有关政策规定的通知》（国税发〔2003〕89 号）第二条第三款规定，出租、出借房产，自交付出租、出借房产次月起计征房产税和城镇土地使用税。

感谢您的咨询，上述回复仅供参考，若您对此仍有疑问，请联系江苏税务 12366 或当地特服号。

可见，本着有利于纳税人的原则，毕竟仅与施工单位办理验收并不标志着在建工程转为房屋状态的达成，如果从这个时间节点作为纳税义务的起点，那么后续消防、人防验收不过关，则会导致纳税人一天没有使用，建设单位还得返工整改的情况出现，而此前缴纳的房产税面临如何处理的问题。所以，局长信箱对涉税疑难问题的剖析，以及对纳税人合法权益的保护起到重要作用。

备注：现在不少地方税务机关还开通了面对面咨询，下面摘录江苏省税务局的面对面咨询流程。

面对面咨询

（来源：国家税务总局江苏省税务局）

【事项名称】面对面咨询。

【申请条件】纳税（缴费）人提出面对面涉税（费）咨询需求，税务机关为其提供免费咨询服务。

【设定依据】《税收征收管理法》第七条。

【办理材料】面对面咨询无须提供材料。

【办理地点】纳税（缴费）人可到市、县税务机关进行面对面咨询。

【办理机构】市、县税务机关。

【收费标准】不收费。

【办理时间】

（1）能即时答复的即时答复。

（2）不能即时答复的按规定时限回复。

【联系电话】市、县税务机关对外公开的联系电话。

【办理流程】

纳税（缴费）人 → 涉税（费）咨询 → 能否即时受理 → 否 → 引导 → 相关业务部门（按首问责任制）

能否即时受理 → 是 → 回复

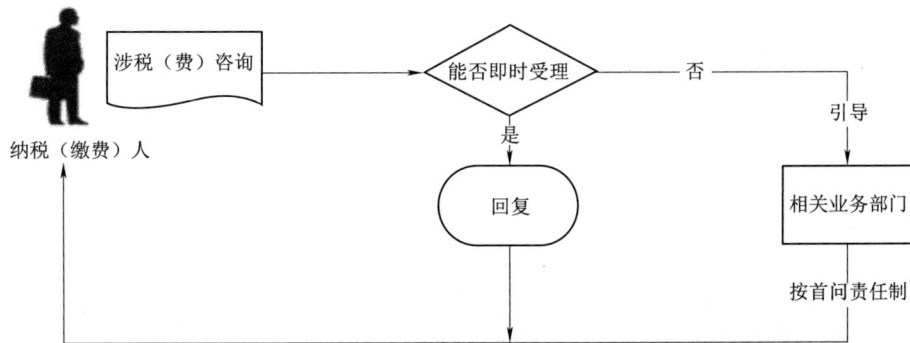

【纳税（缴费）人注意事项】面对面咨询的答复仅供参考，具体以法律法规及相关规定为准。

►► 按次纳税起征点偏低，临时登记优惠多

案例背景

　　小李因要照顾老人不得不从单位辞职，为解决生计问题，为多家企业代为记账，在索取记账费用时，遇到两大问题：其一是个人所得税问题，根据《国家税务总局关于个人兼职和退休人员再任职取得收入如何计算征收个人所得税问题的批复》（国税函〔2005〕382号）、《中华人民共和国个人所得税法》《国家税务总局关于印发〈征收个人所得税若干问题的规定〉的通知》（国税发〔1994〕089号）和《国家税务总局关于影视演职人员个人所得税问题的批复》（国税函〔1997〕385号）的规定精神，个人兼职取得的收入应按照"劳务报酬所得"应税项目缴纳个人所得税；其二是增值税问题，根据《中华人民共和国增值税暂行条例实施细则》第三十七条第二款："增值税起征点的幅度规定如下：（一）销售货物的，为月销售额5 000~20 000元；（二）销售应税劳务的，为月销售额5 000~20 000元；（三）按次纳税的，为每次（日）销售额300~500元。"《中华人民共和国增值税暂行条例》第二十二条：

　　增值税纳税地点：

　　…………

　　（三）非固定业户销售货物或者劳务，应当向销售地或者劳务发生地的主管税务机关申报纳税；未向销售地或者劳务发生地的主管税务机关申报纳税的，由其机构所在地或者居住地的主管税务机关补征税款。

　　那么，假如小李每月取得代理记账费用10 000元（不含增值税），全年120 000元，由于小李是自然人，属于非固定业户，到税务机关代开发票时只能按次适用起征点。目前各地起征点多规定为按次（日）500元，则小李需要每月缴纳增值税 $10\,000 \times 3\% = 300$（元），全年3 600元。个人所得税按劳务报酬所得计算，

不考虑专项附加扣除，需要自行汇算清缴年度个人所得税（120 000-60 000）×10%-2 520=3 480（元），合计就是 7 080 元，税负较高。

方法提示

国家税务总局关于《企业所得税税前扣除凭证管理办法》（2018 年 28 号公告）的解读提道：按次纳税和按期纳税，以是否办理税务登记或者临时税务登记作为划分标准。凡办理了税务登记或临时税务登记的小规模纳税人，月销售额未超过 10 万元（按季申报的小规模纳税人，为季销售额未超过 30 万元）的，都可以按规定享受增值税免税政策。未办理税务登记或临时税务登记的小规模纳税人，除特殊规定外，则执行《中华人民共和国增值税暂行条例实施细则》关于按次纳税的起征点有关规定，每次销售额未达到 500 元的免征增值税，达到 500 元的则需要正常征税。对于经常代开发票的自然人，建议主动办理税务登记或临时税务登记，以充分享受小规模纳税人月销售额 10 万元以下免税政策。个人所得税核定征收率表如下。

附件 1　个人所得税核定征收率表（按月）

序号	月度经营收入	征收率（%）
1	10 万元（含）以下的	0
2	10 万元以上至 30 万元（含）以下的	0.8
3	30 万元以上的	1

国家税务总局这个答疑说得很明朗了，办理税务登记或临时税务登记，每月 10 000 元的销售额是可以享受免征增值税的，同时根据《中华人民共和国个人所得税法实施条例》第六条第五项，经营所得，是指个体工商户从事生产、经营活动取得的所得，个人独资企业投资人、合伙企业的个人合伙人来源于境内注册的个人独资企业、合伙企业生产、经营的所得。上述办理了税务登记或临时税务登记的小李的所得，性质也从劳务报酬所得转化为经营所得。举个例子，假如小李在深圳，按照《深圳市税务局关于经营所得核定征收个人所得税有关问题的公告》（深圳市税务局公告 2019 年第 3 号），小李的个人所得税经营所得征收率为 0，个人所得税也是无须缴纳的。如此看来税负将大减，那么小李是办理税务登记还是临时税务登记呢？我们继续分析。

（1）《税务登记管理办法》（国家税务总局令第7号）第二条，企业，企业在外地设立的分支机构和从事生产、经营的场所，个体工商户和从事生产、经营的事业单位，均应当按照《税收征管法》及《中华人民共和国税收征收管理法实施细则》和本办法的规定办理税务登记。

（2）《工商总局等四部门关于实施个体工商户营业执照和税务登记证"两证整合"的意见》（工商个字〔2016〕167号）指出：全面实施个体工商户营业执照和税务登记证整合。根据相关法律法规和国家标准，建立统一登记流程、统一编码和赋码规则等，全面实行个体工商户"两证整合"登记模式。通过"一窗受理、互联互通、信息共享"，由工商行政管理部门核发加载统一社会信用代码的营业执照，该营业执照具有原营业执照和税务登记证的功能，税务部门不再发放税务登记证。工商行政管理部门赋码后，将统一社会信用代码和相关信息按规定期限回传统一代码数据库。

可见，现在个体工商户只能办理营业执照，而不必再办理税务登记证了，因此可以选择办理个体工商户营业执照，譬如注册"小李咨询服务经营部"，即可享受上述政策。

（3）《国家税务总局关于税收征管若干事项的公告》（国家税务总局公告2019年第48号）：从事生产、经营的个人应办而未办营业执照，但发生纳税义务的，可以按规定申请办理临时税务登记。

结合《国家税务总局关于修改〈税务登记管理办法〉的决定》（国家税务总局令第36号）第十条第三项规定：从事生产、经营的纳税人未办理工商营业执照也未经有关部门批准设立的，应当自纳税义务发生之日起30日内申报办理税务登记，税务机关发放临时税务登记证及副本。

如果不需要去市场监督管理部门办理工商营业执照，那么去税务局办理临时税务登记也可以。怎么办理临时税务登记呢？我们在网上摘录了深圳市税务局临时税务登记的办税指南以供参考。

临时税务登记

（来源：国家税务总局深圳市税务局）

【事项描述】

以下情形的纳税人申报办理临时税务登记：

（1）有独立的生产经营权、在财务上独立核算并定期向发包人或者出租人上交承包费或租金的承包承租人；

（2）境外企业在中国境内承包建筑、安装、装配、勘探工程和提供劳务的；

（3）从事生产、经营的纳税人，应办而未办工商营业执照，或不需办理工商营业执照而需经有关部门批准设立但未经有关部门批准的；

（4）非正常户纳税人的法定代表人或经营者申报办理新的税务登记的；

（5）非境内注册居民企业收到居民身份认定书的。

【政策依据】

（1）《税收征收管理法》。

（2）《税收征收管理法实施细则》。

（3）《国家税务总局关于修改〈税务登记管理办法〉的决定》（国家税务总局令第36号）。

（4）《国家税务总局关于换发税务登记证件的通知》（国税发〔2006〕38号）。

【报送资料】

序号	材料名称		数量	备注
1	A01001 税务登记表		1份	归档
2	法定代表人（负责人、业主）居民身份证、护照或其他合法身份证件		1份	查验
以下为条件报送资料				
纳税人办理了工商营业执照或其他核准执业证件	工商营业执照或其他核准执业证件的复印件	1份	归档
非境内注册（居民）企业	居民身份认定书复印件	1份	归档
	境外注册登记证件复印件	1份	归档
承包承租人及境外企业	项目合同或协议复印件	1份	归档

【办理渠道】

（1）办税服务厅。

（2）网上办理。

电子税务局：是（　　　）否（　　　）

移动终端（税务局）：是（　　　）否（　　　）

微信（税务局）：是（　　　）否（　　　）

【办理时限】

（1）纳税人办理时限。

从事生产、经营的纳税人应当自领取营业执照，或者自有关部门批准设立之日起 30 日内，或者自纳税义务发生之日起 30 日内，到税务机关领取税务登记表，填写完整后提交税务机关，办理税务登记。

（2）税务机关办结时限：即时办结。

【办事流程】

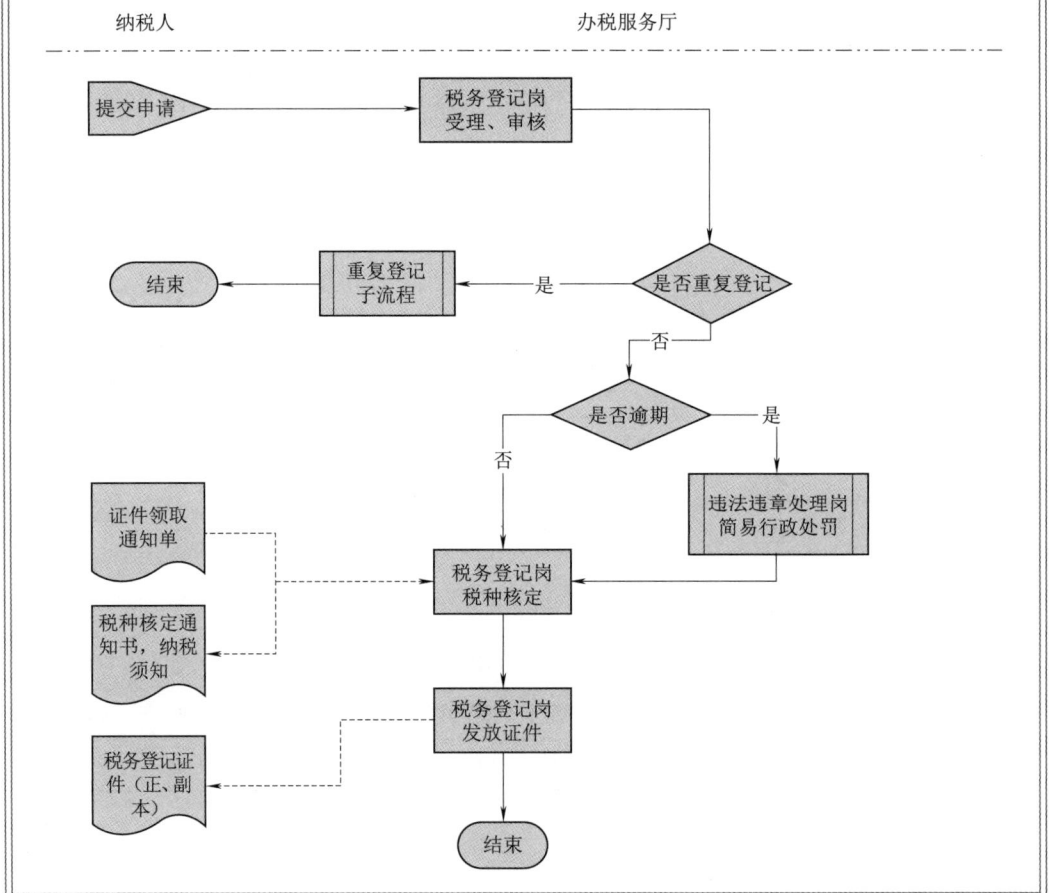

《中华人民共和国个人所得税法》第八条：有下列情形之一的，税务机关有权按照合理方法进行纳税调整：

（一）个人与其关联方之间的业务往来不符合独立交易原则而减少本人或者其关联方应纳税额，且无正当理由；

（二）居民个人控制的，或者居民个人和居民企业共同控制的设立在实际税负明显偏低的国家（地区）的企业，无合理经营需要，对应当归属于居民个人的利润不做分配或者减少分配；

（三）个人实施其他不具有合理商业目的的安排而获取不当税收利益。

税务机关依照前款规定作出纳税调整，需要补征税款的，应当补征税款，并依法加收利息。

比如最近几年甚嚣尘上的影视业偷避税行为，许多影视明星开办以个人工作室为名的个体工商户、个人独资企业、合伙企业，改变个人所得性质，从劳务报酬变身为核定征收的经营所得个人所得税，大规模规避掉不菲的税负，对于此种行为，国家税务总局、国家新闻出版署、国家电影局有关负责人重申，根据《税收征管法》及《税收征收管理法实施细则》相关规定，对自查自纠并到主管税务机关补缴税款的影视企业及相关从业人员，免予行政处罚，不予罚款。希望广大影视企业及从业者能以本次影视行业规范为契机，主动对照税收法规，认真开展自查自纠，并以此规范企业及从业者涉税业务，努力做诚信守法的纳税人。据了解，在自查自纠阶段不存在约谈程序及相关事宜，税务部门对影视从业人员开展了政策辅导和沟通解释工作，以帮助影视企业和从业人员更好自查自纠。

按照税法规定，个人从事影视、演出、广告等方面的收入应当按劳务报酬等所得项目申报缴纳个人所得税。对于过去部分工作室将影视人员个人劳务报酬等收入混入工作室经营收入的，三部门有关负责人表示，应当实事求是加以区分。其中属于工作室提供辅助服务的经营收入，过去已按核定征收方式征税的不予调整；其他影视人员个人劳务报酬等收入，由影视人员个人据实申报，自查自纠。同时，三部门再次明确强调，各地工作中要严格依法依规，精准把握和执行政策，维护影视企业及从业人员合法权益。

可见，即使成立个人工作室，但影视人员通过工作室获取的收入，仍然穿透工作室归集到个人名下，应当界定为劳务报酬所得补缴税款。

►► 非营利组织须办税务登记，公益性机构手续必须备齐

案例背景

　　某大企业热心公益事业，履行企业社会责任，为共同富裕事业添砖加瓦，拟出资成立一家基金会，不仅自己出资而且还通过基金会接收社会捐赠，为中国脱贫、脱困、助学等公益事业略尽绵薄之力。但由于自身为企业性质，对于这种非营利组织的税收征管不太清楚，首先遇到的问题便是如何办理登记，是按照"三证合一"办理工商营业执照，还是去主管税务局直接办理税务登记？

方法提示

　　为减轻实体负担，提升行政效率，让信息多跑路，让纳税人少走路，"三证合一、多证合一"的举措已经普遍落实。根据《国家工商行政管理总局关于贯彻落实国务院办公厅关于加快推进"三证合一"登记制度改革的意见的通知》（工商企注字〔2015〕121号），全面实施"三证合一"登记制度，实行"一照一码"登记模式。根据相关法律法规和国家标准，建立统一登记流程、统一编码和赋码规则等，全面实行"三证合一、一照一码"登记模式。通过"一窗受理、互联互通、信息共享"，将由工商行政管理、质量技术监督、税务三个部门分别核发不同证照，改为由工商行政管理部门核发加载法人和其他组织统一社会信用代码（以下称"统一代码"）的营业执照，企业和农民专业合作社（以下统称"企业"）的组织机构代码证和税务登记证不再发放。

　　那么，工商行政管理部门（现为市场监督管理部门）主要管理哪些主体呢？

我们来看看《中华人民共和国商事主体登记管理条例》第二条：

> 本条例所称市场主体，是指在中华人民共和国境内以营利为目的从事经营活动的下列自然人、法人及非法人组织：
>
> （一）公司、非公司企业法人及其分支机构；
>
> （二）个人独资企业、合伙企业及其分支机构；
>
> （三）农民专业合作社（联合社）及其分支机构；
>
> （四）个体工商户；
>
> （五）外国公司分支机构；
>
> （六）法律、行政法规规定的其他市场主体。

可见，建立慈善基金会这类不以营利为目的主体是不需要办理工商营业执照的，那么需要办理哪些手续才能建立呢？我们从下述文件的表述可见一斑。《财政部 税务总局关于非营利组织免税资格认定管理有关问题的通知》（财税〔2018〕13号）明确：

> "一、依据本通知认定的符合条件的非营利组织，必须同时满足以下条件：（一）依照国家有关法律法规设立或登记的事业单位、社会团体、基金会、社会服务机构、宗教活动场所、宗教院校以及财政部、税务总局认定的其他非营利组织。"

其中，基金会赫然在列。目前，基金会的登记有两种：第一种是经国务院批准可以免予登记的社会团体（中国文学艺术界联合会、中国作家协会、中华全国新闻工作者协会、中国人民对外友好协会、中国人民外交学会、中国国际贸易促进会、中国残疾人联合会、宋庆龄基金会、中国法学会、中国红十字总会、中国职工思想政治工作研究会、欧美同学会、黄埔军校同学会、中华职业教育社）；第二种是根据《基金会管理条例》第二条，所称基金会，是指利用自然人、法人或者其他组织捐赠的财产，以从事公益事业为目的，按照本条例的规定成立的非营利性法人。

《基金会管理条例》第六条：国务院民政部门和省、自治区、直辖市人民政府民政部门是基金会的登记管理机关。国务院民政部门负责下列基金会、基金会代表机构的登记管理工作：

（一）全国性公募基金会；

（二）拟由非内地居民担任法定代表人的基金会；

（三）原始基金超过 2 000 万元，发起人向国务院民政部门提出设立申请的非公募基金会；

（四）境外基金会在中国内地设立的代表机构。

省、自治区、直辖市人民政府民政部门负责本行政区域内地方性公募基金会和不属于前款规定情况的非公募基金会的登记管理工作。

因此，基金会需要在民政部门登记，其登记程序根据《基金会管理条例》第十一条：登记管理机关应当自收到本条例第九条所列全部有效文件之日起 60 日内，作出准予或者不予登记的决定。准予登记的，发给《基金会法人登记证书》；不予登记的，应当书面说明理由。基金会设立登记的事项包括：名称、住所、类型、宗旨、公益活动的业务范围、原始基金数额和法定代表人。

所以，基金会首先需要在相应的民政部门办理登记，然后还要依照《税务登记管理办法》第十条：

企业，企业在外地设立的分支机构和从事生产、经营的场所，个体工商户和从事生产、经营的事业单位（以下统称从事生产、经营的纳税人），向生产、经营所在地税务机关申报办理税务登记：……（二）从事生产、经营的纳税人未办理工商营业执照但经有关部门批准设立的，应当自有关部门批准设立之日起 30 日内申报办理税务登记，税务机关发放税务登记证及副本。

由于基金会基本从事公益事业，在办理税务登记后，首先需要办理企业所得税的免税收入优惠，文件参照《财政部 税务总局关于非营利组织免税资格认定管理有关问题的通知》（财税〔2018〕13 号），其中不仅要符合条件，还要履行手续，相应手续在第五条明确规定，

非营利组织必须按照《税收征收管理法》及《税收征收管理法实施细则》等有关规定，办理税务登记，按期进行纳税申报。取得免税资格的非营利组织应按照规定向主管税务机关办理免税手续，免税条件发生变化的，应当自发生变化之日起十五日内向主管税务机关报告；不再符合免税条件的，应当依法履行纳

税义务；未依法纳税的，主管税务机关应当予以追缴。取得免税资格的非营利组织注销时，剩余财产处置违反本通知第一条第五项规定的，主管税务机关应追缴其应纳企业所得税款。

同时为了减少每年申报免税收入的不必要，该文件第四条还规定：非营利组织免税优惠资格的有效期为五年。非营利组织应在免税优惠资格期满后六个月内提出复审申请，不提出复审申请或复审不合格的，其享受免税优惠的资格到期自动失效。

取得企业所得税免税收入优惠资格后，相应接受的捐赠收入就可以享受下述文件的优惠了，《财政部 国家税务总局关于非营利组织企业所得税免税收入问题的通知》（财税〔2009〕122 号）规定："非营利组织的下列收入为免税收入：（一）接受其他单位或者个人捐赠的收入。"

这里还需要注意两点：第一，如果接受的是股票捐赠，计算收入的依据是什么？以国内首家以股权捐赠作为原始基金设立的基金会——河仁慈善基金会为例，福耀集团董事局主席曹德旺向该基金会捐赠了 3 亿股福耀玻璃股票。如果以"公允价值"即捐赠时所持股票的前一日收盘时的股价来确定股权转让收入额应为 35.49 亿元，应缴纳企业所得税约为 6.72 亿元，显然福耀集团就会出现做好事、做奉献却要缴纳视同销售的高额所得税，明显不利于公益慈善事业的发展，因此《财政部 国家税务总局关于公益股权捐赠企业所得税政策问题的通知》（财税〔2016〕45 号）作出特别规定：

一、企业向公益性社会团体实施的股权捐赠，应按规定视同转让股权，股权转让收入额以企业所捐赠股权取得时的历史成本确定。

二、企业实施股权捐赠后，以其股权历史成本为依据确定捐赠额，并依此按照企业所得税法有关规定在所得税前予以扣除。公益性社会团体接受股权捐赠后，应按照捐赠企业提供的股权历史成本开具捐赠票据。

第二，解决捐赠方能够获得税前扣除的问题，不能让捐赠人又捐钱又不能在税前扣除，因此除了获得非营利组织取得收入免征企业所得税资格外，还要获得公益性捐赠税前扣除资格，具体参见《财政部 税务总局 民政部关于公益性捐赠税前扣除有关事项的公告》（财政部 税务总局 民政部公告 2020 年第 27 号）：

五、公益性捐赠税前扣除资格的确认按以下规定执行：

（一）在民政部登记注册的社会组织，由民政部结合社会组织公益活动情况和日常监督管理、评估等情况，对社会组织的公益性捐赠税前扣除资格进行核实，提出初步意见。根据民政部初步意见，财政部、税务总局和民政部对照本公告相关规定，联合确定具有公益性捐赠税前扣除资格的社会组织名单，并发布公告。

（二）在省级和省级以下民政部门登记注册的社会组织，由省、自治区、直辖市和计划单列市财政、税务、民政部门参照本条第一项规定执行。

⋯⋯⋯⋯⋯

六、公益性捐赠税前扣除资格在全国范围内有效，有效期为三年。

另外，还要领购财政部或省、自治区、直辖市财政部门监（印）制的公益事业捐赠票据，并加盖本单位的印章。比如下面这种电子版和纸质版。

公益事业捐赠统一票据
UNIFIED INVOICE OF DONATION FOR PUBLIC WELFARE

国 财 00202   2020年03月15日   No 29180360

捐赠人Donor: Y   M   D

北京艾贝优婴儿车有限公司

捐赠项目 For purpose	实物（外币）种类 Material objects(Currency)	数量 Amount	金额 Total amount
助学救助款	人民币		20000.00
金额合计（小写）In Figures			￥20000.00
金额合计（大写）In Words 贰万元整			

接受单位（盖章）： Receiver's Seal	复核人： Verified by	开票人：郭晓旭 Handling Person

第二联 收据

感谢您对公益事业的支持！Thank you for support of public welfare!

►► 节税地点有风险，偷鸡不着蚀把米

案例背景

江苏南通的老张听闻上海某地有个人所得税核定征收政策，于是在该地注册了个人独资企业，以该个人独资企业出资 1 000 万元成立南通甲有限公司。企业成立后不断壮大，留存收益倍增。2021 年 6 月，老张和苏州某大型股份有限公司谈妥，自己功成身退，将公司股权悉数转让给苏州乙股份公司，作价 10 000 万元。但是在股权变更时遇到了头疼的事，上海税务机关要求该个人独资企业就转让的股权按经营所得缴纳个人所得税 ＝（100 000 000－10 000 000）×35%－65 500＝3 143.45（万元）。

方法提示

我们来梳理老张的思路与其不堪的结局。

根据《国家税务总局关于发布股权转让所得个人所得税管理办法（试行）的公告》（国家税务总局公告 2014 年第 67 号）：

第二条，本办法所称股权是指自然人股东（以下简称个人）投资于在中国境内成立的企业或组织（以下统称被投资企业，不包括个人独资企业和合伙企业）的股权或股份。

···········

第四条 个人转让股权，以股权转让收入减除股权原值和合理费用后的余额为应纳税所得额，按"财产转让所得"缴纳个人所得税。

···········

> 第十九条　个人股权转让所得个人所得税以被投资企业所在地税务机关为主管税务机关。

可见，若老张以自然人身份投资设立南通甲有限公司，则将来转让股权时，税款在南通入库，个人所得税按财产转让所得税目缴纳，即应纳税额＝（10 000－1 000）×20%＝1 800（万元）（不考虑合理费用）。而根据《财政部 国家税务总局关于印发关于〈个人独资企业和合伙企业投资者征收个人所得税的规定〉的通知》（财税〔2000〕91号）第四条：个人独资企业和合伙企业（以下简称企业）每一纳税年度的收入总额减除成本、费用以及损失后的余额，作为投资者个人的生产经营所得，比照个人所得税法的"个体工商户的生产经营所得"应税项目，适用5%～35%的五级超额累进税率，计算征收个人所得税。

前款所称收入总额，是指企业从事生产经营以及与生产经营有关的活动所取得的各项收入，包括商品（产品）销售收入、营运收入、劳务服务收入、工程价款收入、财产出租或转让收入、利息收入、其他业务收入和营业外收入。这里赫然列明了财产转让收入是作为经营收入纳入经营所得征税的，此后的《国家税务总局关于切实加强高收入者个人所得税征管的通知》（国税发〔2011〕50号）规定：对个人独资企业和合伙企业从事股权（票）、期货、基金、债券、外汇、贵重金属、资源开采权及其他投资品交易取得的所得，应全部纳入生产经营所得，依法征收个人所得税。

而有些地区搞招商引资，对这类设立在本区的个人独资企业或合伙企业搞核定征收，核定征收无外乎两种方式：一种是核定应税所得率，另一种是核定附征率，那么转让股权收入作为核定收入额按经营所得怎么计算个人所得税呢？

比如第一种，假设应税所得率为10%，则应纳个人所得税＝100 000 000×10%×35%－65 500＝343.45（万元）

第二种，假设核定附征率为1.2%，则应纳个人所得税＝100 000 000×1.2%＝120（万元）

无论哪种核定征收方式，税负都比自然人转让股权要低得多，个人所得税税率表如下。

个人所得税税率表（经营所得适用）

级数	全年应纳税所得额	税率（％）	速算扣除数
1	不超过 30 000 元的	5	0
2	超过 30 000 元至 90 000 元的部分	10	1 500
3	超过 90 000 元至 300 000 元的部分	20	10 500
4	超过 300 000 元至 500 000 元的部分	30	40 500
5	超过 500 000 元的部分	35	65 500

但是，我们要提醒大家，随着对影视从业人员通过核定征收的个人工作室这种方式借以偷避税的打击动作，各地严格按照国家税务总局的要求，重点加强规模较大的个人独资企业、合伙企业和个体工商户的生产经营所得的查账征收管理；难以实行查账征收的，依法严格实行核定征收。对律师事务所、会计师事务所、税务师事务所、资产评估和房地产估价等鉴证类中介机构，不得实行核定征收个人所得税。

比如下面这则消息，2021 年 1 月 26 日，上海也突然接到通知：

> 上海区域的个人独资企业和有限合伙企业核定征收事宜，按照核定税种的时间来定，第一年不允许查账征收改为核定征收，第二年才能更改征收方式，具体按照到时的政策而定。
>
> 另外，针对区外迁移过来的个人独资企业和有限合伙企业，按照迁入日期来定。2021 年核定税种并且已经核定征收的，仍然改为查账征收。
>
> 这就意味着，2021 年注册的个人独资企业是不可以申请核定征收的，这对很多的新办企业，或者是之前代理上海园区的财税公司，是非常不友好的。

那么像老张这样的个人独资企业完全符合查账征收的条件，因为股权转让收入 10 000 万元是确定的，而成本 1 000 万元数字也是可以调取出来的。查看南通甲有限公司的资产负债表就知道股权原值为 1 000 万元，最终也就出现了案例中的情况，本来可以在南通缴纳 1 800 万元的税负，却要在个人独资企业注册所在地上海缴纳高达 3 143.45 万元的个税，真可谓偷鸡不着蚀把米，赔了夫人又折兵。

于 2022 年 1 月 1 日执行的《财政部 税务总局关于权益性投资经营所得个人所得税征收管理的公告》（财政部 税务总局公告 2021 年第 41 号）更是彻底关上了所

谓"筹划"的大门：持有股权、股票、合伙企业财产份额等权益性投资的个人独资企业、合伙企业，一律适用查账征收方式计征个人所得税。

这里我们善意提醒，根据《税收征收管理法》第三条：税收的开征、停征以及减税、免税、退税、补税，依照法律的规定执行；法律授权国务院规定的，依照国务院制定的行政法规的规定执行。任何机关、单位和个人不得违反法律、行政法规的规定，擅自作出税收开征、停征以及减税、免税、退税、补税和其他同税收法律、行政法规相抵触的决定。

因此，针对各地出台的所谓的税费优惠政策一定要小心谨慎，因为一旦政策收紧，这些明显违背中央税收政策的地方"土政策"或者打中央税收优惠政策擦边球的，往往会付出惨重代价。比如下面这个案例的处理决定。

国家税务总局深圳市税务局稽查局税务处理决定书

深税稽处〔2020〕242 号

深圳××国际广告有限公司：

我局于 2018 年 7 月 23 日至 2019 年 12 月 12 日对你公司 2015 年 1 月 23 日至 2017 年 12 月 31 日生产经营及纳税情况进行检查，你公司存在违法事实及处理决定如下：

一、违法事实

（一）你公司在新疆霍尔果斯经济开发区设立全资控股公司霍尔果斯市××国际广告有限公司（以下简称"霍尔果斯××公司"），你公司和霍尔果斯××公司均属于××控股集团成员企业，均取得××控股集团有限公司（香港上市公司）的授权，经营广告相关业务，也即是有权在××控股集团旗下所有影城发布映前广告、阵地广告等营销活动。

2015 年至 2017 年，你公司申报营业收入合计 38 710 886.29 元，缴纳企业所得税合计 48 695.77 元。同期霍尔果斯××公司申报营业收入合计 796 402 729.76 元，由于霍尔果斯××公司享受《财政部 国家税务总局关于新疆喀什 霍尔果斯两个特殊经济开发区企业所得税优惠政策的通知》（财税〔2011〕112 号）企业所得税优惠政策，申报减免所得税额合计 92 427 105.25 元，缴纳企业所得税 0 元。

你公司和霍尔果斯××公司从事业务相同，两家公司的业务也均由××控股集团整合营销部完成。霍尔果斯××公司仅注册登记两名财务人员，日常并无实际业务人员在霍尔果斯市从事主营业务相关工作，其业务运作主要由集团其他人员履行。对两家公司共同客户深圳市××科技有限公司的协查证实，你司将收入以及利润转移至霍尔果斯××公司，实现享受税收优惠的目的。

综上，你公司利用霍尔果斯××公司转移收入及利润，少计企业所得税。根据《税收征收管理法》第三十五条第一款第（六）项规定，核定你公司应纳税额，将霍尔果斯××公司2015年至2017年收入合计661 540 755.15元调整至你公司，调整后你公司2015年至2017年收入合计700 251 641.44元。

（二）你公司以及霍尔果斯××公司账目混乱，均存在成本费用与收入不直接相关与匹配的问题，难以查账。根据《中华人民共和国税收征收管理法》第三十五条第一款第（四）项，以及《国家税务总局关于印发企业所得税核定征收办法（试行）的通知》（国税发〔2008〕30号）第四条、第八条，对你公司按照30%的应税所得率核定企业所得税。

二、处理决定

根据《中华人民共和国税收征收管理法》第三十五条第一款第（四）项、第（六）项，《国家税务总局关于印发企业所得税核定征收办法（试行）的通知》（国税发〔2008〕30号）第四条、第八条，追缴你公司2015年至2017年企业所得税合计52 470 177.34元，其中2015年22 943 316.11元，2016年21 120 600.36元，2017年8 406 260.87元，并依法加收滞纳金。

以上应缴税款共计52 470 177.34元，限你公司自收到本决定书之日起15日内到国家税务总局深圳市福田区税务局将上述税款及滞纳金缴纳入库，并按照规定进行相关账务调整。你公司可以银税联网方式、银联卡缴款方式或其他办税服务厅提供的方式缴纳上述税款及滞纳金，以银税联网方式缴纳税款及滞纳金的，应将税款及滞纳金存入你公司已签订《委托扣款协议书》的银行账号，并及时通知办税服务厅扣款。逾期未缴清的，将依照《中华人民共和国税收征收管理法》第四十条规定强制执行。

你公司若同我局在纳税上有争议，必须先依照本决定的期限缴纳税款及滞纳金或者提供相应的担保，然后可自上述款项缴清或者提供相应担保被税务机关确认之日起60日内依法向国家税务总局深圳市税务局申请行政复议。

国家税务总局深圳市税务局稽查局

2020年10月10日

▶▶ 此注销从此别离，彼注销后会有期

案例背景

　　锐志股份有限公司注册在某市A区，现本市B区有更多的税收优惠政策，于是想迁往B区。公司领导层召集财务部，要求财务部提出迁移办法。财务部有两种意见：一种意见认为本公司是A区纳税大户，如果迁走，A区税务机关会不会对企业账务进行全盘清理补税，不如在B区新设企业，尔后将业务腾挪过去；另一种意见认为如按第一种方案进行处理，新设企业在B区前期业务量较少，一来得不到B区政府的大力支持，二来也交不了多少税，享受不到相应的税收优惠，不如直接迁址。那么这两种方案哪个更为妥当呢？实现最优方案有什么路径可循吗？

方法提示

　　根据《中华人民共和国市场主体登记管理条例实施细则》（国家市场监督管理总局令第52号）：

　　第三十五条　市场主体变更住所（主要经营场所、经营场所），应当在迁入新住所（主要经营场所、经营场所）前向迁入地登记机关申请变更登记，并提交新的住所（主要经营场所、经营场所）使用相关文件。

　　……………

　　第四十四条　市场主体因解散、被宣告破产或者其他法定事由需要终止的，应当依法向登记机关申请注销登记。

根据《税务登记管理办法》（国家税务总局令第 7 号）：

> 第二十六条　纳税人发生解散、破产、撤销以及其他情形，依法终止纳税义务的，应当在向工商行政管理机关或者其他机关办理注销登记前，持有关证件和资料向原税务登记机关申报办理注销税务登记；按规定不需要在工商行政管理机关或者其他机关办理注册登记的，应当自有关机关批准或者宣告终止之日起 15 日内，持有关证件和资料向原税务登记机关申报办理注销税务登记。
>
> 第二十七条　纳税人因住所、经营地点变动，涉及改变税务登记机关的，应当在向工商行政管理机关或者其他机关申请办理变更、注销登记前，或者住所、经营地点变动前，持有关证件和资料，向原税务登记机关申报办理注销税务登记，并自注销税务登记之日起 30 日内向迁达地税务机关申报办理税务登记。

综上，市场监督管理部门第三十五条讲的是迁移，第四十四条讲的是注销，而税务部门的第二十六条和第二十七条均属于注销条款，但实际上税务第二十七条对应的是市场监管的第三十五条，而税务第二十六条对应的是市场监管的第四十四条。通俗地说，税务的注销有两种：一种是纳税人终止纳税义务的注销；另一种是纳税办理迁移的注销。

因此，在三证合一的情况下，由 A 区迁往 B 区，应当办理的是市场监督管理部门的迁移手续，而非注销手续，即企业的纳税义务并未终止，只是企业的经营地址作了变更。

> 《财政部　国家税务总局关于企业重组业务企业所得税处理若干问题的通知》（财税〔2009〕59 号）规定：企业由法人转变为个人独资企业、合伙企业等非法人组织，或将登记注册地转移至中华人民共和国境外（包括港澳台地区），应视同企业进行清算、分配，股东重新投资成立新企业。企业的全部资产以及股东投资的计税基础均应以公允价值为基础确定。企业发生其他法律形式简单改变的，可直接变更税务登记，除另有规定外，有关企业所得税纳税事项（包括亏损结转、税收优惠等权益和义务）由变更后的企业承继，但因住所发生变化而不符合税收优惠条件的除外。

因此，该公司的企业所得税不需要办理清算，继续在 B 区办理预缴和汇缴事宜。

《国家税务总局关于一般纳税人迁移有关增值税问题的公告》（国家税务总局公告 2011 年第 71 号）就增值税一般纳税人经营地点迁移后仍继续经营，其一般纳税人资格是否可以继续保留以及尚未抵扣进项税额是否允许继续抵扣问题公告如下：

一、增值税一般纳税人（以下简称纳税人）因住所、经营地点变动，按照相关规定，在工商行政管理部门做出变更登记处理，但因涉及改变税务登记机关，需要办理注销税务登记并重新办理税务登记的，在迁达地重新办理税务登记后，其增值税一般纳税人资格予以保留，办理注销税务登记前尚未抵扣的进项税额允许继续抵扣。

二、迁出地主管税务机关应认真核实纳税人在办理注销税务登记前尚未抵扣的进项税额，填写增值税一般纳税人迁移进项税额转移单、增值税一般纳税人迁移进项税额转移单，一式三份。迁出地主管税务机关留存一份，交纳税人一份，传递迁达地主管税务机关一份。

三、迁达地主管税务机关应将迁出地主管税务机关传递来的增值税一般纳税人迁移进项税额转移单与纳税人报送资料进行认真核对，对其迁移前尚未抵扣的进项税额，在确认无误后，允许纳税人继续申报抵扣。

上述手续办理需要关注所在省级税务机关的相应要求，这里我们举上海的例子进行说明。

《上海市国家税务局 上海市地方税务局关于调整
本市企业税务登记跨区（县）迁移申请渠道的公告》

（上海市国家税务局 上海市地方税务局公告 2012 年第 1 号）

一、申请方式

本市纳税人跨区县迁移可直接通过上海税务网站提出注销申请，也可向市税务登记受理处（以下简称受理处）大厅提出申请。

二、操作流程

（一）网上申请

1. 申请

纳税人使用 CA 证书进入上海税务网站"网上办税"中的"网上办理迁移注销业务申请"模块，按要求填写"迁移注销税务登记申请书"，并上传到上海税务网站。

2.预受理

受理处收到纳税人上传的"迁移注销税务登记申请书"后，应在1个工作日内查询征管系统，审核该纳税人是否存在以下四种情况：

（1）涉及市级以上稽查案件未办结的；

（2）税款未结清的；

（3）依申请涉税事项未终审的；

（4）企业所得税汇算清缴期内尚未完成清算的。

如纳税人存在以上四种情况之一的，受理处通过上海税务网站向纳税人回复《网上迁移注销税务登记不予受理通知书》，同时终止流程；如不存在以上四种情况的，则通过上海税务网站回复网上迁移注销税务登记预受理单，同时在征管系统中向迁出分局发起场地核查事项（详见迁移注销税务登记场地核查情况表），迁出分局应在4个工作日内完成迁移注销场地核查任务，并将核查情况录入征管系统。

3.正式受理。

受理处根据迁出分局反馈的核查信息处理如下：

（1）如生产经营场地情况属实的（对具有出口退税资格的纳税人，受理处先电话通知纳税人到迁出分局取消资格），纳税人根据网上反馈信息，携带网上迁移注销税务登记预受理单上所规定的资料，到受理处大厅办理相关手续。受理处再次查询征管系统，如无异议的则正式受理，当场向纳税人发放迁移注销税务登记受理单、迁移注销税务登记申请审批表和迁移注销税务登记清税清票申请审核表，同时经征管系统将受理文书转迁出分局。迁出分局应根据《关于印发〈迁移注销税务登记管理办法〉的通知》（沪国税征科〔2009〕11号）规定，在25个工作日内完成纳税人的迁移注销。

（2）如生产经营地址不符合迁移要求的，若纳税人没有异议，则此申请终止；若纳税人有异议，受理处会同迁出分局对纳税人的场地再次进行核查，根据核查情况同上处理。

（二）上门申请

1.申请

纳税人携带资料到受理处大厅提出迁移注销申请。

2.预受理

受理处大厅受理人员审核纳税人提供的资料，同时查询征管系统，审核该纳税人是否存在以下四种情况：

（1）涉及市级以上稽查案件未办结；

（2）税款未结清；

（3）已申请涉税事项未终审；

（4）企业所得税汇算清缴期内尚未完成清算。

如纳税人存在以上四种情况之一的，告知纳税人到迁出分局办结后再向受理处提出迁移申请；如不存在以上四种情况的，受理人员当场向纳税人发放迁移注销税务登记预申请受理回执，同时在征管系统向迁出分局发起场地核查事项。迁出分局应在4个工作日内完成迁移注销场地的核查，并将核查情况录入征管系统。

3. 正式受理

流程同网上申请的正式受理。

三、其他

（一）对正处在企业所得税汇算清缴期间的纳税人，待汇算清缴结束（即办理完年度申报并完成补税和退税等）后再申请。

对网上进行年度申报且需补税的纳税人，可先行前往主管税务机关打印纸质缴款书办理补税手续；对需退税的纳税人，可先行前往主管税务机关办理退税手续。

（二）对税务机关阻挠企业正常搬迁行为的投诉，一经查实，将严肃处理，通报批评，并责令限期改正。

四、本公告自2012年3月1日起施行

►► 发票增额行政许可，发票增量合理即行

案例背景

锐志股份有限公司由于业务量猛增，从主管税务机关领用的增值税专用发票数量不足以使用，现公司财务部提出两种办法：一种是增加专用发票领用数量；另一种是增大专用发票开具额度，那么对于这两种办法应如何达成呢？

方法提示

1. 行政许可事项

发票最高开票限额审批属于行政许可事项，详见《国家税务总局关于税务行政许可若干问题的公告》（国家税务总局公告 2016 年第 11 号）第一条税务行政许可事项之第（五）项，增值税专用发票（增值税税控系统）最高开票限额审批。

何谓"行政许可"？根据《中华人民共和国行政许可法》第二条：本法所称行政许可，是指行政机关根据公民、法人或者其他组织的申请，经依法审查，准予其从事特定活动的行为。

因此，增值税专用发票最高开票限额不是纳税人说了算，而是税务机关说了算，如何办理这一税务行政许可事项？见《国家税务总局关于简化税务行政许可事项办理程序的公告》（国家税务总局公告 2017 年第 21 号）所附税务行政许可项目分项表（部分）。

税务行政许可项目分项表（部分）

序号	项目名称	实施依据	实施机关	条件	数量	申请材料目录	申请期限
5	增值税专用发票（增值税税控系统）最高开票限额审批	《国务院对确需保留的行政审批项目设定行政许可的决定》（国务院令第412号）附件第236项：增值税防伪税控系统最高开票限额审批	区县税务机关	已纳入增值税防伪税控系统管理的增值税纳税人，申请的增值税专用发票最高开票限额与其实际生产经营和销售所需开具专票的情况相符	无数量限制	1.税务行政许可申请表；2.增值税专用发票最高开票限额申请单；3.经办人身份证件；4.代理委托书；5.代理人身份证件	—

增值税专用发票最高开票限额申请单见下表。

增值税专用发票最高开票限额申请单

申请事项（由纳税人填写）	纳税人名称		纳税人识别号	
	地　　　址		联系电话	
	购票人信息			
	申请增值税专用发票（增值税税控系统）最高开票限额	□初次　　□变更　　（请选择一个项目并在□内打"√"）		
		□一亿元　　□一千万元　　□一百万元 □十万元　　□一万元　　□一千元 （请选择一个项目并在□内打"√"）		
	申请货物运输业增值税专用发票（增值税税控系统）最高开票限额	□初次　　□变更　　（请选择一个项目并在□内打"√"）		
		□一亿元　　□一千万元　　□一百万元 □十万元　　□一万元　　□一千元 （请选择一个项目并在□内打"√"）		
	申请理由： 经办人（签字）：　　　　　　　　　　纳税人（印章）： 　　年　　月　　日　　　　　　　　　　年　　月　　日			
区县税务机关意见	发票种类		批准最高开票限额	
	增值税专用发票（增值税税控系统）			
	货物运输业增值税专用发票（增值税税控系统）			
	经办人（签字）：　　　批准人（签字）：　　　税务机关（印章）： 　　年　　月　　日　　　年　　月　　日　　　年　　月　　日			

2. 非行政许可项目

增值税专用发票增量不属于行政许可事项，这里引用深圳市税务局的办理流程进行说明。

超限量购买增值税发票

【事项名称】超限量购买增值税发票。

【申请条件】税务机关核定的发票用量无法满足其经营需要的，可向税务机关申请增购增值税发票（包括：增值税专用发票、增值税普通发票、机动车销售统一发票、增值税电子普通发票），经主管税务机关审核后，可在规定期限内按批准数量领购发票。不适用于一般纳税人（含辅导期）通过预缴税款方式超限量购买增值税专用发票、增值税普通发票。不适用于实行纳税辅导期管理的增值税一般纳税人（含辅导期一般纳税人和纳税信用等级 D 级纳税人）通过预缴税款方式超限量购买增值税专用发票、增值税普通发票。

【设定依据】

（1）《中华人民共和国发票管理办法》（国务院令 587 号）第十五条。

（2）《国家税务总局关于进一步做好纳税人增值税发票领用等工作的通知》（税总函〔2019〕64 号）第一条。

办理材料名称见下表。

需要的材料名称

序号	材料名称	数量	备注
1	超限量购买发票申请表	1 份	—
2	加载统一社会信用代码的营业执照（或税务登记证或组织机构代码证）	1 份	已进行实名身份信息采集的纳税人可取消报送，并提供办税人本人身份证件原件供当场查验

注意事项：

（1）纳税人对报送材料的真实性和合法性承担责任。

（2）纳税人上门办理涉税事项时需报送纸质版资料，通过网上或移动终端办理的按照系统操作要求报送电子版资料。

（3）办理材料里未注明原件、复印件的均为原件；仅注明复印件的只需提供复印件；注明原件及复印件的，收取复印件，原件查验后退回。

（4）办理材料如为复印件，须注明与原件一致，并加盖公章。

（5）纳税人使用符合电子签名规定条件的电子签名，与手写签名或盖章具有同等法律效力。

【办理机构】主管税务机关。

【办理时间】

（1）纳税人办理时限（需要时申请）。

（2）税务机关办理时限。

（3）工作日。

【办理流程】

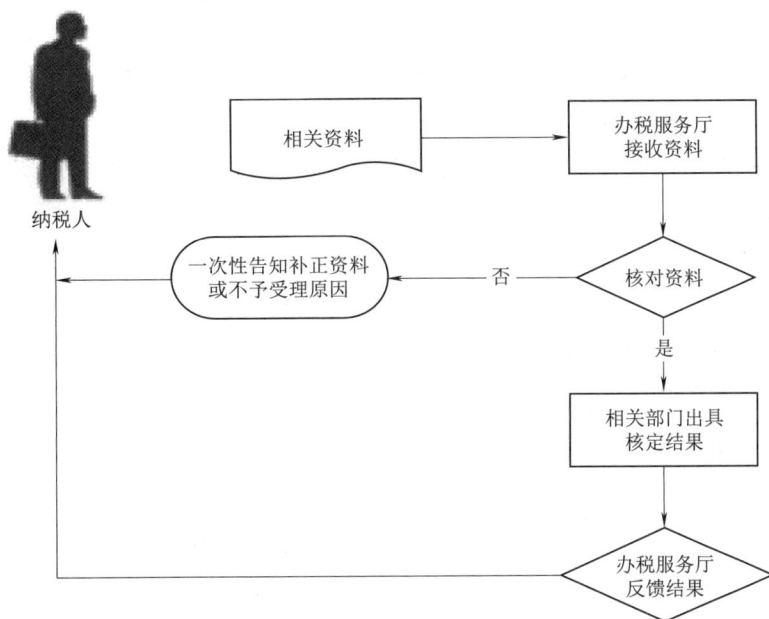

（来源：国家税务总局深圳市税务局）

至于是否能得偿所愿，要看各地税务机关的具体规定。根据《国家税务总局关于简化增值税发票领用和使用程序有关问题的公告》（国家税务总局公告2014年第19号）规定，一般纳税人申请增值税专用发票最高开票限额不超过10万元的，主管税务机关不需事前进行实地查验。这意味着100万元以上的发票是需要办理实地查验的。

试以广东省颁布相关政策为例。

《广东省纳税人申领增值税发票分类分级管理办法》（广东省税务局公告2020年第6号）第十条：纳税人申请的发票数量和限额超过税收大数据分析识别结果的，可向税务机关提交有关业务真实性的材料，如交易合同、协议等，提出调整申请。税务机关对提交资料进行审核，必要时开展税务约谈或实地查验，并自受理之日起5个工作日内完成资料审核、税务约谈，自受理之日起10个工作日内完成实地查验。税务机关根据审核结果为纳税人供应发票。

第十三条规定：纳税人申领发票存在以下情形之一的，税务机关应进行实地查验：

（一）纳税人申请增值税专用发票最高开票限额为100万元（含）以上，税务机关应按照税务总局有关规定事前进行实地查验，并自受理之日起10个工作日内完成事前实地查验工作。

（二）Ⅰ类、Ⅱ类纳税人申请增值税普通发票、机动车销售统一发票最高开票限额为100万元（含）以上且发票使用量较大的，Ⅱ类纳税人申请增值税专用发票最高开票限额为10万元且发票使用量较大的，税务机关在核定其票种信息后的30个工作日内开展实地查验。

（三）Ⅲ类纳税人申请增值税普通发票、机动车销售统一发票最高开票限额为10万元（含）以上且发票使用量较大的，Ⅲ类纳税人申请增值税专用发票最高开票限额为10万元且发票使用量较大的，税务机关在核定其票种信息后的10个工作日内开展实地查验。

（四）各地市级税务局结合本地征管实际，确定需开展事后实地查验的范围。

我们在国家税务总局广东省税务局2019年度行政审批和政务服务效能情况自评报告中看到，广东省税务局第三税务分局2019年办理行政许可事项申请39户次，均已及时办结，实现办结率、网上办结率、限时办结率全都100%。其中，共有6件"增值税专用发票（增值税税控系统）最高开票限额审批"行政许可申请不予批准，不予批准原因均为纳税人所申请的最高开票限额与当时实际经营情况不符。

之所以对大额限额与限量开展风险评估，包括大数据预警分析、评估约谈、实地查验，简单地说，一是保护税务机关自己，免于陷入执法风险；二是对纳税人负责。近些年来，个别税务工作人员在发票领用层面被检察机关或纪委监委予以调查的不胜枚举。所以纳税人也要换位思考，之所以未能获得增量增额，与自身有关。

►► 自然人代开发票，发生地非常重要

案例背景

    小宋是江苏南通人，与北京甲公司签订了转让其专利的合同，双方约定在上海签订合同。那么，小宋作为转让专利权的增值税纳税人，需要去南通、北京还是上海代开发票呢？

方法提示

根据《中华人民共和国增值税暂行条例》第二十二条：增值税纳税地点：……（三）非固定业户销售货物或者劳务，应当向销售地或者劳务发生地的主管税务机关申报纳税；未向销售地或者劳务发生地的主管税务机关申报纳税的，由其机构所在地或者居住地的主管税务机关补征税款。

《财政部 国家税务总局关于全面推开营业税改征增值税试点的通知》（财税〔2016〕36号）第四十六条：增值税纳税地点为：……（二）非固定业户应当向应税行为发生地主管税务机关申报纳税；未申报纳税的，由其机构所在地或者居住地主管税务机关补征税款。（三）其他个人提供建筑服务，销售或者租赁不动产，转让自然资源使用权，应向建筑服务发生地、不动产所在地、自然资源所在地主管税务机关申报纳税。

综上，自然人作为非固定业户除了提供建筑服务、销售或者租赁不动产，转让自然资源使用权，应向建筑服务发生地、不动产所在地、自然资源所在地主管税务机关代开发票并申报纳税外，其余的均应向应税行为发生地代开发票并申报纳税。

《中华人民共和国发票管理办法》（中华人民共和国国务院令第587号）第

十六条规定：

> 需要临时使用发票的单位和个人，可以凭购销商品、提供或者接受服务以及从事其他经营活动的书面证明、经办人身份证明，直接向经营地税务机关申请代开发票。依照税收法律、行政法规规定应当缴纳税款的，税务机关应当先征收税款，再开具发票。税务机关根据发票管理的需要，可以按照国务院税务主管部门的规定委托其他单位代开发票。

其中提到的经营地，即《中华人民共和国增值税暂行条例》和《财政部 国家税务总局关于全面推开营业税改征增值税试点的通知》（财税〔2016〕36 号）规定，销售地或劳务发生地以及应税行为发生地。比如，小宋是在上海与北京甲公司签订合同，转让专利权，则可以在上海代开发票。

下面我们看《国家税务总局关于纳税人申请代开增值税发票办理流程的公告》（国家税务总局公告 2016 年第 59 号），其中纳税人代开发票（纳税人销售取得的不动产和其他个人出租不动产代开增值税发票业务除外）办理流程公告如下：

> 一、办理流程
>
> （一）在办税服务厅指定窗口
>
> 1. 提交代开增值税发票缴纳税款申报单。
>
> 2. 自然人申请代开发票，提交身份证件及复印件。
>
> 3. 其他纳税人申请代开发票，提交加载统一社会信用代码的营业执照（或税务登记证或组织机构代码证）、经办人身份证件及复印件。
>
> （二）在同一窗口缴纳有关税费、领取发票

只有南通小宋不代开发票，从而逃避缴纳税款这一事件被发现后，由于小宋住所地在江苏南通，所以由南通税务局补征其税款，自然缴税后就可以在南通补开发票了。

那么个体工商户呢？根据《中华人民共和国增值税暂行条例》第二十二条，增值税纳税地点：

> （一）固定业户应当向其机构所在地的主管税务机关申报纳税。
>
> （二）固定业户到外县（市）销售货物或者劳务，应当向其机构所在地的主

管税务机关报告外出经营事项，并向其机构所在地的主管税务机关申报纳税；未报告的，应当向销售地或者劳务发生地的主管税务机关申报纳税；未向销售地或者劳务发生地的主管税务机关申报纳税的，由其机构所在地的主管税务机关补征税款。

《财政部　国家税务总局关于全面推开营业税改征增值税试点的通知》（财税〔2016〕36号）第四十六条（一）规定，固定业户应当向其机构所在地或者居住地主管税务机关申报纳税。……

可见，由于个体工商户办理了工商登记（"二证合一"，兼容税务登记证），原则上应该在机构所在地开具发票并申报纳税，但是随着"便民春风行动"的落实，目前也开始有新的变化。比如，《国家税务总局关于发布货物运输业小规模纳税人申请代开增值税专用发票管理办法的公告》（国家税务总局公告2017年第55号）第三条：

纳税人在境内提供公路或内河货物运输服务，需要开具增值税专用发票的，可在税务登记地、货物起运地、货物到达地或运输业务承揽地（含互联网物流平台所在地）中任何一地，就近向税务机关（以下称代开单位）申请代开增值税专用发票。

《国家税务总局关于开展网络平台道路货物运输企业代开增值税专用发票试点工作的通知》（税总函〔2019〕405号）中规定：

经国家税务总局各省、自治区、直辖市和计划单列市税务局（以下称各省税务局）批准，纳入试点的网络平台道路货物运输企业（以下称试点企业）可以为同时符合以下条件的货物运输业小规模纳税人（以下称会员）代开增值税专用发票，并代办相关涉税事项。

（一）在中华人民共和国境内提供公路货物运输服务，取得《中华人民共和国道路运输经营许可证》和《中华人民共和国道路运输证》。以4.5吨及以下普通货运车辆从事普通道路货物运输经营的，无须取得《中华人民共和国道路运输经营许可证》和《中华人民共和国道路运输证》。

（二）以自己的名义对外经营，并办理了税务登记（包括临时税务登记）。

> （三）未做增值税专用发票票种核定。
>
> （四）注册为该平台会员。

上述两个政策是有明文规定的，但目前有些地方出现了政策解读不一致的情形，潜藏着一定的税务风险。其中最突出的就是灵活用工平台，其有两种运营模式：第一种是平台直接承揽用工企业的服务、劳务，再将服务分拆后转包给一个或多个自由职业者，其业务本质是采购服务再销售。在这种模式下，平台作为向用工企业提供服务的销售方，需要代自由职业者向自己开具发票，从而取得抵扣进项税金、所得税税前列支成本的凭证，自己再向用工企业开具发票。第二种是灵活用工平台企业仅提供业务外包服务，为用工企业和自由职业者提供交易平台和通道，只收取服务费。由自由职业者向用工企业开具发票，由于自由职业者的无组织性，并极度抗拒税务操作成本的心理，所以两种模式必须解决共同的问题，即平台要代自由职业者开具发票并缴纳税款。前一种是向自己开具，后一种是替自由职业者向用工企业开具。

平台要实现这种行为的前提条件是得到税务部门的许可，即税务部门同意自由职业者的税由平台代征，并由平台代为开具发票。另外，平台要想生存并获利还需获得政府财政返还的支持，否则，平台的销售额极易突破一般纳税人年度销售额 500 万元的标准，需要向用工企业开具 6% 的发票，而自由职业者基本是小规模纳税人，最多只能获得 3% 的增值税进项税额抵扣，所以平台往往在北上广等一线城市或者具有财政返还政策的税收洼地设立总部，再在各地设立分支机构或办事处，由各地机构对接当地业务，而由税收洼地统一开具发票。

由平台代自由职业者开具发票并代缴纳税款的关系是需要平台取得税务机关的委托代征协议，否则就涉嫌非法代开。现实中部分税务机关委托平台代征是否符合委托代征的条件呢？《国家税务总局关于发布委托代征管理办法的公告》（国家税务总局公告 2013 年第 24 号）规定：

> 第二条　本办法所称委托代征，是指税务机关根据《中华人民共和国税收征收管理法实施细则》有利于税收控管和方便纳税的要求，按照双方自愿、简便征收、强化管理、依法委托的原则和国家有关规定，委托有关单位和人员代

征零星、分散和异地缴纳的税收的行为。

··········

第八条　税务机关可以与代征人签订代开发票书面协议并委托代征人代开普通发票。

代开发票书面协议的主要内容应当包括代开的普通发票种类、对象、内容和相关责任。

那么，为什么这么多自由职业者所发生的税收并不属于零星、分散和异地缴纳呢？因为灵活用工平台在替自由职业者规避个人所得税。自然人提供服务的个人所得税税目为劳务报酬税目，税率高达 45%，所以灵活用工平台往往替自由职业者注册为个体工商户性质，从而适用对经营所得的个人所得税核定征收，大幅度降低个税税率，甚至这些自由职业者在不知情的情况下就被灵活用工平台注册了个体工商户，对此是否合法，国家税务总局江西省税务局关于省十三届人大五次会议第 391 号建议答复的函表述如下所示。

杨自力代表：您提出的《关于开展自然人委托代征模式的建议》（第 391 号）收悉，感谢您对税收工作的关心和支持！现答复如下：

一、关于灵活用工人员委托办理税务登记，根据《国家税务总局关于税收征管若干事项的公告》（2019 年第 48 号）规定，从事生产、经营的个人应办而未办营业执照，但发生纳税义务的，可以按规定申请办理临时税务登记。《中华人民共和国电子商务法》第十一条规定：依照前条（即第十条）规定不需要办理市场主体登记的电子商务经营者在首次纳税义务发生后，应当依照税收征收管理法律、行政法规的规定申请办理税务登记，并如实申报纳税。因此，依法应办或不需要办理市场主体登记的个人，发生纳税义务的，可申报办理临时税务登记。办理临时税务登记后，纳税人应当依法按期连续申报，履行纳税义务。为有效避免利用他人身份证信息进行登记的行为，明晰征纳双方权利义务，申报办理税务登记的灵活用工人员应按规定进行实名信息采集验证，实名信息可到办税服务厅现场采集，也可通过江西省电子税务局、微信公众号网上采集。对委托办理的，可以出具签字的授权委托书委托他人办理，在税务登记后，灵活用工人员须完成实名信息的采集验证。

二、关于明确灵活用工人员在平台取得的收入作为经营所得，国家税务总局在《对十三届全国人大三次会议第 8765 号建议的答复》中明确了该问题，即灵活用工人员从平台获取的收入可能包括劳务报酬所得和经营所得两大类，取得的收入是否作为经营所得计税，要根据纳税人在平台提供劳务或从事经营的经济实质进行判定，而不是简单地看个人劳动所依托的展示平台，否则容易导致从事相同性质劳动的个人税负不同，不符合税收公平原则。

三、关于委托平台企业代征税款，根据《委托代征管理办法》（国家税务总局公告 2013 年第 24 号）第二条规定，税务机关委托的代征税收一般为零星、分散和异地缴纳的税收。灵活用工人员办理税务登记后，属于具有独立纳税能力的纳税主体，应依法按期自行纳税申报，不属于委托代征税收的范围，但灵活用工人员可授权平台企业代为办理纳税申报等涉税事宜。

四、关于灵活用工人员视同个体工商户按规定享受小规模纳税人、小微企业等税收优惠政策，国家税务总局《对十三届全国人大三次会议第 8765 号建议的答复》对该问题进行了明确，即灵活用工人员如办理了税务登记，并选择按期纳税，履行按期申报纳税义务，则可以按规定享受小规模纳税人月销售额 15 万元以下（含本数）免征增值税政策；如未办理税务登记，或只选择了按次纳税，则应按规定享受按次纳税的起征点政策。

再如国家税务总局重庆市税务局关于重庆市第五届人民代表大会第四次会议第 0361 号建议办理情况的答复函：

您提出的关于支持互联网平台经济发展的建议收悉，现答复如下：

一、关于市税务局开放电子税务局数据接口的建议

为进一步拓宽纳税服务渠道，拓展社会化办税服务资源，持续优化纳税服务，优化创新监管方式，根据国家税务总局《电子税务局第三方涉税平台接入管理规范》相关规定，对符合准入要求的第三方涉税平台（第三方涉税平台是指由税务部门以外的单位开发建设，并对外提供各类办税服务功能的涉税业务办理平台和应用），经省级税务机关审批，可准予接入电子税务局，通过调用电子税务局的服务接口，同税务部门开展业务协作，为纳税人提供涉税服务。根据《国家税务总局关于税收征管若干事项的公告》（国家税务总局公告 2019 年第 48 号）规定，

从事生产、经营的个人应办而未办营业执照，但发生纳税义务的，可以按规定申请办理临时税务登记。

办理临时税务登记是纳税人依法申请事项。目前，重庆市电子税务局尚未开发和向平台企业开放数据接口，通过自动获取平台企业经营者注册信息、人脸识别等认证信息批量审核办理临时税务登记功能。

二、关于委托互联网平台企业代征零散税收的建议

根据《中华人民共和国税收征收管理法》及其实施细则和《国家税务总局委托代征管理办法》相关规定，税务机关根据有利于税收控管和方便纳税的原则，按照双方自愿、简便征收、强化管理、依法委托的原则，可以委托有关单位和人员代征零星分散和异地缴纳的税收，并发给委托代征证书。受托单位和人员按照代征证书的要求，以税务机关的名义依法征收税款。税务机关不得将法律、行政法规已确定的代扣代缴、代收代缴税收进行委托代征。

根据《中华人民共和国税收征收管理法》《中华人民共和国电子商务法》等法律规定，电子商务经营者应当在其经常居住地或者户籍所在地依法办理市场主体登记，按照规定不需要办理市场主体登记的电子商务经营者在首次纳税义务发生后，应当依照税收征收管理法律、行政法规的规定申请办理税务登记，并如实申报纳税。按照上述法律规定，电子商务经营者都应当依法办理市场主体登记或者办理税务登记，并实行属地税收管辖。您提出的"委托互联网平台企业代征零散税收"的建议，暂不符合委托代征"零星分散和异地缴纳"范畴。

三、关于开放平台企业汇总代开增值税发票权限的建议

根据《国家税务总局关于个人保险代理人税收征管有关问题的公告》（国家税务总局公告 2016 年第 45 号）规定，目前实行汇总代开增值税发票的行业仅限于保险、证券经纪、信用卡和旅游等四个行业，且汇总代开的对象为未办理税务登记的自然人。我局将就代表所提意见进行充分调研和论证，择机向上级部门建言献策。

国家税务总局重庆市税务局
2021 年 9 月 8 日

因此，企业通过灵活用工平台取得的由灵活用工平台代替灵活用工人员开具的发票就存在问题了，这是需要相关纳税人引以为关注的，即你通过平台找到的甲某，应当是甲某自行代开发票给你入账，结果是甲某没开票，平台企业替甲某代开的发票。

▶▶ 谁排污谁缴费，地方举措要知道

案例背景

锐成建筑集团与锐功地产公司签订商品房建筑合同，由锐成建筑集团为锐功地产公司在规定期限内建成若干栋商品房，但在双方就建筑环保税纳税人界定上产生了争执，锐功地产公司认为是锐成建筑集团施工扬尘导致的应纳环保税义务，锐成建筑集团认为自己只是提供建筑服务，这块土地使用权始终在锐功地产公司名下，故而施工的扬尘导致的应纳环保税义务应当由锐功地产公司承担。

方法提示

施工扬尘产生的环境保护税，纳税人到底是建设单位还是施工单位，现实当中出现了许多争议。解铃还须系铃人，《中华人民共和国环境保护税法》第二条规定：在中华人民共和国领域和中华人民共和国管辖的其他海域，直接向环境排放应税污染物的企业、事业单位和其他生产经营者为环境保护税的纳税人，应当依照本法规定缴纳环境保护税。

其实，环境保护税的前身是费改税之前的排污费，《排污费征收使用管理条例》第二条规定：直接向环境排放污染物的单位和个体工商户（以下简称排污者），应当依照本条例的规定缴纳排污费。该条表述与《中华人民共和国环境保护税法》关于纳税人的表述是一致的，而且工程造价预算中也包括了排污费。工程造价预算，主要分为直接费和间接费两类，工程排污费曾经被列为间接费中的规费这一项，目前列在环保税项目内，计入企业管理费。以施工产生的扬尘为例，它包括对大气污染的悬浮颗粒物和可吸入颗粒物，比如砂石、灰土、灰浆、灰膏工程渣土等物料，

要对此开展排污申报和落实控尘等措施。

此前，各地对扬尘排污费的征收就有两种口径：一种由施工企业缴纳，则该项费用本身就计算在造价预算内，所以在竣工结算或者阶段结算的时候建设单位一并结算支付。比如《江苏省城市施工工地扬尘排污费征收管理试行办法的通知》（苏价费〔2009〕194号、苏财综〔2009〕35号）第四条：扬尘排污费由工程施工单位（工程乙方）负责交纳。建设（拆迁）单位（工程甲方）应当根据施工周期、施工（拆迁）面积、工程调整系数，按不低于规定的征收标准计算的总额，向施工单位提供施工工地扬尘控制措施费用，并将其作为不可竞争费用列入工程概（预）算。施工单位不得将该项费用让利作为投标竞争的条件参与工程投标。

但有的地方为了便于征管，直接就向建设单位征收，比如《北京市发展和改革委员会 北京市财政局 北京市环境保护局关于建设工程施工工地扬尘排污收费标准的通知》（京发改〔2015〕265号）中规定：

> 为改善本市空气质量，发挥经济手段促进治污、减排的作用，根据《排污费征收使用管理条例》《北京市大气污染防治条例》，经市政府批准，现将建设工程施工工地扬尘排污收费（以下简称施工扬尘排污费）有关事项通知如下：
>
> 一、本市行政区域内的建设工程施工工地，包括房屋建筑工地（含工业厂房）、装修工地、市政基础设施工地、绿化工地、水务工地、公路工地、铁路工地、拆除工地，应缴纳施工扬尘排污费。施工扬尘排污费由建设单位（含代建方）向建设项目所在区县环保局缴纳。
>
> ……………

那么，在排污费实施费改税后，环境保护税的征收管理方法很多都继承了原排污费征收的规定，有的地方仍是找施工单位上缴，有的地方就是找建设单位征收，因此还是需要认真查看本省环境保护税的纳税人界定原则。

比如《江苏省税务局 江苏省生态环境厅关于部分行业环境保护税应纳税额计算方法的公告》（江苏省税务局公告2018年第21号）中规定：

> 六、施工扬尘大气污染物应纳税额的计算方法：
>
> 应纳税额＝大气污染物当量数 × 适用税额
>
> 大气污染物当量数＝排放量 ÷ 污染当量值

> 排放量＝（扬尘产生量系数—扬尘排放量削减系数）× 施工工期系数 × 月建筑面积或施工面积
>
> 施工工期系数分别为 0、0.5、1，当月施工天数不足 5 天的建筑工程、市政工程为 0；不足 5 天的拆迁工程、公路施工工程和市政开挖工程为 0.5；当月施工天数大于 5 天（含 5 天），小于 15 天的为 0.5；当月施工天数大于 15 天（含 15 天）的为 1。

该文件上述正文始终没说清楚谁是纳税人，我们打开该税收规范性文件的附件才发现有下述表述：各类建设工程的建设方（含代建方）应当承担施工扬尘的污染防治责任，将扬尘污染防治费用纳入工程概算，对施工过程中无组织排放应税大气污染物的，应当计算应税污染物排放量，按照相关规定向施工工地所在地主管税务机关缴纳环境保护税。

因此，在江苏省，施工扬尘的环境保护税纳税人就是建设单位。同理，其他省份由谁缴纳施工扬尘的环境保护税，同样要关注该省级税务机关发布的具体征管文件。

▶▶ 首违不罚好举措，谨记不要误操作

案例背景

　　锐成有限责任公司在 2021 年 5 月办理 2020 年度企业所得税汇算清缴时，对于一笔政府补助收入理解为免税收入作了填报。2021 年 6 月 2 日，接到主管税务局纳税服务厅的《税务事项通知书》，要求重新补充申报，并对少缴的企业所得税拟处以 0.5 倍罚款，共计 10 万元。锐志有限责任公司提出异议，认为这是 2021 年度首次违法，按照税务机关推出的首违不罚，不应当缴纳罚款。

方法提示

　　纳税人对首违的理解是有误的，税务机关的处罚依据主要是两个法律法规：一个是《中华人民共和国发票管理办法》及其实施细则，一个是《中华人民共和国税收征收管理法》及其实施细则。如果说上述法条规定的是"处"或"并处"罚款，则是强制性规定，哪怕是首次违反，也是必须予以处罚的，只对"可"或"可以"的才予以首违不罚。我们不妨看看首违不罚的清单，即《国家税务总局关于发布税务行政处罚"首违不罚"事项清单的公告》（国家税务总局公告 2021 年第 6 号）所列举的首违不罚事项。

首违不罚事项清单表

序号	首违不罚事项名称	行政处罚依据来源
1	纳税人未按照《税收征收管理法》及其实施细则等有关规定将其全部银行账号向税务机关报送	《税收征收管理法》第六十条：纳税人有下列行为之一的，由税务机关责令限期改正，可以处 2 000 元以下的罚款；情节严重的，处 2 000 元以上 1 万元以下的罚款

续上表

序号	首违不罚事项名称	行政处罚依据来源
2	纳税人未按照《税收征收管理法》及其实施细则等有关规定设置、保管账簿或者保管记账凭证和有关资料	《税收征收管理法》第六十条：纳税人有下列行为之一的，由税务机关责令限期改正，可以处2 000元以下的罚款；情节严重的，处2 000元以上1万元以下的罚款
3	纳税人未按照《税收征收管理法》及其实施细则等有关规定的期限办理纳税申报和报送纳税资料	《税收征收管理法》第六十二条：纳税人未按照规定的期限办理纳税申报和报送纳税资料的，或者扣缴义务人未按照规定的期限向税务机关报送代扣代缴、代收代缴税款报告表和有关资料的，由税务机关责令限期改正，可以处2 000元以下的罚款；情节严重的，可以处2 000元以上1万元以下的罚款
4	纳税人使用税控装置开具发票，未按照《税收征收管理法》及其实施细则、《中华人民共和国发票管理办法》等有关规定的期限向主管税务机关报送开具发票的数据且没有违法所得	《中华人民共和国发票管理办法》第三十五条：违反本办法的规定，有下列情形之一的，由税务机关责令改正，可以处1万元以下的罚款；有违法所得的予以没收
5	纳税人未按照《税收征收管理法》及其实施细则、《中华人民共和国发票管理办法》等有关规定取得发票，以其他凭证代替发票使用且没有违法所得	《中华人民共和国发票管理办法》第三十五条：违反本办法的规定，有下列情形之一的，由税务机关责令改正，可以处1万元以下的罚款；有违法所得的予以没收
6	纳税人未按照《税收征收管理法》及其实施细则、《中华人民共和国发票管理办法》等有关规定缴销发票且没有违法所得	《中华人民共和国发票管理办法》第三十五条：违反本办法的规定，有下列情形之一的，由税务机关责令改正，可以处1万元以下的罚款；有违法所得的予以没收
7	扣缴义务人未按照《税收征收管理法》及其实施细则等有关规定设置、保管代扣代缴、代收代缴税款账簿或者保管代扣代缴、代收代缴税款记账凭证及有关资料	《税收征收管理法》第六十一条：扣缴义务人未按照规定设置、保管代扣代缴、代收代缴税款账簿或者保管代扣代缴、代收代缴税款记账凭证及有关资料的，由税务机关责令限期改正，可以处2 000元以下的罚款；情节严重的，处2 000元以上5 000元以下的罚款
8	扣缴义务人未按照《税收征收管理法》及其实施细则等有关规定的期限报送代扣代缴、代收代缴税款有关资料	《税收征收管理法》第六十二条：纳税人未按照规定的期限办理纳税申报和报送纳税资料的，或者扣缴义务人未按照规定的期限向税务机关报送代扣代缴、代收代缴税款报告表和有关资料的，由税务机关责令限期改正，可以处2 000元以下的罚款；情节严重的，可以处2 000元以上1万元以下的罚款
9	扣缴义务人未按照《税收票证管理办法》（国家税务总局令第28号）的规定开具税收票证	《税收票证管理办法》（国家税务总局令第28号）第五十四条：扣缴义务人未按照本办法开具税收票证的，可以根据情节轻重，处以1 000元以下的罚款

续上表

序号	首违不罚事项名称	行政处罚依据来源
10	境内机构或个人向非居民发包工程作业或劳务项目，未按照《非居民承包工程作业和提供劳务税收管理暂行办法》（国家税务总局令第 19 号）的规定向主管税务机关报告有关事项	《非居民承包工程作业和提供劳务税收管理暂行办法》（国家税务总局令第 19 号）第三十三条：境内机构或个人发包工程作业或劳务项目，未按本办法第五条、第七条、第八条、第九条规定向主管税务机关报告有关事项的，由税务机关责令限期改正，可以处 2 000 元以下的罚款；情节严重的，处 2 000 元以上 1 万元以下的罚款

可见税务行政处罚"首违不罚"必须同时满足下列三个条件：一是纳税人、扣缴义务人首次发生清单中所列事项；二是危害后果轻微；三是在税务机关发现前主动改正或者在税务机关责令限期改正的期限内改正。

至于将不属于不征税收入的政府补助作为免税收入填报，则无论按《税收征收管理法》第六十三条：纳税人伪造、变造、隐匿、擅自销毁账簿、记账凭证，或者在账簿上多列支出或者不列、少列收入，或者经税务机关通知申报而拒不申报或者进行虚假的纳税申报，不缴或者少缴应纳税款的，是偷税。对纳税人偷税的，由税务机关追缴其不缴或者少缴的税款、滞纳金，并处不缴或者少缴的税款百分之五十以上五倍以下的罚款；构成犯罪的，依法追究刑事责任。还是按《税收征收管理法》第六十四条第二款：纳税人不进行纳税申报，不缴或者少缴应纳税款的，由税务机关追缴其不缴或者少缴的税款、滞纳金，并处不缴或者少缴的税款百分之五十以上五倍以下的罚款。均是必处，而不是可以处。当然不能适用首违不罚！

以下是对首违不罚行为下达的不予税务行政处罚决定书。

税务局（稽查局）

不予税务行政处罚决定书

税不罚〔　　　〕　　　号

_____：

经我局（所）_____

_____，你单位存在以下违法事实：_____

_____

_____

上述行为违反＿＿＿＿＿＿＿＿＿＿＿＿规定，鉴于上述税收违法行为＿＿＿＿＿＿＿＿＿＿＿＿，依照《中华人民共和国税收征收管理法》《中华人民共和国行政处罚法》第二十七条第二款、第三十八条第一款第（二）项规定，现决定不予行政处罚。

如对本决定不服，可以自收到本决定书之日起六十日内依法向＿＿＿＿＿＿＿＿＿＿＿＿＿＿＿申请行政复议，或者自收到本决定书之日起六个月内依法向人民法院起诉。

税务机关（签章）

年　　月　　日

另外，提醒纳税人注意，不要因为不予行政处罚就庆幸不已，毕竟是涉税违法行为，它会影响纳税信用评价得分。比如首次未按规定申报纳税的行为，罚款可免，信用评价扣分免不了，信用评价扣分标准表见下表。

信用评价扣分标准表（部分）

税务内部信息	经常性指标信息	一级指标	二级指标	三级指标	扣分标准	直接判级
税务内部信息	经常性指标信息	01.涉税申报信息	0101.按照规定申报纳税	010101.未按规定期限纳税申报（按税种按次计算）	5分	
				010102.未按规定期限代扣代缴（按税种按次计算）	5分	
				010103.未按规定期限填报财务报表（按次计算）	3分	
				010104.评价年度内非正常原因增值税连续3个月或累计6个月零申报、负申报的	11分	
				010105.自纳税人向税务机关办理纳税申报之日起不足3年的	11分	
			0102.增值税抄报税	010201.增值税一般纳税人未按期抄报税的（按次计算）	5分	
			0103.出口退（免）税申报与审核	010301.未在规定期限内办理出口退（免）税资格认定的（按次计算）	3分	

续上表

税务内部信息	经常性指标信息	一级指标	二级指标	三级指标	扣分标准	直接判级
		01.涉税申报信息	0103.出口退（免）税申报与审核	010302.未按规定设置、使用和保管有关出口货物退（免）税账簿、凭证、资料的；未按规定装订、存放和保管备案单证的（按次计算）	3分	
				010303.未按规定报送出口退税申报资料的（按次计算）	3分	

▶▶ 勿以恶小而为之，后果严重悔已迟

案例背景

　　甲广告公司财务总监大张和做融资业务的自然人小李是世交，二人利益深度捆绑。2018年，小李为乙公司提供融资服务，收取好处费20万元，但小李不想去税务机关代开发票。于是，小李和大张以及乙公司总经理老陈经过私下协调，由甲公司向乙公司开具服务品名为广告服务的增值税普通发票。他们认为，反正金额也不大，而且票据是真实合法的。直到2021年东窗事发，被税务机关发现并分别作出处罚，甲公司被定性为非法代开发票，乙公司取得上述发票不得在企业所得税前扣除，补缴企业所得税5万元，罚款5万元。

　　钱不多，甲公司与乙公司痛快地缴纳了，但随后他们发现问题严重了，为什么？因为两家企业分别因非法代开发票和明知是非法取得的发票而却受让两种情形，导致两者的纳税信用评级直接降为D级了。

方法提示

　　《纳税信用评价指标和评价方式（试行）》（国家税务总局公告2014年第48号）的附件中赫然列示，见下表。

信用评价扣分标准（部分）

一级指标	二级指标	三级指标	扣分标准	直接判级
03.发票与税控器具信息	0301.发票开具、取得、保管、缴销、报告	030101.应当开具而未开具发票；030102.使用电子器具开具发票，未按照规定保存、报送开具发票数据的（按次计算）	5分	

续上表

一级指标	二级指标	三级指标	扣分标准	直接判级
03. 发票与税控器具信息	0301. 发票开具、取得、保管、缴销、报告	030103. 未按规定开具发票；030104. 纸质发票未加盖发票专用章；030105. 未按规定保管纸质发票并造成发票损毁、遗失的；030106. 未按照规定缴销发票；030107. 未按规定向税务机关报告发票使用情况的；030108. 违规跨境或跨使用区域携带、邮寄、运输或者存放纸质空白发票（按次计算）	3分	
		030109. 擅自损毁发票的（按次计算）	11分	
		030110. 虚开增值税专用发票或非善意接收虚开增值税专用发票的；030111. 非法代开发票的；030112. 私自印制、伪造、变造发票，非法制造发票防伪专用品，伪造发票监制章的；030113. 转借、转让、介绍他人转让发票、发票监制章和发票防伪专用品；030114. 知道或者应当知道是私自印制、伪造、变造、非法取得或者废止的发票而受让、开具、存放、携带、邮寄、运输的；030115. 违反增值税专用发票管理规定或者违反发票管理规定，导致其他单位或者个人未缴、少缴或者骗取税款的	—	直接判D
	0302. 税控器具安装、使用、保管	030201. 未按照税务机关的要求安装、使用税控装置的；030202. 未按规定申请办理增值税税控系统变更发行的	3分	
		030203. 损毁或者擅自改动税控装置的	11分	
		030204. 未按规定保管税控专用设备造成遗失的（按次计算）	1分	

被直接判为 D 级，对一家正规经营的公司而言其打击是致命的，在让守信者处处绿灯，失信者寸步难行的构建良好营商环境的大背景下，社会信用体系建设已日益健全，根据《纳税信用管理办法（试行）》（国家税务总局公告 2014 年第 40 号）第三十二条：

> 对纳税信用评价为 D 级的纳税人，税务机关应采取以下措施：
> ┄┄┄┄┄
> （六）将纳税信用评价结果通报相关部门，建议在经营、投融资、取得政府供应土地、进出口、出入境、注册新公司、工程招投标、政府采购、获得荣誉、

安全许可、生产许可、从业任职资格、资质审核等方面予以限制或禁止。

建筑企业可被禁止参与工程招投标，房地产公司可被禁止参与土地招拍挂，进出口企业将被海关严厉监管，贸易企业在银行授信额度上大幅缩水等。

特别是本案，根据《中华人民共和国发票管理办法》第三十七条：

违反本办法第二十二条第二款的规定虚开发票的，由税务机关没收违法所得；虚开金额在 1 万元以下的，可以并处 5 万元以下的罚款；虚开金额超过 1 万元的，并处 5 万元以上 50 万元以下的罚款；构成犯罪的，依法追究刑事责任。非法代开发票的，依照前款规定处罚。

⋯⋯⋯⋯⋯⋯

（二）知道或者应当知道是私自印制、伪造、变造、非法取得或者废止的发票而受让、开具、存放、携带、邮寄、运输的。

第三十九条：有下列情形之一的，由税务机关处 1 万元以上 5 万元以下的罚款；情节严重的，处 5 万元以上 50 万元以下的罚款；有违法所得的予以没收：

各地在《中华人民共和国发票管理办法》的处罚幅度分别制定了各省级税务机关的处罚裁量基准，比如《广东省税务系统规范税务行政处罚裁量权实施办法》（广东省税务局公告 2021 年第 2 号）所附的裁量基准规定非法代开发票的，代开发票金额在 1 万元以上（不含本数）40 万元以下的，没收违法所得，并处 5 万元以上 10 万元以下罚款；知道或者应当知道是非法取得的发票而受让的，其中定额发票金额在 5 万元以下，或非定额发票数量在 5 份以下的，处 1 万元以上 2 万元以下罚款；有违法所得的予以没收。

可见，在税收层面并不足以对企业经济利益造成重大打击，但这个判为 D 级就是罚了小钱，赔了大钱。

雪上加霜的是，根据《国家税务总局关于纳税信用管理有关事项的公告》（国家税务总局公告 2020 年第 15 号），对于因直接判级评为 D 级的纳税人，维持 D 级评价保留两年，第三年纳税信用不得评价为 A 级。

结合到本案，笔者找到了国家税务总局纳税服务司的负责人的答疑：当税务机关发现纳税人存在直接判为 D 级的情形时，就会对其纳税信用级别进行动态调整。如果只涉及当前年度，则只将当前的纳税信用级别及时调整为 D 级；如果税务检查结论表明直接判为 D 级的情形发生在以前评价年度，还会将以前评价年度的纳税信用级别动态调整为 D 级。例如，2018 年纳税人被认定为非正常户，则当前纳税信用级别会被调整为 D 级；若 2018 年税务检查时发现纳税人在 2014 年存在偷逃税款的行为，并达到了直接判 D 标准，则会将该纳税人当前的纳税信用级别和 2014 年度的纳税信用级别都调整为 D 级。

结合本案，甲公司和乙公司 2018 年度直接判为 D 级，2021 年同样被判为 D 级，且保留两年，第三年不得评为 A 级。如此一来，因为纳税信用降级而受到联合制裁，如果未来两年无法坚持，则企业基本就面临解散了。

所以此处提醒广大纳税人，纳税信用不是小事，特别是降维打击——直接判 D 情形，一定要注意直接降为 D 级的红线，千万不要触碰，小则受伤，重则解散。

▶▶ 纳税信用四大名词——复核、复评、修复、补评

案例背景

随着我国信用体系建设不断推进，纳税信用已成为企业参与市场竞争的重要资产。企业对纳税信用的重视度也在不断加强，但是关于纳税信用评价的相关文件中，复评、复核、修复、补评，却有相当多的纳税人分不清，从而影响了自身合法权益的维护和救济。

方法提示

1. 纳税信用复核

根据《国家税务总局关于纳税信用管理有关事项的公告》（国家税务总局公告2020年第15号）规定，自2020年11月1日起，纳税人对指标评价情况有异议的，可在评价年度次年3月份填写"纳税信用复评（核）申请表"，向主管税务机关提出复核，主管税务机关在开展年度评价时审核调整，并随评价结果向纳税人提供复核情况的自我查询服务。即在纳税信用评价结果发布前，纳税人对指标评价情况有异议的，可在评价年度次年3月份填写"纳税信用复评（核）申请表"，向主管税务机关提出复核申请，主管税务机关将在4月份确定评价结果时一并审核调整，并按时发布评价结果和提供纳税人复核情况的自我查询服务。

例如，乙企业为建筑行业企业，良好的纳税信用等级有利于企业融资，因此，乙企业十分关注纳税信用管理。2021年3月，税务机关已经开展2020年度纳税信用评价工作，但尚未发布结果。乙企业通过电子税务局查询2020年度纳税信用指标预评情况，对评价指标存在异议。根据规定，乙企业可在3月提交"纳税信用复评（核）申请表"。主管税务机关在开展2020年度评价时，根据乙企业申请情

况进行审核调整。那么，4 月正式发布的乙企业 2020 年度纳税信用评价结果，由复核通过后的指标情况确定。

2. 纳税信用复评

根据《国家税务总局关于发布〈纳税信用管理办法（试行）〉的公告》（国家税务总局公告 2014 年第 40 号）规定，纳税人对纳税信用评价结果有异议的，可以书面向作出评价的税务机关申请复评。作出评价的税务机关应按相关规定进行复核。即在纳税信用评价结果发布后，纳税人对指标评价结果有异议的，可在纳税信用评价结果确定的当年内，填写"纳税信用复评（核）申请表"，向主管税务机关申请复评。主管税务机关自受理申请之日起 15 个工作日内完成复评工作，并向纳税人反馈纳税信用复评信息或提供复评结果的自我查询服务。举例来说，2021 年 7 月底，甲企业查询 2020 年度纳税信用评价结果和指标情况，对已评指标有异议。根据《国家税务总局关于明确纳税信用补评和复评事项的公告》（国家税务总局公告 2015 年 46 号公告）规定，甲企业可以在 2021 年 12 月 31 日前提交复评申请。根据规定，甲企业主管税务机关自受理复评申请之日起 15 个工作日内完成复评工作，并向甲企业反馈纳税信用复评信息或提供复评结果的自我查询服务。

通俗来讲，信用复评是纳税人在看到纳税信用评价结果后，对评价的得分计算等有异议，提交税务机关对其异议情况进行重新评价；信用复核，则是纳税人在可以看到上年度纳税信用指标预评情况后，但无法看到纳税信用评价结果前（一般在 3 月），对指标情况等有异议，在每年 3 月可提出申请重新核查，主管税务机关将在 4 月份确定评价结果时一并审核调整，纳税信用复评（复核）申请表见下表。

纳税信用复评（复核）申请表

纳税人识别号			
纳税人名称			
主管税务机关			
经办人		经办人联系电话	
申请复评（核）年度		年度评价结果	（申请复核的不填）
申请原因			

续上表

□ 1. 对纳税信用评价得分计算有疑问 □ 2. 对直接判为 D 级有疑问 □ 3. 对涉税申报信息评价指标扣分有疑问 □ 4. 对税（费）缴纳信息评价指标扣分有疑问 □ 5. 对发票与税控器具信息评价指标扣分有疑问 □ 6. 对登记与账簿信息评价指标扣分有疑问 □ 7. 对纳税评估、税务审计、反避税调查信息评价指标扣分有疑问 □ 8. 对税务稽查信息评价指标扣分有疑问 □ 9. 对外部评价信息指标扣分有疑问 □ 10. 其他：

经办人签章： 　　　　年　月　日	纳税人公章： 　　　　年　月　日
以下由税务机关填写	
受理人： 受理日期：　年　月　日　　　　主管税务机关（章）	

备注：1. 税务机关在受理复评申请后 15 个工作日内完成纳税信用复评，并向纳税人提供复评情况的自我查询服务。
　　　2. 税务机关在 3 月份集中受理复核申请，在开展年度评价时审核调整，并随评价结果向纳税人提供复核情况的自我查询服务。
　　　3. 本表一式两份，主管税务机关留存一份，返纳税人一份。
　　　4. 主管税务机关（章）指办税服务厅业务专用章。

而根据《税务行政复议规则》第十四条：行政复议机关受理申请人对税务机关下列具体行政行为不服提出的行政复议申请：……（十）纳税信用等级评定行为。纳税人就上述复评和复核行为有不同意见是可以提起相应的行政复议的。

3. 纳税信用修复

根据《国家税务总局关于纳税信用修复有关事项的公告》（国家税务总局公告 2019 年第 37 号）第一条规定：

> 一、纳入纳税信用管理的企业纳税人，符合下列条件之一的，可在规定期限内向主管税务机关申请纳税信用修复。

（一）纳税人发生未按法定期限办理纳税申报、税款缴纳、资料备案等事项且已补办的。

（二）未按税务机关处理结论缴纳或者足额缴纳税款、滞纳金和罚款，未构成犯罪，纳税信用级别被直接判为 D 级的纳税人，在税务机关处理结论明确的期限期满后 60 日内足额缴纳、补缴的。

（三）纳税人履行相应法律义务并由税务机关依法解除非正常户状态的。

其中，第二类和第三类纳税人必须通过主动申请来进行纳税信用修复；第一类纳税人需要根据失信行为是否已纳入纳税信用评价，判断是否需要主动申请修复。

对于第一类纳税人而言，如果失信行为已纳入纳税信用评价，纳税人可在失信行为被税务机关列入失信记录的次年年底前，向主管税务机关提出信用修复申请，税务机关按照《纳税信用修复范围及标准》调整该项纳税信用评价指标分值，重新评价纳税人的纳税信用级别；如果失信行为尚未纳入纳税信用评价，纳税人无须提出申请，税务机关按照《纳税信用修复范围及标准》调整纳税人该项纳税信用评价指标分值并进行纳税信用评价。

此外，第二类和第三类纳税人可在纳税信用被直接判为 D 级的次年年底前，向主管税务机关提出修复申请。税务机关根据纳税人失信行为纠正情况对该项纳税信用评价指标的状态进行调整，并重新评价纳税人纳税信用级别，但不得评价为 A 级。

信用修复不是简单的"洗白记录"，也不是简单的"退出惩戒"。通俗地讲，就是当纳税人存在扣分事项时，税务机关给予其一个改正和补救的机会，根据纳税人主动改正的程度，可以挽回相应的扣分分值。

比如：纳税人未按规定期限纳税申报按次扣减 5 分，被扣分后，如果纳税人能在 30 日内纠正，涉及税款在 1 000 元以下的加 5 分，相当于挽回 100% 的扣分分值；如果涉及税款超过 1 000 元的加 4 分，相当于能挽回 80% 的扣分分值；如果在 30 日后当年纠正的加 2 分，相当于能挽回 40% 的扣分分值；如果在 30 日后次年纠正的加 1 分，相当于只能挽回 20% 的扣分分值。

"复评"和"修复"区别：

（1）纳税信用复评适用于纳税人对纳税信用评价结果有异议，认为部分纳税信用指标扣分或直接判级有误或属于非自身原因导致，而采取的一种维护自身权益的行为。纳税信用修复适用于纳税人发生了失信行为并且主动纠正、消除不良影响后向税务机关申请恢复其纳税信用的情形。

（2）纳税信用复评可以对所有的纳税信用评价指标进行复评；纳税信用修复只能对所列的 19 种指标进行修复。

可进行纳税信用修复的 19 种指标

序号	指标名称	指标代码	失信扣分分值	修复加分分值和修复标准		
				30 日内纠正	30 日后本年纠正	30 日后次年纠正
1	未按规定期限纳税申报	010101	5 分	涉及税款 1 000 元以下的加 5 分，其他的加 4 分	2 分	1 分
2	未按规定期限代扣代缴	010102	5 分	涉及税款 1 000 元以下的加 5 分，其他的加 4 分	2 分	1 分
3	未按规定期限填报财务报表	010103	3 分	2.4 分	1.2 分	0.6 分
4	从事进料加工业务的生产企业，未按规定期限办理进料加工登记、申报、核销手续的	010304	3 分	2.4 分	1.2 分	0.6 分
5	未按规定时限报送财务会计制度或财务处理办法	010501	3 分	2.4 分	1.2 分	0.6 分
6	使用计算机记账，未在使用前将会计电算化系统的会计核算软件、使用说明书及有关资料报送主管税务机关备案的	010502	3 分	2.4 分	1.2 分	0.6 分
7	纳税人与其关联企业之间的业务往来应向税务机关提供有关价格、费用标准信息而未提供的	010503	3 分	2.4 分	1.2 分	0.6 分
8	未按规定（期限）提供其他涉税资料的	010504	3 分	2.4 分	1.2 分	0.6 分
9	未在规定时限内向主管税务机关报告开立（变更）账号的	010505	5 分	4 分	2 分	1 分

续上表

序号	指标名称	指标代码	失信扣分分值	修得加分分值和修复标准		
				30日内纠正	30日后本年纠正	30日后次年纠正
10	未按规定期限缴纳已申报或批准延期申报的应纳税（费）款	020101	5分	涉及税款1000元以下的加5分，其他的加4分	2分	1分
11	至评定期末，已办理纳税申报的纳税人未在税款缴纳期限内缴纳税款或经批准延期缴纳的税款期限已满，纳税人未在税款缴纳期限内缴纳的税款在5万元以上（含5万元）的	020201	11分	8.8分	4.4分	2.2分
12	至评定期末，已办理纳税申报后纳税人未在税款缴纳期限内缴纳税款或经批准延期缴纳的税款期限已满，纳税人未在税款缴纳期限内缴纳的税款在5万元以下的	020202	3分	涉及税款1000元以下的加3分，其他的加2.4分	1.2分	0.6分
13	已代扣代收税款，未按规定解缴的	020301	11分	涉及税款1000元以下的加11分，其他的加8.8分	4.4分	2.2分
14	未履行扣缴义务，应扣未扣、应收不收税款	020302	3分	涉及税款1000元以下的加3分，其他的加2.4分	1.2分	0.6分
15	银行账户设置数大于纳税人向税务机关提供数	—	11分	8.8分	4.4分	2.2分
16	有非正常户记录的纳税人	040103	直接判D	履行相应法律义务并由税务机关依法解除非正常户状态的，税务机关依据纳税人申请重新评价纳税信用级别，但不得评价为A级		
17	在规定期限内未补交或足额补缴税款、滞纳金和罚款	050107	直接判D	在税务机关处理结论明确的期限期满后60日内足额补缴的（构成犯罪的除外），税务机关依据纳税人申请重新评价纳税信用级别，但不得评价为A级		
18	非正常户直接责任人员注册登记或负责经营的其他纳税户	040104	直接判D	非正常户纳税人纳税信用修复后纳税信用级别不为D级的，税务机关依据纳税人申请重新评价纳税信用级别		

续上表

序号	指标名称	指标代码	失信扣分分值	修得加分分值和修复标准		
				30日内纠正	30日后本年纠正	30日后次年纠正
19	D级纳税人的直接责任人员注册登记或负责经营的其他纳税户	040105	直接判D	D级纳税人纳税信用修复后纳税信用级别不为D级的，税务机关依据纳税人申请重新评价纳税信用级别		

注意，此后《国家税务总局关于纳税信用评价与修复有关事项的公告》（国家税务总局公告2021年第31号）（以下简称公告）新增了对严重失信行为和破产重整企业的纳税信用修复情形。对于符合《公告》第一条所列五种情形的企业，满足已纠正纳税信用失信行为，履行税收法律责任或重大税收违法失信主体信息不予公布或停止公布，保持6个月或12个月在税务管理系统中没有新增纳税信用失信行为记录等条件后，可向主管税务机关申请纳税信用修复。其中，没有新增纳税信用失信行为记录的时间从企业纳税信用直接判为D级起开始计算，企业纳税信用直接判为D级后再次出现其他失信行为记录的，该时间需重新计算。

（3）纳税信用复评申请复评的时间为纳税信用评价发布的当年；纳税信用修复的时间为其失信行为被税务机关列入失信记录后的30日至次年年底。

（4）纳税信用复评是对纳税信用评价结果有异议；纳税信用修复对纳税评价无异议。

4. 纳税信用补评

《国家税务总局关于明确纳税信用补评和复评事项的公告》（国家税务总局公告2015年第46号）：纳税人因《纳税信用管理办法》第十七条第三、四、五项所列情形解除，或对当期未予评价有异议的，可填写纳税信用补评申请表，向主管税务机关申请补充纳税信用评价。

《纳税信用管理办法（试行）》第十七条第三、四、五项指的是下述三项：（三）因涉嫌税收违法被立案查处尚未结案的；（四）被审计、财政部门依法查出税收违法行为，税务机关正在依法处理，尚未办结的；（五）已申请税务行政复议、提起行政诉讼尚未结案的。正是因为存在上述三种情形时是不允许参加纳税信用评价的，所以在情形消除后需要参加补评以获取纳税信用等级。

纳税信用补评申请表

纳税人识别号			
纳税人名称			
主管税务机关			
经办人		经办人联系电话	
申请补评的年度			
申请原因			
□ 1. 涉嫌税收违法被立案查处已结案 □ 2. 被审计、财政部门依法查出税收违法行为，税务机关已依法处理并办结 □ 3. 税务行政复议、行政诉讼已结案 □ 4. 对未予纳税信用评价的原因有疑问			
经办人签章： 年　月　日		纳税人公章： 年　月　日	
以下由税务机关填写			
受理人： 受理日期：　　年　月　日　　　　　　主管税务机关（章）			

备注：1. 税务机关将在受理申请后 15 个工作日内完成纳税信用补评，届时您可向主管税务机关查询纳税信用评价信息。

　　　2. 本表一式三份，主管税务机关留存两份，返纳税人一份。

　　　3. 主管税务机关（章）指办税服务厅业务专用章。

▶▶ 税务注销分渠道，简易一般有门道

案例背景

　　随着我国市场主体的大量涌现，许多企业其实寿命并不长。中国企业联合会研究部研究员刘兴国曾在 2016 年《经济日报》发表文章《中国企业平均寿命为什么短》指出，抽样调查显示，中国民营企业平均寿命仅 3.7 年，中小企业平均寿命更是只有 2.5 年。由此可见，相当多的企业"其兴也忽焉，其亡也忽焉"。如何让企业迅速地注销掉，避免过多的僵尸企业，那么税务注销流程就很重要了。如何办理企业税务注销呢？

方法提示

　　企业注销在市场监督管理部门办理时有两道程序可走，其一为简易注销，《关于全面推进企业简易注销登记改革的指导意见》（工商企注字〔2016〕253 号）中规定：企业有下列情形之一的，不适用简易注销程序：涉及国家规定实施准入特别管理措施的外商投资企业；被列入企业经营异常名录或严重违法失信企业名单的；存在股权（投资权益）被冻结、出质或动产抵押等情形；有正在被立案调查或采取行政强制、司法协助、被予以行政处罚等情形的；企业所属的非法人分支机构未办理注销登记的；曾被终止简易注销程序的；法律、行政法规或者国务院决定规定在注销登记前需经批准的；不适用企业简易注销登记的其他情形。即采取了负面清单制，不在负面清单的均可以适用简易注销这种更方便的流程。

　　此后，进一步扩大简易注销范畴——《市场监管总局关于开展进一步完善企业简易注销登记改革试点工作的通知》（国市监注〔2018〕237 号）在原工商总局印发的《关于全面推进企业简易注销登记改革的指导意见》（工商企注字〔2016〕

253号）的基础上规定，试点地区市场监管部门要进一步拓展企业简易注销登记适用范围，对领取营业执照后未开展经营活动、申请注销登记前未发生债权债务或已将债权债务清算完结的非上市股份有限公司、各类企业分支机构，适用企业简易注销登记程序。对符合上述条件的农民专业合作社及其分支机构，参照适用企业简易注销登记程序。

《市场监管总局　税务总局关于进一步完善简易注销登记便捷中小微企业市场退出的通知》（国市监注发〔2021〕45号）在《关于全面推进企业简易注销登记改革的指导意见》（工商企注字〔2016〕253号）、《关于加强信息共享和联合监管的通知》（工商企注字〔2018〕11号）的基础上，将简易注销登记的适用范围拓展至未发生债权债务或已将债权债务清偿完结的市场主体（上市股份有限公司除外，下同）。市场主体在申请简易注销登记时，不应存在未结清清偿费用、职工工资、社会保险费用、法定补偿金、应缴纳税款（滞纳金、罚款）等债权债务。全体投资人书面承诺对上述情况的真实性承担法律责任。

相对于市场监管总局新政策而言，税务机关也同样出台了政策。

1. 市场监管总局实施简易注销登记程序

《国家税务总局关于进一步优化办理企业税务注销程序的通知》（税总发〔2018〕149号）规定：

> 对向市场监管部门申请简易注销的纳税人，符合下列情形之一的，可免予到税务机关办理清税证明，直接向市场监管部门申请办理注销登记。
>
> （一）未办理过涉税事宜的；
>
> （二）办理过涉税事宜但未领用发票、无欠税（滞纳金）及罚款的。

但对于符合上述条件的纳税人税务局该怎么办？《国家税务总局关于深化"放管服"改革更大力度推进优化税务注销办理程序工作的通知》（税总发〔2019〕64号）（以下简称《通知》）也作了说明：

> （一）符合《通知》第一条第一项规定情形，即未办理过涉税事宜的纳税人，主动到税务机关办理清税的，税务机关可根据纳税人提供的营业执照即时出具清税文书。

（二）符合《通知》第一条第二项规定情形，即办理过涉税事宜但未领用发票、无欠税（滞纳金）及罚款的纳税人，主动到税务机关办理清税，资料齐全的，税务机关即时出具清税文书；资料不齐的，可采取"承诺制"容缺办理，在其作出承诺后，即时出具清税文书。

2. 市场监管总局实施一般注销登记程序的

《国家税务总局关于进一步优化办理企业税务注销程序的通知》（税总发〔2018〕149号）作出了规定，即第二条：优化税务注销即办服务。

对向市场监管部门申请一般注销的纳税人，税务机关在为其办理税务注销时，进一步落实限时办结规定。对未处于税务检查状态、无欠税（滞纳金）及罚款、已缴销增值税专用发票及税控专用设备，且符合下列情形之一的纳税人，优化即时办结服务，采取"承诺制"容缺办理，即：纳税人在办理税务注销时，若资料不齐，可在其作出承诺后，税务机关即时出具清税文书。

（一）纳税信用级别为A级和B级的纳税人；

（二）控股母公司纳税信用级别为A级的M级纳税人；

（三）省级人民政府引进人才或经省级以上行业协会等机构认定的行业领军人才等创办的企业；

（四）未纳入纳税信用级别评价的定期定额个体工商户；

（五）未达到增值税纳税起征点的纳税人。

纳税人应按承诺的时限补齐资料并办结相关事项。若未履行承诺的，税务机关将对其法定代表人、财务负责人纳入纳税信用D级管理。

笔者在这里建议纳税人在办理一般注销手续时，早点将账面处理清楚，这里在企业所得税上又要分为两种。

第一种是需要办理清算手续的，共有两个法律，一是《中华人民共和国公司法》第一百八十条：

公司因下列原因解散：

（一）公司章程规定的营业期限届满或者公司章程规定的其他解散事由出现；

（二）股东会或者股东大会决议解散；

（三）因公司合并或者分立需要解散；

（四）依法被吊销营业执照、责令关闭或者被撤销；

（五）人民法院依照本法第一百八十二条（公司经营管理发生严重困难，继续存续会使股东利益受到重大损失，通过其他途径不能解决的，持有公司全部股东表决权百分之十以上的股东，可以请求人民法院解散公司）的规定予以解散。

第一百八十三条：公司因本法第一百八十条第（一）项、第（二）项、第（四）项、第（五）项规定而解散的，应当在解散事由出现之日起十五日内成立清算组，开始清算。有限责任公司的清算组由股东组成，股份有限公司的清算组由董事或者股东大会确定的人员组成。逾期不成立清算组进行清算的，债权人可以申请人民法院指定有关人员组成清算组进行清算。人民法院应当受理该申请，并及时组织清算组进行清算。

综上，排除了第（三）项，即因公司合并或者分立需要解散的不要清算。

二是《中华人民共和国企业破产法》第一百零七条：人民法院依照本法规定宣告债务人破产的，应当自裁定作出之日起五日内送达债务人和管理人，自裁定作出之日起十日内通知已知债权人，并予以公告。

因为要办理清算，所以应当依据《财政部 国家税务总局关于企业清算业务企业所得税处理若干问题的通知》（财税〔2009〕60号）处理。

二、下列企业应进行清算的所得税处理：

（一）按《公司法》《企业破产法》等规定需要进行清算的企业；

（二）企业重组中需要按清算处理的企业。

第二种是不需要办理清算手续的，结合上述公司法与税法的规定，即因公司合并或者分立需要解散；同时企业所得税上不需要按清算处理的企业，即主要是特殊重组条件下的合并与分立。而一般重组条件下的合并与分立，税法仍需要按清算所得税程序处理。

由于按清算处理的话，企业所得税需要交两道：一道是生产经营阶段的企业所得税汇算清缴；一道是清算环节的企业所得税清算。所以，在现实中，从方便角度考虑，对于大多数中小企业而言，其实应当提前进行规划，资产和负债早点处理，资产负债表干干净净，即资产负债表左边只有货币资金，右边只有所有者权益，这样注销时的清算所得税环节就要减少许多麻烦。

　　曾有一位公司纳税人，停止经营有一段时间，也不打算再干下去了，决定注销。他想走简易注销程序，其资产负债表上的资产只有部分现金，但当时股东对公司提供了一笔借款挂在公司的其他应付款账户上，公司实质上也还不起这笔钱了。如果依据《中华人民共和国企业所得税法实施条例》第二十二条：企业所得税法第六条第（九）项所称：其他收入，是指企业取得的除企业所得税法第六条第（一）项至第（八）项规定的收入外的其他收入，包括企业资产溢余收入、逾期未退包装物押金收入、确实无法偿付的应付款项、已作坏账损失处理后又收回的应收款项、债务重组收入、补贴收入、违约金收入、汇兑收益等。即若进入清算程序时，此项无须支付的借款依据上述规定应当属于确实无法偿付的应付款项转为营业外收入处理，那么就会产生一笔清算环节的应纳企业所得税。

　　换个角度我们来看，《财政部关于做好执行会计准则企业2008年年报工作的通知》（财会函〔2008〕60号）规定："企业接受的捐赠和债务豁免，按照会计准则规定符合确认条件的，通常应当确认为当期收益。如果接受控股股东或控股股东的子公司直接或间接的捐赠，从经济实质上判断属于控股股东对企业的资本性投入，应作为权益性交易，相关利得计入所有者权益（资本公积）"。此外，《关于切实做好2010年年报编制、披露和审计工作有关事项的公告》（中国证券监督管理委员会公告〔2010〕37号）规定：公司应区分股东的出资行为与基于正常商业目的进行的市场化交易的界限。对于来自控股股东、控股股东控制的其他关联方等向公司进行直接或间接的捐赠行为（包括直接或间接捐赠现金或实物资产、直接豁免、代为清偿债务等），交易的经济实质表明是基于上市公司与捐赠人之间的特定关系，控股股东、控股股东控制的其他关联方等向上市公司资本投入性质的，公司应当将该交易作为权益性交易。

　　那么可以做这样一笔分录：

　　借：其他应付款——股东

　　　贷：资本公积

　　根据《国家税务总局关于企业所得税应纳税所得额若干问题的公告》（国家税务总局公告2014年第29号）：

　　　二、企业接收股东划入资产的企业所得税处理：

　　　（一）企业接收股东划入资产（包括股东赠予资产、上市公司在股权分置改革过程中接收原非流通股股东和新非流通股股东赠予的资产、股东放弃本企业的股权，下同），凡合同、协议约定作为资本金（包括资本公积）且在会计上已做实际处理的，不计入企业的收入总额，企业应按公允价值确定该项资产的计税基础。

（二）企业接收股东划入资产，凡作为收入处理的，应按公允价值计入收入总额，计算缴纳企业所得税，同时按公允价值确定该项资产的计税基础。

则上述税会处理是一致的，就会避免这笔豁免款项被作为当期收入征收企业所得税。

附一份办理注销时需要填报的清税申报表，见下表。

清税申报表

纳税人名称		统一社会信用代码	
注销原因			
附送资料			

纳税人

经办人：　　　　　　法定代表人（负责人）：　　　　　纳税人（公章）
　年　月　日　　　　　年　月　日　　　　　　　　年　月　日

以下由税务机关填写		
受理时间	经办人：　　年　月　日	负责人：　　年　月　日
清缴税款、滞纳金、罚款情况	经办人：　　年　月　日	负责人：　　年　月　日
缴销发票情况	经办人：　　年　月　日	负责人：　　年　月　日

续上表

税务检查 意见	检查人员： 　　年　　月　　日	负责人： 　　年　　月　　日
批准 意见	部门负责人： 　　年　　月　　日	税务机关（签章） 　　年　　月　　日

填表说明：

1. 附送资料：填写附报的有关注销的文件和证明资料；

2. 清缴税款、滞纳金、罚款情况：填写纳税人应纳税款、滞纳金、罚款缴纳情况；

3. 缴销发票情况：纳税人发票领购簿及发票缴销情况；

4. 税务检查意见：检查人员对需要清查的纳税人，在纳税人缴清查补的税款、滞纳金、罚款后签署意见；

5. 本表一式三份，税务机关两份，纳税人一份。

►► 事前核定很艰难，事后核定看着办

案例背景

    企业所得税的征收方式主要分为查账征收与核定征收，那么新成立的企业可不可以直接申请核定征收呢？毕竟企业体量不大，人员不多，前期业务也不多，组建财务团队都是一笔较大开支。现在个别企业甚至不建账，但更多的企业采取代理记账方式，而代理记账方式也很粗糙。例如，老板月底拿几张发票给代理记账服务机构做账，这种明显账证不全的是不是也可以在成立之初就直接申请核定征收呢？或者企业运营一段时间后，以核算紊乱不清为由申请核定征收呢？

方法提示

    首先，事前核定征收是可以的。道理很简单，成立企业法人容易，因为没有特殊情形，认缴注册资本即可以先成立公司，但核算规范却并不容易，所以《税收征收管理法》第三十五条规定：

>   纳税人有下列情形之一的，税务机关有权核定其应纳税额：
>
>   （一）依照法律、行政法规的规定可以不设置账簿的；
>
>   （二）依照法律、行政法规的规定应当设置账簿但未设置的；
>
>   （三）擅自销毁账簿或者拒不提供纳税资料的；
>
>   （四）虽设置账簿，但账目混乱或者成本资料、收入凭证、费用凭证残缺不全，难以查账的；
>
>   （五）发生纳税义务，未按照规定的期限办理纳税申报，经税务机关责令限

期申报，逾期仍不申报的；

（六）纳税人申报的计税依据明显偏低，又无正当理由的。税务机关核定应纳税额的具体程序和方法由国务院税务主管部门规定。

具体到企业所得税而言，《企业所得税核定征收办法（试行）》（国税发〔2008〕30号）第三条规定：

纳税人具有下列情形之一的，核定征收企业所得税：

（一）依照法律、行政法规的规定可以不设置账簿的；

（二）依照法律、行政法规的规定应当设置但未设置账簿的；

（三）擅自销毁账簿或者拒不提供纳税资料的；

（四）虽设置账簿，但账目混乱或者成本资料、收入凭证、费用凭证残缺不全，难以查账的；

（五）发生纳税义务，未按照规定的期限办理纳税申报，经税务机关责令限期申报，逾期仍不申报的。

（六）申报的计税依据明显偏低，又无正当理由的。

可见两者完全一致，企业所得税是对企业的所得征税，显然查账征收才能准确地算出所得，而核定征收的所得充其量只是估计，哪种征收方式科学不言而喻。

正因为如此，国家税务总局要求，严格按照规定的范围和标准确定企业所得税的征收方式，不得违规扩大核定征收企业所得税的范围。严禁按照行业或者企业规模大小，"一刀切"地搞企业所得税核定征收。税务机关应积极督促核定征收企业所得税的纳税人建账建制，改善经营管理，引导纳税人向查账征收方式过渡。对符合查账征收条件的纳税人，要及时调整征收方式，实行查账征收。

但是有个特例，即账证健全也可以采用核定征收方式。根据《国家税务总局关于跨境电子商务综合试验区零售出口企业所得税核定征收有关问题的公告》（国家税务总局公告2019年第36号）：

一、综试区内的跨境电商企业，同时符合下列条件的，试行核定征收企业所得税办法：

（一）在综试区注册，并在注册地跨境电子商务线上综合服务平台登记出口货物日期、名称、计量单位、数量、单价、金额的；

（二）出口货物通过综试区所在地海关办理电子商务出口申报手续的；

（三）出口货物未取得有效进货凭证，其增值税、消费税享受免税政策的。

二、综试区内核定征收的跨境电商企业应准确核算收入总额，并采用应税所得率方式核定征收企业所得税。应税所得率统一按照 4% 确定。

另外，《国家税务总局关于印发〈企业所得税核定征收办法〉（试行）的通知》（国税发〔2008〕30号）第三条还指出，特殊行业、特殊类型的纳税人和一定规模以上的纳税人不适用本办法，上述特定纳税人由国家税务总局另行明确，也即这些行业不得事先核定征收，必须查账征收。

《国家税务总局关于企业所得税核定征收若干问题的通知》（国税函〔2009〕377号）对相应范畴的企业作出规定，《国家税务总局关于印发〈企业所得税核定征收办法〉（试行）的通知》（国税发〔2008〕30号）文件第三条第二款所称"特定纳税人"包括以下类型的企业：

（一）享受《中华人民共和国企业所得税法》及其实施条例和国务院规定的一项或几项企业所得税优惠政策的企业（不包括仅享受《中华人民共和国企业所得税法》第二十六条规定的免税收入优惠政策的企业、第二十八条[1]规定的符合条件的小型微利企业）；

（二）汇总纳税企业；

（三）上市公司；

（四）银行、信用社、小额贷款公司、保险公司、证券公司、期货公司、信托投资公司、金融资产管理公司、融资租赁公司、担保公司、财务公司、典当公司等金融企业；

（五）会计、审计、资产评估、税务、房地产估价、土地估价、工程造价、律师、价格鉴证、公证机构、基层法律服务机构、专利代理、商标代理以及其

---

[1] 第二十八条为《中华人民共和国企业所得税法》中的第二十八条，而非《国家税务总局关于印发〈企业所得税核定征收办法（试行）〉的通知》（国税发〔2008〕30号）文件第三条第二款的内容，实为作者归纳的内容。

> 他经济鉴证类社会中介机构；
>
> （六）国家税务总局规定的其他企业。

其中第六项"国家税务总局规定的其他企业"主要指的是：《房地产开发经营业务企业所得税处理办法》（国税发〔2009〕31号）第四条：企业出现《中华人民共和国税收征收管理法》第三十五条规定的情形，税务机关可对其以往应缴的企业所得税按核定征收方式进行征收管理，并逐步规范，同时按《中华人民共和国税收征收管理法》等税收法律、行政法规的规定进行处理，但不得事先确定企业的所得税按核定征收方式进行征收、管理。

《国家税务总局关于企业所得税核定征收若干问题的公告》（国家税务总局公告2012年第27号）中规定，专门从事股权（股票）投资业务的企业，不得核定征收企业所得税。

综上，笔者进行总结：

第一，假如企业符合核定征收条件的话，可以向税务机关申请核定征收，但一旦获得通过，凡事都有两面性，企业所得税申报倒是简单了，但由于账证不全难以查账，若申请成为增值税一般纳税人，依据《中华人民共和国增值税暂行条例实施细则》第三十四条：

> 有下列情形之一者，应按销售额依照增值税税率计算应纳税额，不得抵扣进项税额，也不得使用增值税专用发票：
>
> （一）一般纳税人会计核算不健全，或者不能够提供准确税务资料的；
>
> ············

当下许多自媒体宣传某园区可以节税之类，无非就是利用核定征收企业所得税和个人所得税政策以降低税负，但我们试想，超过年销售额500万元的纳税人，必定登记为一般纳税人，企业所得税或者个人所得税倒是核定征收了，但是既不能使用增值税专用发票，取得的进项税额也不能抵扣，那么企业就亏大了。所以需要在所得税和增值税两者税负间作出平衡，但凡想做大做强的企业，真没有必要为了少交点所得税跑到上述这些所谓的园区去。

第二，特殊行业原则上不允许核定征收，但也有特例，比如汇总纳税企业的分支机构。举个例子，江苏南京某总机构在浙江宁波有个分公司，但说实话，浙江分公司的实际控制人是仅需要南京总机构的资质而已，因此挂靠在总公司名下，具体的账册都是自己在做，并没有和南京总公司并到一起，只是每年按照开票金额向南京总公司上交管理费。

根据《跨地区经营汇总纳税企业所得税征收管理办法》（国家税务总局公告 2012 年第 57 号）第二十四条：

> 以总机构名义进行生产经营的非法人分支机构，无法提供汇总纳税企业分支机构所得税分配表，也无法提供本办法第二十三条规定相关证据证明其二级及以下分支机构身份的，应视同独立纳税人计算并就地缴纳企业所得税，不执行本办法的相关规定。
>
> 按上款规定视同独立纳税人的分支机构，其独立纳税人身份一个年度内不得变更。

直白地讲，宁波分公司不提供上述证明，这样就被定性为独立纳税人，一旦宁波分公司被定性为独立纳税人，自然和南京总公司就是两个企业所得税纳税人了。南京总公司的统一核算中也就把宁波分公司排除了，不会造成重复征税。

而我们知道宁波分公司的性质属于非法人的分支机构，所有者权益科目是没有的，如此一来健全的资产负债表和利润表无从谈起，主管税务局大概率也就得采取核定征收方式了。

第三，核定征收方式一年一核，符合条件即要转为查账征收，《国家税务总局关于印发〈企业所得税核定征收办法〉（试行）的通知》（国税发〔2008〕30 号）第十一条：

> 税务机关应在每年 6 月底前对上年度实行核定征收企业所得税的纳税人进行重新鉴定。重新鉴定工作完成前，纳税人可暂按上年度的核定征收方式预缴企业所得税；重新鉴定工作完成后，按重新鉴定的结果进行调整。

企业所得税核定征收鉴定表如下。

具体流程按《国家税务总局关于印发〈企业所得税核定征收办法〉（试行）的通知》（国税发〔2008〕30 号）第十条：

　　主管税务机关应及时向纳税人送达企业所得税核定征收鉴定表，及时完成对其核定征收企业所得税的鉴定工作。具体程序如下：

　　（一）纳税人应在收到企业所得税核定征收鉴定表后10个工作日内，填好该表并报送主管税务机关。企业所得税核定征收鉴定表一式三联，主管税务机关和县税务机关各执一联，另一联送达纳税人执行。主管税务机关还可根据实际工作需要，适当增加联次备用。

　　（二）主管税务机关应在受理企业所得税核定征收鉴定表后20个工作日内，分类逐户审查核实，提出鉴定意见，并报县税务机关复核、认定。

　　（三）县税务机关应在收到企业所得税核定征收鉴定表后30个工作日内，完成复核、认定工作。

　　纳税人收到企业所得税核定征收鉴定表后，未在规定期限内填列、报送的，税务机关视同纳税人已经报送，按上述程序进行复核认定。

企业所得税核定征收鉴定表

纳税人编码：　　　　　　　鉴定期：　　年度：　　　　　　金额单位：元

申报单位			
地　　址			
经济性质		行业类别	
开户银行		账　　号	
邮政编码		联系电话	
上年收入总额		上年成本费用额	
上年注册资本		上年原材料耗费量（额）	
上年职工人数		上年燃料、动力耗费量（额）	
上年固定资产原值		上年商品销售量（额）	
上年所得税额		上年征收方式	

行次	项　　目	纳税人自报情况	主管税务机关审核意见
1	账簿设置情况		
2	收入核算情况		

续上表

3	成本费用核算情况		
4	纳税申报情况		
5	履行纳税义务情况		
6	其他情况		

纳税人对征收方式的意见： 经办人签章：　　　　（公章） 　　　　　　　　　年　月　日	主管税务机关意见： 经办人签章：　　　　（公章） 　　　　　　　　　年　月　日
县级税务机关审核意见： 经办人签章：　　　　（公章） 　　　　　　　　　年　月　日	

为了鼓励纳税人从核定征收方式转为查账征收，国家税务总局发布了《国家税务总局关于企业所得税若干政策征管口径问题的公告》（国家税务总局公告 2021 年第 17 号）第四条规定：

> 企业所得税核定征收改为查账征收后有关资产的税务处理问题：
>
> （一）企业能够提供资产购置发票的，以发票载明金额为计税基础；不能提供资产购置发票的，可以凭购置资产的合同（协议）、资金支付证明、会计核算资料等记载金额，作为计税基础。
>
> （二）企业核定征税期间投入使用的资产，改为查账征税后，按照税法规定的折旧、摊销年限，扣除该资产投入使用年限后，就剩余年限继续计提折旧、摊销额并在税前扣除。

此前之所以核定就是因为凭证账簿等不全，比如购入的设备没有取得发票，而设备等固定资产、无形资产需要按年折旧、摊销，源头上就没有发票，改为查账征收后，若仍坚持以票控税，则每年账面计提的折旧摊销将永远无法在税前扣除，因此规定只要取得证明真实性的合同（协议）、资金支付证明、会计核算资料等记载金额，即可作为计税基础。

第四，对于利用核定征收偷逃税的要加大检查力度，将汇算清缴的审核检查和日常征管检查结合起来，合理确定年度稽查面，防止纳税人有意通过核定征收方式降低税负。我们摘录一则深圳市税务局案例以供借鉴。

某公司虚假纳税申报少缴企业所得税被查处

深圳市地方税务局第五稽查局在对某公司实施立案稽查时，发现该公司存在进行虚假的纳税申报少缴企业所得税的问题，遂依法追补了其少缴纳税款 320 万元，并处以相应的罚款、加收滞纳金，三项合计 542 万元。

据了解，该公司主要从事眼镜制品的生产与销售。稽查人员在检查该公司的纳税情况时发现，该公司由原"三来一补"企业转型而来，为来料加工企业，企业所得税的征收方式采取"核定应税所得率征收"，检查年度年申报应税收入1 800 多万元，申报缴纳企业所得税 40 多万元。而现场突击调取的资料显示，该公司检查年度账面记载的年营业收入超过 3 亿元，且账册资料、会计核算健全，能准确核算企业所得税，未发现符合核定征收的情形。针对上述情况及违法事实，深圳市地方税务局第五稽查局依法对该公司实施查账征收企业所得税，并依法作出了处理。

税官说法：根据《国家税务总局关于印发〈企业所得税核定征收办法〉（试行）的通知》（国税发〔2008〕30 号）第三条规定，纳税人具有下列情形之一的，核定征收企业所得税：

（一）依照法律、行政法规的规定可以不设置账簿的；

（二）依照法律、行政法规的规定应当设置但未设置账簿的；

（三）擅自销毁账簿或者拒不提供纳税资料的；

（四）虽设置账簿，但账目混乱或者成本资料、收入凭证、费用凭证残缺不全，难以查账的；

（五）发生纳税义务，未按照规定的期限办理纳税申报，经税务机关责令限期申报，逾期仍不申报的；

（六）申报的计税依据明显偏低，又无正当理由的。

根据《税收征收管理法》第六十三条规定，纳税人伪造、变造、隐匿、擅自销毁账簿、记账凭证，或者在账簿上多列支出或者不列、少列收入，或者经税务机关通知申报而拒不申报或者进行虚假的纳税申报，不缴或者少缴应纳税款的，是偷税。对纳税人偷税的，由税务机关追缴其不缴或者少缴的税款、滞纳金，并处不缴或者少缴的税款百分之五十以上五倍以下的罚款；构成犯罪的，依法追究刑事责任。

按照上述规定，该公司具备建账能力，且账册健全，不符合核定征收企业所得税的情形，应调整为查账征收企业所得税方式。该公司采取虚假申报应税收入的方式以达到少缴企业所得税的目的，终究难逃税务稽查关。税务部门在此提醒广大纳税人，以案为鉴，依法诚信纳税，避免违法而带来不良后果。

（资料来源：国家税务总局深圳市税务局官网）

不仅企业所得税如此，个人所得税也有利用核定征收偷逃税的行为被查处的案例。比如一些网红利用注册多个个人独资企业、合伙企业作为空壳公司享受个人所得税经营所得税目的核定征收来逃避缴税，实质为综合所得中的劳务报酬所得性质来偷逃税款的行为。

笔者认为这些头部网红直播偷税，主要就是她们利用个人所得税核定征收政策，同时考虑到年度销售额超过 500 万元就必须登记为一般纳税人，为了规避成为一般纳税人就要建账立制，规范核算，所以设立多个个人独资企业或合伙企业，每个均控制在年度开票额 500 万元以下，从而利用增值税小规模纳税人按征收率征收和个人所得税直接核定的政策来偷逃税。道理很简单，因为不存在实质经营，这么多的个人独资企业或合伙企业就是空壳。而个人所得税按统一的核定附征率征收，也有违个人所得税调节收入差距的初衷，显然这一不合法现象终归是要得到正本清源的整治。

第五，此前查账，事后核定要看具体事实来判定，后来因为种种原因导致不健全了，查账的基础不存在，当然就只能核定征收了。比如下面这个某省税务局公布的核定案例。

违法事实：

…………

（二）企业所得税方面：你公司在 2016 年至 2017 年期间，通过天猫"××旗舰店"销售服装，取得不含税收入分别为 952 716.51 元、4 008 195.92 元，合计 4 960 912.43 元，未按规定申报缴纳企业所得税。

你公司虽设置账簿，但账目混乱或者成本资料、收入凭证、费用凭证残不全，难以查账。根据《中华人民共和国企业所得税法》第一条、第三条、第四条、第五条、第六条，《中华人民共和国税收征收管理法》第三十五条第二款的规定，建议采用核定应纳税额的方式追征企业所得税，同时参照国家税务总局关于《企业所得税核定征收办法》第八条："制造业的应税所得率5%"，核定你公司 2016 年度应纳税所得额 47 635.83 元 [（742 716.51+210 000）×5％]；2017 年度应纳税所得额 200 409.80 元 [（3 868 195.92+140 000）×5％]。根据《财政部税务总局关于进一步扩大小型微利企业所得税优惠政策范围的通知》（财税〔2015〕99 号）规定，造成少缴 2016 年度企业所得税 4 763.58 元 [47 635.83×50％×20%]；根据《财政部税务总局关于扩大小型微利企业所得税优惠政策范围的通知》（财税〔2017〕43 号）规定，造成少缴 2017 年度企业所得税 20 040.98 元 [200 409.80×50％×20%]。

当然，如果想利用隐瞒账簿来规避查账征收导致的较高税负的，后果就不是这么良好了，我们来看一个青岛的案例。

2011 年 10 月份，青岛市国税稽查局工作人员在对岛城企业增值税缴纳情况例行检查时发现，生产销售挂车支撑桥及其配件的青岛某汽车配件有限公司，年产值稳定在 2 000 万元以上，但增值税税负率为 0.88%，明显低于青岛同行业，有可能存在偷漏税问题。很快，稽查局成立了检查组实施检查。

当执法人员要求企业提供 2007 年到 2009 年的账簿时，企业却称此三年账簿已丢失，而且也无法提供丢失账簿报案的记录。依据相关规定，对纳税人未按照规定保管账簿凭证的行为，税务机关责令限期改正，最多可处 1 万元罚款。这就意味着，如果没有充分的证据证明该企业偷税漏税，那么只能对其处 1 万元以下的罚款，国家税收可能受到严重损失。

对此，执法人员进行了全面调查，基本掌握了这三年该企业生产销售的主要数据，2011 年 10 月 26 日，执法人员对该企业下达了《责令限期改正通知书》，责成企业提供账簿丢失自述材料，同时依法对其采取税收保全措施。在税务人员环环相扣的执法措施下，企业负责人最终交出了 2007 年到 2009 年三个年度的账簿和凭证。随后，市国税稽查局依法令其补缴了查补税款、滞纳金、罚款合计200余万元，并将此案定性为阻挠税务检查行为，处以1万元的罚款。

（资料来源《半岛都市报》）

甚至还有企业胆大妄为，居然触犯刑法去偷税，结果偷税不着蚀把米，赔了夫人又折兵。下面案例为中国裁判文书网公布的一则隐匿并意图损毁账簿的偷税判决书（节选）。

安徽省界首市人民法院刑事判决书

（2020）皖××刑初××号

2016年8月，被告人许某某、王某（已判刑）夫妻二人以许某某的名义注册成立太和县××建材商贸有限公司。为逃避公安机关、税务机关稽查公司账目，2019年4月底，许某某安排被告人杨某等人将公司账目先后转移到纪某处、于某亲戚处藏匿，并将会计数据备份后格式化。同年5月7日，税务部门要求××建材公司提供账簿查账，许某某一直未提供。后公安机关在于某的配合下将账簿搜出并予以扣押。经税务部门核算，许某某等人隐匿的会计凭证、会计账簿涉及金额约3 000万元。

判决如下：

一、被告单位太和县××建材商贸有限公司犯逃税罪，判处罚金人民币60万元；

二、被告人许某某犯逃税罪，判处有期徒刑3年，并处罚金人民币10万元；犯隐匿会计凭证、会计账簿罪，判处有期徒刑6个月，并处罚金人民币5万元；犯窝藏罪，判处有期徒刑10个月，数罪并罚，决定执行有期徒刑三年六个月，并处罚金人民币15万元；

三、被告人杨某犯隐匿会计凭证、会计账簿罪，判处有期徒刑6个月，缓刑1年，并处罚金人民币2万元；

…………

▶▶ 首问责任要担当，当仁不让责任扛

案例背景

　　锐志股份有限公司于2021年8月2日写好了退税申请书，并于当天前往主管税务机关某市税务局三分局递交给了三分局业务科科长，要求退还多缴的一笔印花税税款。时隔一周后，该业务科长科打电话通知企业，上述退税申请书应当向纳税服务局提交，不应当向三分局提交，要求该企业取回退税申请书。那么此时企业也就面临一个重大的问题，因为根据《税收征收管理法》第五十一条：纳税人自结算缴纳税款之日起三年内发现的，可以向税务机关要求退还多缴的税款并加算银行同期存款利息，税务机关及时查实后应当立即退还；涉及从国库中退库的，依照法律、行政法规有关国库管理的规定退还。

　　如果重新提交的话，极有可能会出现时间超过三年，失去退税权益的问题。

方法提示

《税务系统首问责任制度（试行）》（税总发〔2014〕59号）规定：

　　第二条　首问责任制是指首问责任人为纳税人办理或有效指引纳税人完成办理涉税事项的责任制度。

　　首问责任人是指纳税人到税务机关或通过电话等方式办理涉税事项或寻求涉税帮助时，首位接洽的税务工作人员。

　　…………

　　第三条　首问责任制适用于各级税务机关及其工作人员。

　　第四条　纳入首问责任制的业务范围包括：涉税业务办理、涉税业务咨询、纳税服务投诉和税收工作建议。

看到这里，我们便明白，企业既然去了税务三分局，那么接待企业的税务三分局人员就是首问责任人，企业所要办理的退税申请则属于明确无误的涉税业务办理事项，可是税务三分局不是退税业务的办理部门，企业该怎么办？

《税务系统首问责任制度（试行）》作出专门规定。

第六条　首问责任人职责范围内的涉税事项，按以下规定办理：

（一）凡资料齐全且符合法定条件者，能当场办理或答复的，应当场办理或答复；不能当场办理或答复的，应对纳税人的涉税事项和联系方式进行登记，依法依规承诺限时办结或限时答复，负责跟踪办理情况，并于办结后及时向纳税人反馈。

（二）对资料不齐全或者不完全符合法定条件者，应一次性告知其所办事项的办理依据、办理时限、办理程序和所需资料，或明确告知不予办理的理由、依据等。

第七条　对不属于首问责任人职责范围的涉税事项，按以下规定办理：

（一）属于本税务机关职责范围内的涉税事项，首问责任人应将纳税人指引到涉税业务对应的承办部门，由承办部门指定承办人，该承办人承接首问责任。

首问责任人无法明确承办部门的，应联系本部门负责人予以明确；确实无法明确承办部门的，由本税务机关的办公室或纳税服务部门指定承办部门，并由该部门承接首问责任。

（二）不属于本税务机关职责范围内的涉税事项，首问责任人应向纳税人详细说明，并给予必要的帮助。

......

第八条　首问责任人应当切实履行首问职责，依法、依规办理首问事项，不得推诿、敷衍、拖延或者拒绝。

第九条　各级税务机关应加强内部各部门之间的协调与配合，严格按照规定的程序和时限要求办理相关涉税事项，确保首问责任人按规定的时限回复纳税人。

群众来访时，机关在岗被询问的工作人员即为首问责任人。要求首问责任人对群众提出的问题或要求，无论是否是自己职责（权）范围内的事，都要给群众一个满意的答复。对职责（权）范围内的事，若手续完备，首问责任人要在规定的时限内予以办结；若手续不完备，应一次性告之其办事机关的全部办理要求和所需的文书材料，不要让群众多跑或白跑。对非自己职责（权）范围内的事，首问责任人也要热情接待，并根据群众来访事由，负责引导该人到相应部门，让来访群众方便、快捷地找到经办人员并及时办事。对不遵守首问责任制，造成不良影响的，要给予相应处理。

综上可见，虽然不属于税务三分局主管的事项，但也应当由首问责任人的税务三分局指引给退税业务对应的承办部门税务一分局，如果税务三分局没有这么做，责任就归属于税务三分局，纳税人发起退税的申请期限仍然是递交到税务三分局的那天，这样就不会影响到纳税人的退税合法权益。

在 2016 年 3 月，国家税务总局进一步完善了首问责任制度的流程，出台《国家税务总局关于完善办税服务相关制度的通知》（税总发〔2016〕41 号），税务机关在落实首问责任制时，应做好以下工作：

（一）建立登记台账和收件回执制度

首问责任人对不能现场办理的涉税事项应建立登记台账和收件回执。登记内容包括：接洽时间、纳税人名称、联系方式、首问事项、首问责任人、承办人和办理答复时间等相关信息。回执内容包括：首问责任人姓名、联系方式、承诺办理或答复时限、监督投诉电话等。

（二）实行过程监控

税务机关应积极探索运用信息化手段，加强对首问责任事项办理过程的监控，实行痕迹管理，实现首问事项受理、转办、承办、反馈的闭环式管理。

►► 记清申报截止日，过期要交滞纳金

根据《税收征收管理法》第三十二条：纳税人未按照规定期限缴纳税款的，扣缴义务人未按照规定期限解缴税款的，税务机关除责令限期缴纳外，从滞纳税款之日起，按日加收滞纳税款万元分之五的滞纳金。

国家每年有春节、劳动节、国庆节、元旦节等三天以上的假日，在出现这样的假期时，了解纳税申报期的截止日就很重要了，去迟了就有超过纳税期限申报而缴纳滞纳金和纳税信用评价扣分的风险。

方法提示

《税收征收管理法实施细则》（国务院令第 362 号）第一百零九条规定：税收征管法及本细则所规定期限的最后一日是法定休假日的，以休假日期满的次日为期限的最后一日；在期限内有连续 3 日以上法定休假日的，按休假日天数顺延。

举个例子：

2022年 ˅	‹	4月 ˅	›	假期安排 ˅		返回今天
一	二	三	四	五	六	日
28 廿六	29 廿七	30 廿八	31 廿九	1 愚人节	班 2 初二	休 3 初三
休 4 初四	休 5 清明	6 初六	7 初七	8 初八	9 初九	10 初十
11 十一	12 十二	13 十三	14 十四	15 十五	16 十六	17 十七
18 十八	19 十九	20 谷雨	21 廿一	22 廿二	23 廿三	班 24 廿四
25 廿五	26 廿六	27 廿七	28 廿八	29 廿九	休 30 三十	休 1 劳动节
休 2 初二	休 3 初三	休 4 青年节	5 立夏	6 初六	班 7 初七	8 母亲节

如何确定纳税申报日最后日期？一般是这么算，按照期限内有连续 3 日以上法定休假日，按休假日天数顺延来确定纳税期限最后一日，即在法定的纳税申报期限后加上休假日天数，后加的天数是工作日的天数，不包含其中的公休日天数。4 月 15 日法定纳税申报期限后，加上 4 月 18 日至 20 日 3 个工作日，4 月 20 日即为 2022 年 4 月纳税申报期限。

不过一般在期限内有连续 3 日以上法定休假日的，主管税务机关均会发出文件予以明确，故而省却了纳税人计算纳税申报日期。

比如《宁夏回族自治区税务局关于明确 2021 年度申报纳税期限的通告》（宁夏回族自治区税务局通告 2020 年第 11 号）：10 月 1 日至 7 日放假 7 天，10 月申报纳税期限顺延至 10 月 26 日。10 月 15 日往后加 7 个工作日即为 10 月 26 日。

▶▶ 延期申报税咋交，只缴税不交滞纳金

案例背景

《税收征收管理法》中有纳税人延期申报的规定，那么在纳税申报期不申报，税要不要缴？如何缴？怎么缴？因为申报数字没出来，同时《税收征收管理法》也有延期缴税的规定，那么延期缴税了，滞纳金还加不加？

方法提示

延期申报的法律依据是《税收征收管理法》第二十七条，纳税人、扣缴义务人不能按期办理纳税申报或者报送代扣代缴、代收代缴税款报告表的，经税务机关核准，可以延期申报。经核准延期办理前款规定的申报、报送事项的，应当在纳税期内按照上期实际缴纳的税额或者税务机关核定的税额预缴税款，并在核准的延期内办理税款结算。

《税收征收管理法实施细则》第三十七条：

> 纳税人、扣缴义务人按照规定的期限办理纳税申报或者报送代扣代缴、代收代缴税款报告表确有困难，需要延期的，应当在规定的期限内向税务机关提出书面延期申请，经税务机关核准，在核准的期限内办理。
>
> 纳税人、扣缴义务人因不可抗力，不能按期办理纳税申报或者报送代扣代缴、代收代缴税款报告表的，可以延期办理；但是，应当在不可抗力情形消除后立即向税务机关报告。税务机关应当查明事实，予以核准。

延期缴纳的法律依据是《税收征收管理法》第三十一条，纳税人、扣缴义务人按照法律、行政法规规定或者税务机关依照法律、行政法规的规定确定的期限，

缴纳或者解缴税款。 纳税人因有特殊困难，不能按期缴纳税款的，经省、自治区、直辖市国家税务局、地方税务局批准，可以延期缴纳税款，但是最长不得超过三个月。

《税收征收管理法实施细则》第四十一条：纳税人有下列情形之一的，属于税收征管法第三十一条所称特殊困难：

> （一）因不可抗力，导致纳税人发生较大损失，正常生产经营活动受到较大影响的；
>
> （二）当期货币资金在扣除应付职工工资、社会保险费后，不足以缴纳税款的。
>
> 计划单列市国家税务局、地方税务局可以参照税收征管法第三十一条第二款的批准权限，审批纳税人延期缴纳税款。

《国家税务总局关于延期缴纳税款有关问题的通知》（国税函〔2004〕1406号）作出特别说明，"当期货币资金"是指纳税人申请延期缴纳税款之日的资金余额，其中不含国家法律和行政法规明确规定企业不可动用的资金；"应付职工工资"是指当期计提数。

《税收征收管理法实施细则》第四十二条规定了办理程序，纳税人需要延期缴纳税款的，应当在缴纳税款期限届满前提出申请，并报送下列材料：申请延期缴纳税款报告，当期货币资金余额情况及所有银行存款账户的对账单、资产负债表、应付职工工资和社会保险费等税务机关要求提供的支出预算。税务机关应当自收到申请延期缴纳税款报告之日起20日内作出批准或者不予批准的决定；不予批准的，从缴纳税款期限届满之日起加收滞纳金。

综上，延期缴纳和延期申报均需要税务机关的核准，也即属于税务行政许可事项，不是纳税人说了算，而是税务机关说了算，具体见《国家税务总局关于税务行政许可若干问题的公告》（国家税务总局公告2016年第11号）：

> 一、税务行政许可事项
>
> ……
>
> （二）对纳税人延期缴纳税款的核准；
>
> （三）对纳税人延期申报的核准；
>
> …………

下面是向税务机关提起申请的表格式样。

税务行政许可申请表

申请日期：　　　年　　月　　日

<table>
<tr><td rowspan="8">申请人</td><td>申请人名称</td><td colspan="3"></td></tr>
<tr><td>统一社会信用代码
（纳税人识别号）</td><td colspan="3"></td></tr>
<tr><td>法定代表人
（负责人）</td><td colspan="3"></td></tr>
<tr><td>地址及邮政编码</td><td colspan="3"></td></tr>
<tr><td>经办人</td><td></td><td>身份证件号码</td><td></td></tr>
<tr><td>联系电话</td><td></td><td>联系地址</td><td></td></tr>
<tr><td>委托代理人</td><td></td><td>身份证件号码</td><td></td></tr>
<tr><td>联系电话</td><td></td><td>联系地址</td><td></td></tr>
<tr><td>申请事项</td><td colspan="4">□企业印制发票审批
□对纳税人延期申报的核准
□对纳税人延期缴纳税款的核准
□对纳税人变更纳税定额的核准
□增值税专用发票（增值税税控系统）最高开票限额审批
□对采取实际利润额预缴以外的其他企业所得税预缴方式的核定
□非居民企业选择由其主要机构场所汇总缴纳企业所得税的审批</td></tr>
<tr><td>申请材料</td><td colspan="4">除提供经办人身份证件外，应根据申请事项提供以下相应材料：
一、企业印制发票审批
□1.《印刷经营许可证》或《其他印刷品印制许可证》
□2.生产设备、生产流程及安全管理制度
□3.生产工艺及产品检验制度
□4.保存、运输及交付相关制度
二、对纳税人延期缴纳税款的核准
□1.延期缴纳税款申请审批表
□2.纳税人申请延期缴纳税款报告（详细说明申请延期原因，人员工资、社会保险费支出情况，连续3个月缴纳税款情况。因不可抗力，导致纳税人发生较大损失，正常生产经营活动受到较大影响的，在报告中对不可抗力情况进行说明并承诺："以上情况属实，特此承诺。"）
□3.当期货币资金余额情况及所有银行存款账户的对账单
□4.应付职工工资和社会保险费等省税务机关要求提供的支出预算
□5.资产负债表
三、对纳税人延期申报的核准
□1.延期申报申请核准表
□2.确有困难不能正常申报的情况说明</td></tr>
</table>

续上表

申请材料	四、对纳税人变更纳税定额的核准 □申请变更纳税定额的相关证明材料 五、增值税专用发票（增值税税控系统）最高开票限额审批 □增值税专用发票最高开票限额申请单 六、对采取实际利润额预缴以外的其他企业所得税预缴方式的核定 □按照月度或者季度的实际利润额预缴确有困难的证明材料 七、非居民企业选择由其主要机构场所汇总缴纳企业所得税的审批 □1.汇总缴纳企业所得税的机构、场所对其他机构、场所负有管理责任的证明材料 □2.设有完整的账簿、凭证，能够准确反映各机构、场所的收入、成本、费用和盈亏情况的证明材料 委托代理人提出申请的，还应当提供代理委托书（□）、代理人身份证件（□）。 收件人：　　　　收件日期：　年　月　日

　　需要说明的是，延期申报只要主管税务机关批准就可以，但延期缴纳则需要省级税务机关批准才可以。延期缴纳的条件是由税收征收管理法明确了的所谓的"特殊困难"，但是延期申报的原因没有指明，这里引用江苏省税务局官网的延期申报原因说明。

> （1）因人们无法预见、无法避免、无法克服的自然灾害，如水灾、火灾、风灾、地震等不可抗力，不能按期办理纳税申报或者报送代扣代缴、代收代缴税款报告表的，可以延期办理。但应当在不可抗力情形消除后立即向税务机关报告。
>
> （2）因财务处理上的特殊原因，账务未处理完毕，不能计算应纳税额，按照规定的期限办理纳税申报或者报送代扣代缴、代收代缴税款报告表确有困难，需要延期的。

　　举两个例子，《国家税务总局关于明确2020年5月纳税申报期限有关事项的通知》（税总函〔2020〕73号）：纳税人、扣缴义务人受疫情影响，在2020年5月份纳税申报期限内办理申报仍有困难的，可以依法向税务机关申请办理延期申报。

　　《国家税务总局关于支持青海玉树地震灾区恢复重建有关税收征管问题的通知》（国税函〔2010〕164号）：纳税人、扣缴义务人因地震灾害不能按期办理纳税申报或者报送代扣代缴、代收代缴税款报告表的，可按税收征管法第二十七条和税收征管法实施细则第三十七条的规定，向税务机关申请延期申报，税务机关可依法审批至2010年12月31日。

　　下面我们再讨论几个特殊问题，一是延期申报时税款怎么入库。比如纳税人自己估计差不多要缴 100 万元，反正延期申报了，申报表不用填，那我就在申报期缴 10 万元行不行，等到正式申报时，再补缴，这样可以占点便宜。我们来看税务总局的答案。

《国家税务总局关于延期申报预缴税款滞纳金问题的批复》（国税函〔2007〕753 号）：

> 你局《关于延期申报是否加收滞纳金问题的请示》（深国税发〔2007〕92 号）收悉。对于纳税人经税务机关批准延期申报，并在核准的延期内办理税款结算，因预缴税款小于实际应纳税额所产生的补税是否应当加收滞纳金的问题，经研究，批复如下：
>
> 一、《中华人民共和国税收征收管理法》第二十七条规定，纳税人不能按期办理纳税申报的，经税务机关核准，可以延期申报，但要在纳税期内按照上期实际缴纳的税额或者税务机关核定的税额预缴税款，并在核准的延期内办理税款结算。预缴税款之后，按照规定期限办理税款结算的，不适用税收征管法第三十二条关于纳税人未按期缴纳税款而被加收滞纳金的规定。
>
> 二、经核准预缴税款之后按照规定办理税款结算而补缴税款的各种情形，均不适用加收滞纳金的规定。在办理税款结算之前，预缴的税额可能大于或小于应纳税额。当预缴税额大于应纳税额时，税务机关结算退税但不向纳税人计退利息；当预缴税额小于应纳税额时，税务机关在纳税人结算补税时不加收滞纳金。
>
> 三、当纳税人本期应纳税额远远大于比照上期税额的预缴税款时，延期申报则可能成为纳税人拖延缴纳税款的手段，造成国家税款被占用。为防止此类问题发生，税务机关在审核延期申报时，要结合纳税人本期经营情况来确定预缴税额，对于经营情况变动大的，应合理核定预缴税额，以维护国家税收权益，并保护真正需要延期申报的纳税人的权利。

二是延期缴纳时间到了，纳税人仍然没钱，是不是可以再次申请延期缴纳？

《欠税公告办法（试行）》（国家税务总局令第 9 号）第三条：

> 本办法所称欠税是指纳税人超过税收法律、行政法规规定的期限或者纳税人超过税务机关依照税收法律、行政法规规定确定的纳税期限（以下简称税款缴纳期限）未缴纳的税款，包括：
>
> ……

（二）经批准延期缴纳的税款期限已满，纳税人未在税款缴纳期限内缴纳的税款。

......

第十一条：欠税发生后，除依照本办法公告外，税务机关应当依法催缴并严格按日计算加收滞纳金，直至采取税收保全、税收强制执行措施清缴欠税。任何单位和个人不得以欠税公告代替税收保全、税收强制执行等法定措施的实施，干扰清缴欠税。

可见，只能延期一次，纳税人还不缴的按上述规定执行。

三是企业资金困难，比如纳税人年销售额为 3 000 万元，且按月缴纳企业所得税，其 2021 年 11 月申报期需申报缴纳所属期为 10 月份的企业所得税等税款共 50 万元，但其当期货币资金在扣除应付职工工资、社会保险费后，只剩 1 万元。纳税人可以依照《税收征收管理法》及其实施细则的规定，就其应缴全部税款申请延期缴纳税款，而不是必须把 1 万元缴了，只能延期缴纳 49 万元。

链接：目前又出现了不属于行政许可的延缓缴纳一说，即不需要税务机关核准，就可自行享受，纳税人需要对此进行区分，具体见《国家税务总局 财政部关于延续实施制造业中小微企业延缓缴纳部分税费有关事项的公告》（国家税务总局 财政部公告 2022 年第 2 号），但这种政策属于相机而采取的税收作为宏观调控手段的临时之举，并不属于常态化操作范畴。

►► 费税有差异，申请司法可强制

案例背景

　　根据党中央和国务院的部署，社会保险费和非税收入征管职责均要划转给税务部门负责征收，因此现在越来越多的行政事业性收费和政府性基金改由税务部门征收了。众所周知，如果从事生产经营的纳税人不缴纳税款的话，税务机关有权自行采取包括扣押、查封、拍卖或扣缴金融账户的存款的强制执行措施，那么如果不是税款，而是由税务机关征收的社会保险费、残疾人就业保障金之类的费用呢？很多纳税人认为，这些不属于税款，其政策主管部门也不是税务部门，所以就可以拖个几月不交，税务局也毫无办法，这种观念对吗？

方法提示

　　党的十九届三中全会作出了关于社会保险费征收体制改革的决定，明确将基本养老保险费、基本医疗保险费、失业保险费等各项社会保险费交由税务部门统一征收。国务院也下发文件，要求从 2019 年 1 月 1 日起实行。

　　《中华人民共和国社会保险法》第六十三条：

　　用人单位未按时足额缴纳社会保险费的，由社会保险费征收机构责令其限期缴纳或者补足。

　　用人单位逾期仍未缴纳或者补足社会保险费的，社会保险费征收机构可以向银行和其他金融机构查询其存款账户；并可以申请县级以上有关行政部门作出划拨社会保险费的决定，书面通知其开户银行或者其他金融机构划拨社会保险费。用人单位账户余额少于应当缴纳的社会保险费的，社会保险费征收机构可以要求该用人单位提供担保，签订延期缴费协议。

用人单位未足额缴纳社会保险费且未提供担保的，社会保险费征收机构可以申请人民法院扣押、查封、拍卖其价值相当于应当缴纳社会保险费的财产，以拍卖所得抵缴社会保险费。

可见，税务机关作为社会保险费等征管职责由人力资源和社会保障部门划转后的征收机构，是可以申请人民法院强制执行的，这里摘录一则人民法院的裁定书。

浙江省海宁市人民法院行政裁定书

（2020）浙 0481 行审 30 号

申请执行人：国家税务总局海宁市税务局

被执行人：海宁市 ×× 化纤针织厂法定代表人凌某明，该公司执行董事

申请执行人国家税务总局海宁市税务局于 2020 年 4 月 16 日向本院申请强制执行海宁税税费限缴"通〔2019〕370 号社会保险费限期缴纳通知书"。本院于同日立案后，依法组成合议庭，对申请执行的行政行为的合法性进行审查。本案现已审查终结。申请执行人国家税务总局海宁市税务局于 2019 年 7 月 17 日作出海宁税税费限缴通〔2019〕370 号社会保险费限期缴纳通知书，认定被执行人海宁市 ×× 化纤针织厂未按规定缴纳 2019 年 6 月（所属期）应缴、应代扣代缴社会保险费共计 1 937 元，故根据《中华人民共和国社会保险法》第六十三条、第八十六条之规定，责令被执行人限期足额缴纳并从滞纳之日起至缴纳或解缴之日止，按万分之五加收滞纳金。申请执行人于 2019 年 7 月 17 日向被执行人送达上述通知书，但被执行人未自动履行义务。2019 年 11 月 30 日，申请执行人向被执行人送达催告书，催告其履行义务，但被执行人仍未履行义务。为此，申请执行人申请本院对被执行人强制执行社会保险费共计 1 937 元及滞纳金 251.81 元（以 1 937 元为基数，自 2019 年 7 月 16 日按 0.05% 计算至 2020 年 3 月 31 日）。经审查，本院认为，申请执行人作出的海宁税税费限缴"通〔2019〕370 号社会保险费限期缴纳通知书"认定事实清楚、证据充分、程序合法、适用法律法规正确，并已发生法律效力。被执行人海宁市 ×× 化纤针织厂未自动履行，亦未在法定期限内申请行政复议或提起行政诉讼，申请执行人向本院提出的强制执行申请，符合《中华人民共和国行政强制法》第五十三条、

第五十四条、第五十五条的规定，且不具有《中华人民共和国行政强制法》第五十八条第一款规定的不予执行的情形，具备法定执行效力。综上，依照《中华人民共和国行政强制法》第五十七条之规定，裁定如下：

准予申请执行人国家税务总局海宁市税务局关于强制执行被执行人海宁市××化纤针织厂缴纳海宁税税费限缴"通〔2019〕370号社会保险费限期缴纳通知书"所载的社会保险费共计1 937元并缴纳滞纳金251.81元的申请。

在这里，具体介绍行政事业性收费与政府性基金的区别。

政府性基金，是指各级人民政府及其所属部门根据法律、行政法规和中共中央、国务院文件规定，为支持特定公共基础设施建设和公共事业发展，向公民、法人和其他组织无偿征收的具有专项用途的财政资金。政府性基金需要国务院或财政部批准设立，

而行政事业性收费，是指国家机关、事业单位、代行政府职能的社会团体及其他组织根据法律、行政法规、地方性法规等有关规定，依照国务院规定程序批准，在向公民、法人提供特定服务的过程中，按照成本补偿和非营利原则向特定服务对象收取的费用。由国务院和省、自治区、直辖市人民政府及其财政、价格主管部门批准设立。

征收均是有目录的，目前的政府性基金种类见下表。

全国政府性基金目录清单

序号	项目名称	资金管理方式	政策依据
1	铁路建设基金	缴入中央国库	国发〔1992〕37号，财工字〔1996〕371号，财工〔1997〕543号，财综〔2007〕3号
2	港口建设费（已取消）	缴入中央和地方国库	国发〔1985〕124号，财综〔2011〕29号，财综〔2011〕100号，财综〔2012〕40号，财税〔2015〕131号
3	民航发展基金	缴入中央国库	国发〔2012〕24号，财综〔2012〕17号，财税〔2015〕135号，财税〔2019〕46号
4	高等级公路车辆通行附加费（海南）	缴入地方国库	财综〔2008〕84号，《海南经济特区机动车辆通行附加费征收管理条例》（海南省人民代表大会常务委员会公告第54号）

续上表

序号	项目名称	资金管理方式	政策依据
5	国家重大水利工程建设基金	缴入中央和地方国库	财综〔2009〕90号，财综〔2010〕97号，财税〔2010〕44号，财综〔2013〕103号，财税〔2015〕80号，财办税〔2015〕4号，财税〔2017〕51号，财办税〔2017〕60号，财税〔2018〕39号，财税〔2019〕46号
6	水利建设基金	缴入中央和地方国库	财综字〔1998〕125号，财综〔2011〕2号，财综函〔2011〕33号，财办综〔2011〕111号，财税函〔2016〕291号，财税〔2016〕12号，财税〔2017〕18号
7	城市基础设施配套费	缴入地方国库	国发〔1998〕34号，财综函〔2002〕3号，财税〔2019〕53号
8	农网还贷资金	缴入中央和地方国库	财企〔2001〕820号，财企〔2002〕266号，财企〔2006〕347号，财综〔2007〕3号，财综〔2012〕7号，财综〔2013〕103号，财税〔2015〕59号
9	教育费附加	缴入中央和地方国库	《教育法》，国发〔1986〕50号（国务院令第60号修改发布），国发明电〔1994〕2号、23号，国发〔2010〕35号，财税〔2010〕103号，财税〔2016〕12号，财税〔2018〕70号，财税〔2019〕13号，财税〔2019〕21号，财税〔2019〕22号，财税〔2019〕46号
10	地方教育费附加	缴入地方国库	《教育法》，财综〔2001〕58号，财综函〔2003〕2号、9号、10号、12号、13号、14号、15号、16号、18号，财综〔2004〕73号，财综函〔2005〕33号，财综〔2006〕2号、61号，财综函〔2006〕9号，财综函〔2007〕45号，财综函〔2008〕7号，财综函〔2010〕2号、3号、7号、8号、11号、71号、72号、73号、75号、76号、78号、79号、80号，财综〔2010〕98号，财综函〔2011〕1号、2号、3号、4号、5号、6号、7号、8号、9号、10号、11号、12号、13号、15号、16号、17号、57号，财税〔2016〕12号，财税〔2018〕70号，财税〔2019〕13号，财税〔2019〕21号，财税〔2019〕22号，财税〔2019〕46号
11	文化事业建设费	缴入中央和地方国库	国发〔1996〕37号，国办发〔2006〕43号，财综〔2013〕102号，财文字〔1997〕243号，财预字〔1996〕469号，财税〔2016〕25号，财税〔2016〕60号，财税〔2019〕46号

续上表

序号	项目名称		资金管理方式	政策依据
12	国家电影事业发展专项资金		缴入中央和地方国库	《电影管理条例》，国办发〔2006〕43号，财税〔2015〕91号，财教〔2016〕4号，财税〔2018〕67号
13	旅游发展基金		缴入中央国库	旅办发〔1991〕124号，财综〔2007〕3号，财综〔2010〕123号，财综〔2012〕17号，财税〔2015〕135号
14	中央水库移民扶持基金	大中型水库移民后期扶持基金	缴入中央国库	《大中型水利水电工程建设征地补偿和移民安置条例》，《长江三峡工程建设移民条例》，国发〔2006〕17号，财综〔2006〕29号，财监〔2006〕95号，监察部、人事部、财政部令第13号，财综〔2007〕26号，财综〔2007〕69号，财综〔2008〕17号，财综〔2008〕29号、30号、31号、32号、33号、35号、64号、65号、66号、67号、68号、85号、86号、87号、88号、89号、90号，财综〔2009〕51号、59号，财综〔2010〕15号、16号、43号、113号，财综函〔2010〕10号、39号，财综〔2013〕103号，财税〔2015〕80号，财税〔2016〕11号，财税〔2016〕13号，财税〔2017〕51号，财办税〔2017〕60号，财农〔2017〕128号
		跨省大中型水库库区基金		
		三峡水库库区基金		
15	地方水库移民扶持基金	省级大中型水库库区基金	缴入地方国库	国发〔2006〕17号，财综〔2007〕26号，财综〔2008〕17号，财综〔2008〕29号、30号、31号、32号、33号、35号、64号、65号、66号、67号、68号、85号、86号、87号、88号、89号、90号，财综〔2009〕51号、59号，财综〔2010〕15号、16号、43号、113号，财综函〔2010〕10号、39号，财税〔2016〕11号，财税〔2016〕13号，财税〔2017〕18号
		小型水库移民扶助基金		
16	残疾人就业保障金		缴入地方国库	《残疾人就业条例》，财税〔2015〕72号，财综〔2001〕16号，财税〔2017〕18号，财税〔2018〕39号
17	森林植被恢复费		缴入中央和地方国库	《森林法》《森林法实施条例》，财综〔2002〕73号，财税〔2015〕122号
18	可再生能源发展基金		缴入中央国库	《可再生能源法》，财综〔2011〕115号，财建〔2012〕102号，财综〔2013〕89号，财综〔2013〕103号，财税〔2016〕4号，财办税〔2015〕4号

续上表

序号	项目名称	资金管理方式	政策依据
19	船舶油污损害赔偿基金	缴入中央国库	《海洋环境保护法》，《防治船舶污染海洋环境管理条例》，财综〔2012〕33 号，交财审发〔2014〕96 号
20	核电站乏燃料处理处置基金	缴入中央国库	财综〔2010〕58 号
21	废弃电器电子产品处理基金	缴入中央国库	《废弃电器电子产品回收处理管理条例》，财综〔2012〕34 号，财综〔2012〕48 号，财综〔2012〕80 号，财综〔2013〕32 号，财综〔2013〕109 号，财综〔2013〕110 号，财综〔2014〕45 号，财税〔2015〕81 号，财政部公告 2014 年第 29 号，财政部公告 2015 年第 91 号，国家税务总局公告 2012 年第 41 号，海关总署公告 2012 年第 33 号

行政事业性收费则分为中央与地方两种，这里留给读者网址可以查阅，即（http：//www.gov.cn/zhuanti/shoufeiqingdan/mobileshoufei01.html）。

►► 发票索取很重要，不给发票可举报

案例背景

　　锐信股份公司按照合同约定向购买方景信公司发送了货物，但景信公司未依约定时间支付款项，于是锐信股份公司不予开具发票。不久，锐信股份公司被景信公司举报不按规定开具发票，税务机关进行了调查。对于本案例，双方该分别承担什么责任，双方该如何维权呢？

方法提示

《中华人民共和国增值税暂行条例实施细则》第三十八条：

　　条例第十九条第一款第（一）项规定的收讫销售款项或者取得索取销售款项凭据的当天，按销售结算方式的不同，具体为：

　　……

　　（三）采取赊销和分期收款方式销售货物，为书面合同约定的收款日期的当天，无书面合同的或者书面合同没有约定收款日期的，为货物发出的当天；

　　……

　　因此，锐信股份公司采用这种赊销方式，到达合同约定时间必须要先行申报缴纳增值税税款。这样才能避免少缴税款的涉税风险。

　　那么在开具发票并申报缴纳了增值税之后，是否可以扣下发票来作为景信公司不付款的撒手锏呢？我们不妨来看个法院判例。

　　案号：（2017）苏 0106 民初 10459 号

审理法院：江苏省南京市鼓楼区人民法院

法院认为：关于在美扬公司未开具发票的情况下博西公司是否支付服务费的问题，根据案涉合同约定及双方确认的交易惯例，博西公司在收到美扬公司开具发票45天内支付费用。《中华人民共和国合同法》规定，当事人互负债务，有先后履行顺序，先履行一方未履行的，后履行一方有权拒绝其履行要求。此即先履行抗辩权，先履行抗辩权是对负有在先履行义务一方违约行为的抗辩，此抗辩得以成立的前提条件之一为双方互负债务，"互负债务"系指基于同一双务合同而产生的对待给付，即双方的义务须具有对价性。本案中，具有对价性的主合同义务为美扬公司提供广告服务、博西公司支付费用。而依《中华人民共和国合同法》相关规定，开具增值税专用发票属于美扬公司的从合同义务，虽根据双方交易惯例，美扬公司开具发票后博西公司再付款，但因该义务属从合同义务，与博西公司支付服务费用的主合同义务不具有对价性。且美扬公司开具增值税专用发票是我国税法规定的其应履行的法定义务，是否先开具发票不影响博西公司合同目的的实现，并且美扬公司已就广告服务履行完毕，博西公司应支付相应费用。因此，博西公司无权以未开具发票为由拒付服务费。

综上，锐信股份公司扣下发票不给景信公司，看来确实是个不错的招数，不过在景信公司付款之后还不给对方发票就属违法行为，也会导致相应的风险，下面再来看一个法院判例。

基本案情：

2018年5月24日、5月30日，普泰公司分别向万元维公司支付货款67 200元、268 800元。

2018年11月16日，普泰公司向万元维公司发送一封电子邮件，催促万元维公司于2018年12月17日前针对案涉订购合同向普泰公司开具足额的增值税专用发票。普泰公司与万元维公司均称前述电子邮件发送时的增值税税率为16%，案涉货物的增值税发票的增值税率于2019年4月1日起由16%变更为13%，现万元维公司无法开具16%税额的增值税专用发票。

法院观点：

法院认为，距离普泰公司支付完毕货款之日至今已近三年之久，已经超过开具增值税专用发票的合理期间。由于万元维公司未履行开具增值税专用发票的义务，导致普泰公司无法抵减相应进项税额，从而承担了更重的增值税缴纳负担。法院认为，该部分损失应由万元维公司向普泰公司进行赔偿。一审诉讼时，双方均认可普泰公司发送邮件催促万元维公司开具增值税发票时，增值税税率为16%，故普泰公司增值税损失金额应为336 000元除以1.16乘以16%，即46 344.83元。

法院判定：

万元维公司未开具增值税专用发票，应向普泰公司赔偿增值税、城市维护建设税、教育费附加、地方教育附加的税额损失，共计51 906.21元。

（资料来源：中国裁判文书网）

现实当中，如果款项已付，对方不开具发票，其实还可以通过税务举报途径来处理。根据《税收违法行为检举管理办法》（国家税务总局令第49号）规定：

第五条 市（地、州、盟）以上税务局稽查局设立税收违法案件举报中心。国家税务总局稽查局税收违法案件举报中心负责接收税收违法行为检举，督促、指导、协调处理重要检举事项；省、自治区、直辖市、计划单列市和市（地、州、盟）税务局稽查局税收违法案件举报中心负责税收违法行为检举的接收、受理、处理和管理；各级跨区域稽查局和县税务局应当指定行使税收违法案件举报中心职能的部门，负责税收违法行为检举的接收，并按规定职责处理。

第六条 税务机关应当向社会公布举报中心的电话（传真）号码、通信地址、邮政编码、网络检举途径，设立检举接待场所和检举箱。税务机关同时通过12366纳税服务热线接收税收违法行为检举。

…………

第二十条 检举事项受理后，应当分级分类，按照以下方式处理：

（一）检举内容详细、税收违法行为线索清楚、证明资料充分的，由稽查局立案检查。[税收违法行为主要指《税收违法行为检举管理办法》中的第三条：本办法所称税收违法行为，是指涉嫌偷税（逃避缴纳税款），逃避追缴欠税，骗税，虚开、伪造、变造发票，以及其他与逃避缴纳税款相关的税收违法行为]

（二）检举内容与线索较明确但缺少必要证明资料，有可能存在税收违法行为的，由稽查局调查核实。发现存在税收违法行为的，立案检查；未发现的，做查结处理。

（三）检举对象明确，但其他检举事项不完整或者内容不清、线索不明的，可以暂存待查，待检举人将情况补充完整以后，再进行处理。

（四）已经受理尚未查结的检举事项，再次检举的，可以合并处理。

（五）本办法第三条规定以外的检举事项，转交有处理权的单位或者部门。

另外，随着"互联网＋税收"的强力推动，税务官网也有相应的举报路径。

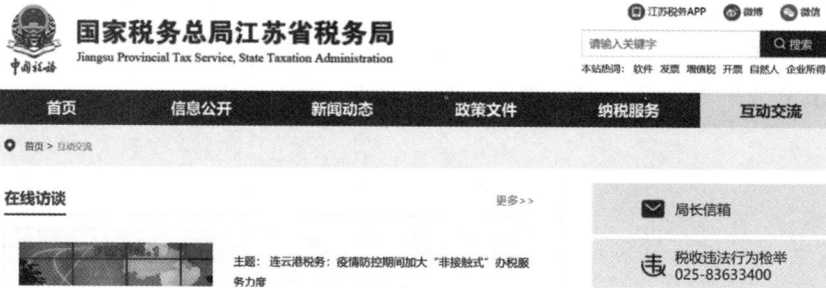

单击税收违法行为检举，即可写信检举。

《中华人民共和国发票管理办法》第二十六条：填开发票的单位和个人必须在发生经营业务确认营业收入时开具发票。未发生经营业务一律不准开具发票。

结合上述要求，锐信股份公司并不属于偷税，因为已经申报缴纳了增值税，也不属于未按规定开具发票，因为开具了发票之后只是暂时扣押以作为景信对抗付款的手段。税务机关没有必要介入锐信与景信的合同纠纷。但是若景信公司付款了，锐信公司仍不给付发票，景信公司是可以进行税收违法行为检举的。

►► 备案资料要送到，备查资料保存好

案例背景

锐景公司财务部展开了一场讨论，根据《国家税务总局关于印发征收个人所得税若干问题的规定的通知》（国税发〔1994〕089号）规定，差旅费津贴、误餐补助不属于工资、薪金性质的补贴、津贴或者不属于纳税人本人工资、薪金所得项目的收入，不征税。财务部辩论有两种意见，一种认为，要将差旅费制度向主管税务机关报备，得到主管税务机关的认可后执行，这样公司给出差人员拨发的差旅费津贴就可以堂而皇之地在个税申报时作为免税收入处理；另一种认为，差旅费制度是公司的内控制度之一，税务机关不应当参与进来评论合理与否，所以无须报备，个税申报时直接按免税收入申报即可。

方法提示

其实《国家税务总局关于印发征收个人所得税若干问题的规定的通知》（国税发〔1994〕089号）文件说得很清楚了，差旅费津贴不属于工资薪金，不征税，而不是差旅费津贴属于工资薪金，免征税。"不"和"免"这两个字大有学问，"皮之不存，毛将焉附"，连工资都不是，为什么还要向税务机关备案差旅费津贴需要免税呢？所以根本不需要向税务机关报备。

这里引用一个天津市税务局的官方答复。

天津企业所得税汇算清缴问答：企业发生的差旅费支出如何税前扣除？

答：一是纳税人可根据企业生产经营实际情况，自行制定本企业的差旅费报销制度，其发生的与其经营活动相关的、合理的差旅费支出允许在税前扣除。

二是纳税人发生的与其经营活动有关的合理的差旅费，应能够提供证明其真实性的有效凭证和相关证明材料，否则，不得在税前扣除。差旅费的证明材料应包括：出差人员姓名、地点、时间、工作任务、支付凭证等。

所以，需要向税务机关报备的自然有相应程序处理，不需要报备的，纳税人去税务机关报备，税务机关也没有相应的程序来处理。

目前，对于减免税等税收优惠，税务机关主要有三种处理方式，我们详细讲一讲，以提请广大纳税人、扣缴义务人引起注意。

第一种是核准减免税，符合核准类税收减免的纳税人，提交核准材料，提出申请，经依法具有批准权限的税务机关按规定核准确认后方可享受。未按规定申请或虽申请但未经有批准权限的税务机关核准确认的，纳税人不得享受。目前该类核准类减免税主要有以下方面。

（1）其他地区地震受灾减免个人所得税（减免性质代码：05011601；政策依据：财税〔2008〕62号）。

（2）其他自然灾害受灾减免个人所得税（减免性质代码：05011605；政策依据：《中华人民共和国个人所得税法》）。

（3）企业纳税困难减免房产税（减免性质代码：08019902；政策依据：《中华人民共和国房产税暂行条例》）。

（4）纳税人困难性减免城镇土地使用税优惠（减免性质代码：10129917；政策依据：《中华人民共和国城镇土地使用税暂行条例》）。

（5）普通标准住宅增值率不超过20%的土地增值税减免（减免性质代码：11011704；政策依据：《中华人民共和国土地增值税暂行条例》）。

（6）因城市实施规划、国家建设需要而搬迁，纳税人自行转让房地产免征土地增值税（减免性质代码：11129902；政策依据：财税〔2006〕21号）。

（7）因国家建设需要依法征用、收回的房地产土地增值税减免（减免性质代码：11129905；政策依据：《中华人民共和国土地增值税暂行条例》）。

届时提供资料具体要参见各省税务机关官网的要求，比如困难企业减免城镇土地使用税应报送如下材料：

（1）纳税人减免税申请核准表；

（2）减免税申请报告；

（3）不动产权属资料或其他证明纳税人使用土地的文件原件及复印件（原件查验后退回）；

（4）证明纳税人困难的相关材料。

这里要提醒纳税人注意的是，税务机关对核准类减免税的审核是对纳税人提供材料与减免税法定条件的相关性进行审核，不改变纳税人真实申报责任。如果纳税人敢以身试法，报送虚假资料骗取税收优惠，税务机关将依照《税收征收管理法》的有关规定予以处理。

第二种是税收减免备案，符合备案类税收减免的纳税人，如需享受相应税收减免，在首次享受减免税的申报阶段或在申报征期后的其他规定期限内提交相关资料向主管税务机关申请办理税收减免备案。

纳税人在符合减免税条件期间，备案材料一次性报备，在政策存续期可一直享受，当减免税情形发生变化时，应当及时向税务机关报告。

与核准类减免不同的是，核准类减免需要税务机关核准同意，才可以享受，而备案类减免只要提供翔实的资料就可以自行享受。

目前主要有下列事项。

（1）境外投资者以分配利润直接投资暂不征收预提所得税（减免性质代码：081524；政策依据：财税〔2018〕102号）。

（2）残疾、孤老、烈属减征个人所得税优惠（减免性质代码：05012710；政策依据：《中华人民共和国个人所得税法》）。

（3）对个人销售住房暂免征收土地增值税（减免性质代码：11011701；政策依据：财税〔2008〕137号）。

（4）转让旧房作为保障性住房且增值额未超过扣除项目金额20%的免征土地增值税（减免性质代码：11011707；政策依据：财税〔2013〕101号）。

（5）对企业改制、资产整合过程中涉及的土地增值税予以免征（减免性质代码：11052401、11052501、11059901、11059902、11083901、11083902、11083903；政策依据：财税〔2013〕53号、财税〔2011〕116号、财税〔2013〕3号、财税〔2011〕13号、财税〔2001〕10号、财税〔2003〕212号、财税〔2013〕56号）。

（6）被撤销金融机构清偿债务免征土地增值税（减免性质代码：11129901；政

策依据：财税〔2003〕141号）。

（7）合作建房自用的土地增值税减免（减免性质代码：11129903；政策依据：财税字〔1995〕48号）。

（8）纳税人适用增值税即征即退政策的，应当在首次申请增值税退税时，按规定向主管税务机关提供退税申请材料和相关政策规定的证明材料；纳税人后续申请增值税退税时，相关证明材料未发生变化的，无须重复提供，仅需提供退税申请材料并在退税申请中说明有关情况；纳税人享受增值税即征即退条件发生变化的，应当在发生变化后首次纳税申报时向主管税务机关书面报告。

第三种是申报享受税收减免，符合申报享受税收减免条件的纳税人，在首次申报享受时随申报表报送附列资料，或直接在申报表中填列减免税信息无须报送资料。这项数目最多，我们仅举一例，比如，现实当中最普遍企业所得税的小型微利企业税收优惠以报代备。

另外，还有一些非税收优惠类的事项也需要按税务机关要求准备资料。比如，资产损失税前扣除，这项业务也经历了由繁到简，由审批到备案的一系列过程，充分体现了税务机关信息控税以及便民办税春风行动的具体落实。

（1）2008年，新《企业所得税法》实施后，最早的资产损失税前扣除政策文件是《国家税务总局关于印发企业资产损失税前扣除管理办法的通知》（国税发〔2009〕88号），该文第五条：企业实际发生的资产损失按税务管理方式可分为自行计算扣除的资产损失和须经税务机关审批后才能扣除的资产损失。

而需要审批后才能扣除的资产损失，无疑要求企业事前准备好资料，如果来不及准备资料，哪怕业务真实，也不能够在税前扣除。这样势必要先调增应纳税所得额，补缴企业所得税。若以后资料补齐，只能依据《国家税务总局关于企业以前年度未扣除资产损失企业所得税处理问题的通知》（国税函〔2009〕772号）：

> 二、企业因以前年度资产损失未在税前扣除而多缴纳的企业所得税税款，可在审批确认年度企业所得税应纳税款中予以抵缴，抵缴不足的，可以在以后年度递延抵缴。

可以发现，此前多缴的税款是不允许退税的，只能选择抵缴，这对纳税人明显是不利的。

（2）《国家税务总局关于发布企业资产损失所得税税前扣除管理办法的公告》（国家税务总局公告 2011 年第 25 号）则废止了上述文件，取消了审批制，改为申报时附送资料。

> 第八条：企业资产损失按其申报内容和要求的不同，分为清单申报和专项申报两种申报形式。其中，属于清单申报的资产损失，企业可按会计核算科目进行归类、汇总，然后再将汇总清单报送税务机关，有关会计核算资料和纳税资料留存备查；属于专项申报的资产损失，企业应逐项（或逐笔）报送申请报告，同时附送会计核算资料及其他相关的纳税资料。

但是由于企业的原因未能扣除的，则仍然一如过往，只能抵税不能退税，具体见第六条：

> 企业以前年度发生的资产损失未能在当年税前扣除的，可以按照本办法的规定，向税务机关说明并进行专项申报扣除。其中，属于实际资产损失，准予追补至该项损失发生年度扣除，其追补确认期限一般不得超过 5 年，但因计划经济体制转轨过程中遗留的资产损失，企业重组上市过程中因权属不清出现争议而未能及时扣除的资产损失，因承担国家政策性任务而形成的资产损失以及政策定性不明确而形成资产损失等特殊原因形成的资产损失，其追补确认期限经国家税务总局批准后可适当延长。属于法定资产损失，应在申报年度扣除。企业因以前年度实际资产损失未在税前扣除而多缴的企业所得税税款，可在追补确认年度企业所得税应纳税款中予以抵扣，不足抵扣的，向以后年度递延抵扣。

（3）取消报送资料，改为留存备查。《国家税务总局关于企业所得税资产损失资料留存备查有关事项的公告》（国家税务总局公告 2018 年第 15 号）：

> 一、企业向税务机关申报扣除资产损失，仅需填报企业所得税年度纳税申报表"资产损失税前扣除及纳税调整明细表"，不再报送资产损失相关资料，相关资料由企业留存备查。
> 二、企业应当完整保存资产损失相关资料，保证资料的真实性、合法性。

同时为了方便纳税人及时准备资料以留存，取消了许多社会中介服务机构出具报告的法定要求，《国家税务总局关于取消 20 项税务证明事项的公告》（国家税务总局公告 2018 年第 65 号）规定，企业税前扣除资产损失不再留存专业技术鉴定意见（报告）或法定资质中介机构出具的专项报告。改为纳税人留存备查自行出具的有法定代表人、主要负责人和财务负责人签章证实有关损失的书面声明。

　　下面我们来看国家税务总局河北省税务局关于资产损失税前扣除一波三折的案例，进一步说明税务机关"放管服"的实践落实。

　　河北省某电厂经历了一场大逆转事件：起初被要求补缴税款 500 多万元，到最后变为不用补缴税款且免于行政处罚。

　　河北省国税局稽查局检查组在对某电厂例行检查过程中发现，该电厂购进的燃料煤发生了一些损耗，2011 年~2012 年共发生损耗 2 247 万元，会计将这些损耗直接列支生产成本并在企业所得税前扣除。

　　检查组经过商讨告知企业，这些损耗不能在企业所得税前扣除，电厂为此需要补缴企业所得税 561.8 万元。

　　企业方面当即表示，煤由于自身属性，在运输和露天储存过程中发生一些损耗是很正常的，按照有关会计核算规定，企业将这些正常损耗列支生产成本并无不妥。作为实际损失，这些损耗是可以在企业所得税前做扣除的，怎么违法了呢？

　　针对企业的疑问，检查组给出了如下答复：

　　依据《企业资产损失所得税税前扣除管理办法》（国家税务总局公告 2011 年第 25 号）第五条规定，"企业发生的资产损失，应按规定的程序和要求向主管税务机关申报后方能在税前扣除。未经申报的损失，不得在税前扣除。"该办法第九条同时规定，企业各项存货发生的正常损耗，应以清单申报的方式向税务机关申报扣除。经查，电厂发生的燃煤损耗并没有按规定以清单方式向税务机关申报，而是直接做了税前扣除，因此电厂应当补缴税款。

　　企业直接计入生产成本后通过主营业务成本结转进入损益，压根没体现为资产损失，而税务处理上是要作为资产损失填报企业所得税汇算清缴附表的资产损失税前扣除调整明细表的。企业没填，就不能在税前扣除！

　　在企业着手准备补缴税事宜时，忽然被告知不用补缴税了。

　　原来，按照工作程序，检查组将上述电厂案提交至审理部门，审理部门却提出截然不同的处理意见。

审理部门认为，检查组的处理依据固然没错，但根据 2014 年 9 月 15 日发布的《国家税务总局关于税务行政审批制度改革若干问题的意见》（税总发〔2014〕107 号）（以下简称税总发〔2014〕107 号）规定，对该问题的处理应当做出调整。该文件指出，实施备案管理的事项，纳税人等行政相对人应当按照规定向税务机关报送备案材料，税务机关应当将其作为加强后续管理的资料，但不得以纳税人等行政相对人没有按照规定备案为由，剥夺或者限制其依法享有的权利、获得的利益、取得的资格或者可以从事的活动。纳税人等行政相对人未按照规定履行备案手续的，税务机关应当依法进行处理。

（资料来源：《中国税务报》2015 年 12 月 30 日，作者苗丽晓、陈军）

备案是比申报更严格的核准类事项，按照"税总发〔2014〕107 号"文件规定，即使纳税人未备案，其合法权利也应被剥夺，更何况是未按规定方式申报呢？本案中，电厂未按规定申报清单，但燃煤损失已实际发生，属于法定的税前扣除项目，税务机关不得因此而剥夺其依法享有的税前扣除权利。

简单地说，在实体法上这笔业务是真实的，程序法上企业没有通过申报方式获得税前扣除，但一码归一码，企业补申报仍然可以税前扣除。企业只是未按规定申报而已，违反的是程序法而不是少缴纳税款的实体法。

第二部分

纳税评估环节程序知识及应对举措

众多纳税人均有过这样的体验，税务局来电或来函挑企业的毛病，税务局是怎么知道这个信息的？税务局为什么不直接来企业查实呢？税务局给企业发事项告知书后企业怎么应对呢？

其实，由于市场主体的存量和增量极其巨大，税务机关像撒芝麻面一样雨露均霑地管理纳税人，一方面是有其心无其力，另一方面也会导致用力不均匀，人家表现好好的与表现极差的，你用一样的力量，那还要纳税遵从度做什么，还要评什么纳税信用等级呢，所以对于存在中低档风险的企业，税务机关采取的往往是先礼后兵的评估模式。先分析，再约谈，约谈不明那就实地检查，这是门大学问，也是本篇需要和读者进行交流的。

▶▶ 无风险不去打扰，有风险评估必到

案例背景

　　为什么有些企业会收到税务机关的"税务事项通知书"，要求对相关疑点进行说明。有些企业看了疑点后，结合企业实际，认为明明没问题，为什么税务机关还要找上门来呢？

方法提示

　　2021年9月6日，中国国家市场监督管理总局相关负责人在出席新闻发布会时介绍，自2012年以来，中国企业从1 300多万户增长到4 600万户，个体工商户从4 000万户增加到9 800万户；市场主体活跃度总体稳定在70%左右。2021年上半年，全国新设市场主体1 394万户。

　　而税务在编人员不会超过80万人，一线工作人员当然远没有80万人，那么面对这么多的企业和个体工商户纳税人，还有个人所得税综合所得数亿纳税人，显然面面俱到是完全不可能的。

　　因此，税务机关树立风险理念，利用大数据技术摘取其中的异常户进行重点监控，《中共中央办公厅 国务院办公厅关于进一步深化税收征管改革的意见》（中办发〔2021〕12号）指出，税收征管改革的总体目标是到2022年，在税务执法规范性、税费服务便捷性、税务监管精准性上取得重要进展。到2023年，基本建成"无风险不打扰、有违法要追究、全过程强智控"的税务执法新体系，实现从经验式执法向科学精确执法转变；基本建成"线下服务无死角、线上服务不打烊、定制服务广覆盖"的税费服务新体系，实现从无差别服务向精细化、智能化、个性化服务转变；基本建成以"双随机、一公开"监管和"互联网＋监管"为基本手段，

以重点监管为补充，以"信用＋风险"监管为基础的税务监管新体系，实现从"以票管税"向"以数治税"分类精准监管转变。到 2025 年，深化税收征管制度改革取得显著成效，基本建成功能强大的智慧税务，形成国内一流的智能化行政应用系统，全方位提高税务执法、服务、监管能力。

上面提到的"无风险不打扰、有违法要追究、全过程强智控"就是利用"以数治税"来实现科学征管。2020 年 11 月，国务院办公厅督查室关于国务院第七次大督查发现有关地方典型经验做法情况的通报中特别提到了新疆维吾尔自治区税务局的做法。

新疆维吾尔自治区税务局统筹税收执法、推动集约监管，全区进户执法次数较改革前压缩 60% 以上，对市场主体干扰最小化、监管效能最大化。规范税源分类、实施分级监管，加强全疆 1 798 户大企业、1.13 万户重点税源企业日常监管，集中管理数量占比 9.78%、税收贡献占比 89.78% 的纳税人，减轻纳税人和基层税务机关负担。实施数据驱动、力促精准监管，配套建立企业纳税人 110 项涉税要素量化信用积分体系、689 个税收风险智能扫描计分模型，构建"实名办税＋分类分级＋信用积分＋风险管理"闭环监管新模式。树立服务导向、创新合作监管，推行税收低风险"税企共治"合作监管模式，2019 年，全疆纳税人自查入库税款占查补入库税款的 97.28%。严格执法监督、实现公平监管，建立全疆税务系统"双随机、一公开"平台，完善抽查对象、执法人员两个名录库，检查处理结果连续 5 年公开率 100%。通过创新加强事中事后监管机制，实现对市场主体监管无事不扰、无处不在。

因此，通过"以数治税"，数据有偏离正常幅度的异常情况下，引发了税务风险预警，为了排除疑点，税务机关就要展开评估工作。当然评估不是去纳税人地址进行评估，而是仍然遵循尽可能不打扰企业、严控进户的原则，遵循案头核实、询问约谈、实地核查的严格程序进行处理，也就是说你有了疑点，并不代表你有违法行径，通过评估的方式解除疑点，没问题的还你清白，有问题的根据高中低等风险分类应对。

▶▶ 常见评估指标分析，尽量保持指标无异

案例背景

　　纳税人在了解征管现状与改革方向后，需要做的是：第一，适当了解评估指标，这些评估指标背后的意义是什么；第二，出现评估疑点时，尽可能在询问约谈环节把疑点清除掉，不要带到实地核查环节，一方面会增加财务工作量，另一方面没准拔出萝卜带出泥，评估疑点消除了，其他涉税问题冒头了；第三，在实地核查环节，需要注意细节。

方法提示

　　因为各地税务机关设计的评估指标有所不同，而且数量也纷繁复杂，本书不可能一一列举，下面我们举几个评估指标来谈谈。

1. 季度或半年增值税税负率

　　各个行业的毛利率是趋于同化，保持在一个波动区间之内的，这也就形成了增值税有一个行业的平均税负率。税务机关按照行业进行典型调查，把各个行业的税负率作为考核企业经营是否异常的一个指标。由于平均税负率是行业平均数，理论上讲，一半企业在平均税负率以上，一半企业在平均税负率以下，因此只对显著低于行业平均税负率的才纳入预警指标，一般设计为50%。增值税税负率公式如下：

　　增值税税负率＝当期应纳增值税 ÷ 当期应税销售收入

　　当期应纳增值税＝当期销项税额－实际抵扣进项税额

　　实际抵扣进项税额＝期初留抵进项税额＋本期进项税额－进项税额转出－出口退税－期末留抵进项税额

如果企业因生产经营陷入滞销等困境或集中采购囤货等正常原因，造成税负率下降，引发纳税评估，我们认为是没有必要为了规避税负率过低而推迟确认收入或减少进项税额抵扣，只要事实存在，这个疑点应当是可以消除的。如果企业为了规避，这期规避了，下期又怎么办呢？

2. 发票使用量的指标值

因为纳税人的经营规模出现畸高或畸低的现象是比较少的，所以增值税专用发票用量骤增，除正常业务变化外，可能有虚开现象。比如，设定为纳税人开具增值税专用发票超过上月30%（含）并超过上月10份以上。

发票使用量的指标值＝一般纳税人专票使用量－一般纳税人专票上月使用量

深圳市税务局稽查局2020年组织检查人员调取高风险企业的征管数据、申领发票数据和申报信息等，结合其经营业务进行集中研判和分析。通过仔细分析、比对企业的开票清单和经营数据，发现深圳市C公司等120多户企业经营活动反常，疑点十分突出：开票信息显示，这些企业的开票金额全部为顶额开具；从开票时间上看，企业的开票时间点全都集中选择在凌晨开票，并且在1天时间内就把当月企业可开具的发票数量一次性全部开完。以此为突破口，查处了一起虚开上亿元发票的大案。

3. 期末存货大于实收资本一定比例

从资产负债表看，如果期末存货超出实收资本一定比例，说明纳税人借钱囤货，货物却不外卖，并还借钱进货。税务机关有理由怀疑，货物其实已经销售，但一直未结转收入或隐瞒收入，造成账面未结转成本，形成账面存货积压。

曾经有这么一个评估案例，甲公司销售面料，主要面向供应合作商乙服装公司。但甲公司开具给乙公司的每张发票，都是价格压低，数量抬高。评估人员深入企业后得知真相：甲面料公司若针对一些不要发票的客户销售其产品时，往往不确认收入。由于未确认收入，必然会造成成本无法结转，也就是未借记"主营业务成本"科目，贷记"库存商品"科目的会计处理，结果导致库存商品账实不符。为了使库存产品账实相符，会计就在发票上做手脚，虚开数量，这样就可以将未结转的库存商品得以结转成本，最终达到账实相符的目的。

4. 进项税额变动率大于销项税额变动率

众所周知，进项税额大于销项税额是不交税的，只有销项税额大于进项税额才形成当期应纳税额，而一般纳税人的增值税率应当是正的，增值额基本相当于毛利，毛利都不为正，企业经营的意义又何在？

指标公式＝本期进项税额与基期进项税额比率＞本期销项税额与基期销项税额比率

正常情况下两者应基本同步增长，弹性系数应接近1。若弹性系数大于1且二者都为正数，纳税人可能存在本企业将自产产品或外购货物用于集体福利等，不计收入或未做进项税额转出等问题。

若弹性系数小于1且二者都为负数也可能存在上述问题（负负得正理论）；比如进项税额下降10%，而销项税额下降20%。

若弹性系数小于1，二者都为正时，无问题；若弹性系数为负数，前者为正，后者为负时，可能存在上述问题；但是后者为正前者为负时，则无问题。

5. 预收账款与全部销售收入比例大于20%

预收账款与全部销售收入比例计算公式如下：

指标公式＝评估期预收账款余额÷评估期全部销售收入

与预收账款有关的疑点还包括：预收账款大于零且库存商品大于预收账款又无留抵税额，由于预收账款是先收货款后发货，一般是在企业销售的货物比较紧俏或非通用货物的情况下发生的，所以一般不应有大额存货，造成这种情形的原因很可能是企业毛利较高，已吃完留抵税额再销售就要全额纳税，因此将款项隐藏在预收账款内，等有进项税额后再适量转入销售或长期不记销售。比如，广东云浮市郁南县税务局稽查局查处了郁南县某运输有限公司，检查人员发现公司在2013年1月至2013年10月期间为增值税小规模纳税人，但在客户往来账上挂账的未结转收入达到290.54万元，公司辩称这些往来款还没有与客户结算。为核实这些往来款是否应结转收入，检查人员进一步查询公司银行账户结算情况，并对其下游客户进行协查。

通过外调协查，检查人员发现公司账上留存的货运结算单据金额与收取运费的银行单据存在不一致的情况，客户也证实支付款项属于运费。

通过深入调查，检查人员最终查实公司挂在客户往来账上的收入都属于运费收入，按税法规定应结转收入并申报纳税，公司共计隐瞒运费收入290.54万元。

根据有关法规，稽查局对公司隐瞒部分运费收入的行为定性为偷税，追缴增值税税款8.72万元，处以少缴税款60%的罚款5.23万元，并加收滞纳金4.13万元。

案例中这家小规模企业，既然是规模小肯定收入是很少的，竟然挂账预收账款 290 万元，很明显是存在异常的。这家公司的会计一直坚持说这是预收款，没有结算，不符合收入确认条件。但是税务局人员已经追查了他的银行账户，不仅追查了他们企业，对相关的下游客户也进行了追查！

6. 主营收入成本率异常

当期新增应收账款金额大于销售收入的 80%，主营业务收入中 80% 的销货不收款有可能存在虚假经营或虚开的问题。这种销售货物不收回货款的交易在现实中是不符合经营常规的，因为一个没有经营性现金流的企业，其资金是无法维持正常经营的。

当期新增应付账款金额大于销售收入的 80%，说明企业当期购进的货物绝大部分没有付款，这是不符合经营常规的，因为企业经常不付款还能从上游单位拿到货是不现实的。

山东省某市商贸企业从河北某商贸企业购进化工原料，全年销售收入 1 200 万元，累计欠河北企业 900 万元，但仍能从这家河北企业进货，出现明显的不正常现象，经检查后认定为买票虚开。

7. 收入费用率异常

收入费用率异常的指标为商贸企业期间费用总额大于销售收入的 20%。

商贸企业毛利率一般不会超过 20%，如果期间费用大于销售收入的 20%，则企业经营根本无利可图，因此可能存在虚假业务和虚开可能。企业可能多列、乱列费用，其中许多项目既多抵进项税额，成本费用又在企业所得税前扣除。

因此，《国家税务总局稽查局关于重点企业发票使用情况检查工作相关问题的补充通知》（稽便函〔2011〕31 号）有的放矢，要求对企业列支项目为"会议费""餐费""办公用品""佣金"和各类手续费等发票，须列为必查发票进行重点检查。对此类发票要逐笔进行查验比对，重点检查企业是否存在利用虚假发票及其他不合法凭证虚构业务项目、虚列成本费用等问题。

►► 循序渐进有流程，直接下户不可能

黄先生在南宁经营一家木材加工厂。某天，他接到一个用手机号码拨来的电话，来电者是一女士，自称张某艳，工作单位是青秀区国税局。张某艳对黄先生说，税务部门要求辖区的企业都要订购一套资料，内容是关于税法的。张某艳不是询问黄先生要不要这套书，而是直接问他要几套。

黄先生当时来不及多想，他觉得既然是税务部门的要求，那就要一套看看吧。数日后，他接到一个来自北京的包裹，打开一看，里面是两本厚厚的书，书名是《中华人民共和国行政企事业税法指导全书》，分上下卷，每本厚约5厘米。书中还夹着一张汇款单，列明两本书的价格是980元，并写明汇款账号和姓名，要求黄先生按指定的账号汇款。

仅仅两本书就价值980元，黄先生心里有些犯疑。他准备汇款时多了一个心眼，亲自到青秀区国税局去打听是否真有张某艳其人和寄书一事。结果，该单位的人一听是这种情况后回复他，单位没有这个人，也绝对没有向企业推销书籍这回事。黄先生在国税局内又回电张某艳，张某艳还狡辩，信誓旦旦地说她的办公室在302。黄先生又来到302，发现这里是局长办公室，办公室的人再次提醒黄先生别上当受骗。黄先生在电话中质疑张某艳的身份时，对方气急败坏地骂了黄先生几句后挂断电话。

方法提示

随着"便民办税春风行动"的推行，税务机关执法力度越来越规范，《国家税务总局关于进一步规范税务机关进户执法工作的通知》（税总发〔2014〕12号）中

规定：

> 一、依法规范执法行为，避免重复进户执法
>
> 税务机关工作人员依法到纳税人、扣缴义务人（以下简称纳税人）生产经营场所实施实地核查、纳税评估、税务稽查、反避税调查、税务审计、日常检查等税务行政执法行为，应当严格遵守法定权限和法定程序，能不进户的，或者可进可不进的，均不进户。
>
> 在同一年度内，除涉及税收违法案件检查和特殊调查事项外，对同一纳税人不得重复进户开展纳税评估、税务稽查、税务审计；对同一纳税人实施实地核查、反避税调查、日常检查时，同一事项原则上不得重复进户。
>
> …………
>
> 三、充分利用信息资源，尽量实现信息共享
>
> 税务机关各部门开展工作应首先利用税收征管信息以及第三方信息进行查询、核实、分析，尽量减少进户执法次数。涉及信息采集、行政审批、减免税调查、税源调查等事项的，可要求纳税人向税务机关提供有关信息和资料，特殊情况需要进户的，应履行审批手续。
>
> …………
>
> 五、严格落实相关要求 坚决纠正违规行为
>
> 各级税务机关要切实提高对规范进户执法工作重要性和必要性的认识，将规范进户执法工作作为践行党的群众路线，落实"三个三"要求的重要举措，切实抓出成效。要按照本通知要求对进户执法工作严格管理，并建立外部监督制约机制，切实维护纳税人合法权益。
>
> 对于违反本通知要求，对进户执法事项不进行统筹管理、放任各部门自行安排进户执法、违反规定擅自进户执法和擅自增加进户执法次数的，上级税务机关要坚决予以纠正并通报批评。

今时不比往日，既然是以"数据治税"，纳税人的信息可以通过大数据自动获取，就不需要像以前那样一个专管员管若干户，"征管查包干"的保姆式征管了，而是严控进户执法，甚至江苏省国税局曾发布过文件，即使是税收宣传辅导也必须严控进户。

《江苏省国家税务局关于税收检查和纳税服务有关事项的公告》（江苏省国家税务局公告2013年第4号）中规定：

一、国税机关到同一纳税人生产经营场所开展具有执法性质的各类税收检查，包括税务稽查和纳税评估中的税收检查，以及反避税调查、税务审计等，一个年度内一般不超过一次。

二、国税机关到纳税人生产经营场所开展税收检查、调查的，一般应提前向纳税人告知检查、调查的时间和范围。

三、国税机关到纳税人生产经营场所开展税收检查、调查，应主动出示税务检查证和税务检查（调查）通知书，并按照通知书规定的事项开展税收检查、调查。否则，纳税人有权拒绝。

四、国税机关到生产经营场所为纳税人提供税法辅导服务的，必须由纳税人向国税机关主动提出申请。国税机关到纳税人生产经营场所进行辅导，不主动出示国税机关出具的到户辅导通知书，纳税人可不予接待。

而这里提到的纳税评估中的税收检查，我们也要重点讲讲，根据《国家税务总局关于印发纳税评估管理办法（试行）的通知》（国税发〔2005〕43号）：

第十八条：对纳税评估中发现的计算和填写错误、政策和程序理解偏差等一般性问题，或存在的疑点问题经约谈、举证、调查核实等程序认定事实清楚，不具有偷税等违法嫌疑，无须立案查处的，可提请纳税人自行改正。需要纳税人自行补充的纳税资料，以及需要纳税人自行补正申报、补缴税款、调整账目的，税务机关应督促纳税人按照税法规定逐项落实。

第十九条：对纳税评估中发现的需要提请纳税人进行陈述说明、补充提供举证资料等问题，应由主管税务机关约谈纳税人。

税务约谈要经所在税源管理部门批准并事先发出《税务约谈通知书》，提前通知纳税人。

税务约谈的对象主要是企业财务会计人员。因评估工作需要，必须约谈企业其他相关人员的，应经税源管理部门批准并通过企业财务部门进行安排。

纳税人因特殊困难不能按时接受税务约谈的，可向税务机关说明情况，经批准后延期进行。

纳税人可以委托具有执业资格的税务代理人进行税务约谈。税务代理人代表纳税人进行税务约谈时，应向税务机关提交纳税人委托代理合法证明。

第二十条：对评估分析和税务约谈中发现的必须到生产经营现场了解情况、

审核账目凭证的，应经所在税源管理部门批准，由税收管理员进行实地调查核实。对调查核实的情况，要认真做记录。需要处理处罚的，要严格按照规定的权限和程序执行。

也就是说，纳税评估中的税收检查是有前置条件的，即在案头核实（第十八条）、询问约谈（第十九条）都无法排除疑点的情况下，才存在下一步的税收检查。

所以税务局既不可能向纳税人兜售书籍，也不可能在评估人员未进行询问约谈前，就直接跑到纳税人生产经营场地去，即使是上门纳税辅导，也需要纳税人邀请，税务局才会派工作人员进行辅导。当然，税务稽查是可以不期而至的，因为《税务稽查案件办理程序规定》（国家税务总局令第52号）第十五条：检查前，稽查局应当告知被查对象检查时间、需要准备的资料等，但预先通知有碍检查的除外。

道理很简单，税务评估针对的是中低风险，而稽查专司高风险事项的应对。

▶▶ 说理说到点子上，省得税务进场来

案例背景

　　既然税务部门严控进户，那么在纳税评估的案头核实、询问约谈、实地核查三个环节中，询问约谈就变得无比重要了。说得明白、透彻，加之态度端正，把疑点在询问约谈环节解决掉，税企皆大欢喜。税务完成了疑点排除，企业规避入户检查，那么这个询问约谈有哪些值得探讨的技巧呢？笔者认为，其一，书面说理强于口头说理，留有痕迹比较好；其二，上门提交约谈文书比邮寄约谈文书好；其三，不要一味对疑点全部否认，该认的还是要主动认；其四，写得要有理有据，合理合法，讲到点子上。下面我们看一个询问约谈的案例。

××县税务局询问通知书

X税七询字〔2015〕2015××××号

××××有限公司：

　　根据《中华人民共和国税收征收管理法》第五十四条第（四）项规定，我局正在对你（单位）2018年1月1日至2018年12月31日的纳税情况进行检查，你（单位）应就下列涉税事宜接受我局的信函询问，并于2019年2月20日前将书面说明材料送至我局。

　　联系人员：×× ××

　　联系电话：××××

　　税务机关地址：××××

　　涉税事宜：

（1）2018 年度，人均产值 173 934.79 元，小于行业预警值。是否存在不计、少计收入情况？

（2）2018 年度，人均工资 62 700.08 元，大于行业预警值。是否存在虚增工资薪金支出？

（3）2018 年第 3~4 季度增值税税负为 0%，小于行业预警值且低于上年同期税负 6.48%，异常。是否存在不计、少计应税收入或接收不符规定的扣税凭证？

（4）2018 年度，主营收入工耗率[1] 18.80%，大于行业预警值。是否存在不计、少计收入或虚增工资薪金支出？

（5）2018 年度，存货周转率 193.62%，小于行业预警值，异常。是否存在发出商品未及时确认收入的情况？

（6）2018 年度，固定资产综合折旧率 10.28%，大于行业预警，异常。是否存在多提折旧，少计应税所得情况？

（7）下脚料、废旧包装物出售收入是否存在不计、少计收入申报纳税情况？

（8）样品、赠品及门市销售收入是否存在不计、少计收入申报纳税情况？

（9）2018 年度，耗用水、电、汽是否存在用于集体福利未转出情况？

（10）该纳税人由香港 ×× （集团）有限公司独资；与其他关联企业：×× 时装（上海）有限公司、东莞 ×× 针织有限公司、×× 时装（中山）有限公司，是否存在关联交易不符合独立交易原则？

法律提示：

1. 您需要立即办理的事项：

请填写本通知书尾部的联系资讯栏，连同您准备好的书面说明材料一起送交或寄给我局，我局必须在 2019 年 2 月 20 日前收到；如果您认为有必要，也可以在 2019 年 2 月 20 日前到我局或者委托代理人到我局进行说明，代理人必须出具合法的书面授权文件。

2. 如果我局没有在 2019 年 2 月 20 日前收到要求您提供的书面说明材料，您也未在 2019 年 2 月 20 日前亲自或者委托代理人到我局进行说明，我局将按照《中华人民共和国税收征收管理法》第七十条给予您不超过五万元的罚款。

1　工耗率是指工资薪金支出占主营业务收入的比率。

请妥善保存本通知。

如需协助，请致电××××与我局联系。

××税务局第七税务分局

（签章）

2019 年 2 月 5 日

···

（请沿虚线剪下）

联系资讯：

财务负责人及联系电话		办税人员及联系电话	

如果您的地址、联系人、电话等联系方式有变更，请致电××××修改。

方法提示

理论联系实际，这家服装纺织企业平时各项指标还是正常的，只是在 2018 年 6 月用大额资金囤货，本想囤积居奇，没承想市场行情剧变，这批原材料市场不对路，用来加工服装就得亏，只能放在仓库里不动，所以造成进项税额居高不下，从而增值税税负率偏低甚至于为 0。

首先，能争取解释清楚的一定要争取。

第 1 项指标，人均产值偏低怎么解释呢？试写出笔者的思路。

库存周转次数是用来反映一年中库存流动的速度的数据。计算公式为：

$$存货周转次数 = 销货成本 \div 平均存货$$

$$存货周转次数 = 销售成本 \div 存货平均余额$$

该指标是衡量和评价企业购入存货、投入生产、销售收回等各环节管理效率的综合性指标，其意义可以理解为一个财务周期内，存货周转的次数。占用水平越低，流动性越强，存货转化为现金或应收账款的速度就越快，这样会增强企业的短期偿债能力及获利能力。由于本公司资产负债表左侧资产项上趴着一堆短期内无法变现的原材料，造成平均存货相比同行业偏高，而且本公司这类存货的变现性极差，即存货占用水平很高，流动性变差，存货转化为现金或应收账款速度慢，自然销售能力很差，产值偏低就是合理的了。

第 2 项指标，2018 年度人均工资 62 700.08 元，大于行业预警值，有两个合理理由，其一，对于货币性薪酬，企业应当根据职工提供服务情况和工资标准计算应计入职工薪酬的工资总额，按照受益对象计入相关资产的成本或当期费用，借记"生产成本""管理费用"等科目，贷记"应付职工薪酬"科目。可见相当一部分工资是计入管理费用的，而公司属于独资企业，高管薪酬普遍较高，导致相对同行业平均数而言就高了些。其二，新凯恩斯学派认为，工资是由雇佣合同规定的。在协商合同时，劳动者根据预期的价格水平来决定工资的高低，如果双方同意某一水平的工资，合同便被签订下来。在合同期限内，劳动者必须按照根据他预期的价格水平而计算出来的工资提供劳动，即使在此期间实际的价格水平有所变动，双方也必须遵守合同中规定的工资水平。简单地说，原材料可以随行就市，暴涨暴跌，但工资往往是只有上不能下的，公司目前遇到经营困境，还是要继续经营下去，而不是裁员破产，所以再困难，工资也不能降。

综上，由于管理人员薪酬较高，车间人员工资又没有降，综合起来年度人均工资就高了，在提供上述理由后，再将工资支付银行流水及个人所得税纳税明细提交用以佐证。

3~5 项指标，其实是 1~2 项指标的变种，存货趴在账上形成不了销售，自然会出现增值税税负率为 0；主营收入工耗率相当于工资薪金支出除以主营业务收入，工资薪金并没有减少多少，而主营业务收入却减少了，当然会造成这一指标偏高，而存货周转率由于存货平均占用余额高，自然该指标就偏低。

第 6 项指标，公司有个特殊情况，即场地和厂房是租赁当地工业园区的。根据《中华人民共和国企业所得税法实施条例》第六十条：除国务院财政、税务主管部门另有规定外，固定资产计算折旧的最低年限如下：

（一）房屋、建筑物，为 20 年；

（二）飞机、火车、轮船、机器、机械和其他生产设备，为 10 年；

（三）与生产经营活动有关的器具、工具、家具等，为 5 年；

（四）飞机、火车、轮船以外的运输工具，为 4 年；

（五）电子设备，为 3 年。

可见，由于不存在折旧年限长的房屋、建筑物，固定资产主要由生产设备和器具、工具、家具组成，自然和同行业比较，固定资产综合折旧率要高多了。

其次，该承认的还是要承认的，比如第 7 项，服装企业必定存在废布头这些残次料现金销售收入，应当在其他业务收入科目有所反映，既然税务局指出这个疑点，说明公司平时这些小额零星现金收入大部分进了小金库，就不要抵赖了，索性承认，自行补缴税款和滞纳金。

再比如第 8 项指标，之所以提示公司有异常，是因为服装企业基本存在送服装给客户的情况。如果有这种情况，正常情况下根据《中华人民共和国增值税暂行条例实施细则》第四条：单位或者个体工商户的下列行为，视同销售货物：……（八）将自产、委托加工或者购进的货物无偿赠送其他单位或者个人。企业应当将这部分处理为未开票收入并申报，结果增值税一般纳税人申报表附表"（一）未开票收入"未反映出申报，这种情况下承认补缴，同时根据《财政部 税务总局关于个人取得有关收入适用个人所得税应税所得项目的公告》（财政部 税务总局公告 2019 年第 74 号）：企业在业务宣传、广告等活动中，随机向本单位以外的个人赠送礼品（包括网络红包，下同），以及企业在年会、座谈会、庆典以及其他活动中向本单位以外的个人赠送礼品，个人取得的礼品收入，按照"偶然所得"项目计算缴纳个人所得税，但企业赠送的具有价格折扣或折让性质的消费券、代金券、抵用券、优惠券等礼品除外。

在赠送礼品给个人的情况下，还需要代扣代缴个人所得税，当然现在也存在单位之间送礼的情况，这种情况下不涉及个人，是不需要代扣代缴个人所得税的。

而第 9 项指标，税务机关是通过对增值税一般纳税人纳税申报表附表二来发现的，见下表。

二、进项税额转出额		
项目	栏次	税额
本期进项税额转出额	13=14 至 23 之和	
其中：免税项目用	14	
集体福利、个人消费	15	
非正常损失	16	
简易计税方法征税项目用	17	
免抵退税办法不得抵扣的进项税额	18	
纳税检查调减进项税额	19	
红字专用发票信息表注明的进项税额	20	
上期留抵税额抵减欠税	21	
上期留抵税额退税	22	
异常凭证转出进项税额	23a	
其他应作进项税额转出的情形	23b	

增值税及附加税费申报表附列资料（一）

（本期销售情况明细）

纳税人名称：（公章）

税款所属时间：　　年　月　日至　　年　月　日　　　　　　　　　　金额单位：元（列至角分）

项目及栏次	栏次	开具增值税专用发票 销售额	开具增值税专用发票 销项（应纳）税额	开具其他发票 销售额	开具其他发票 销项（应纳）税额	未开具发票 销售额	未开具发票 销项（应纳）税额	纳税检查调整 销售额	纳税检查调整 销项（应纳）税额	合计 销售额	合计 销项（应纳）税额	合计 价税合计	服务、不动产和无形资产扣除项目本期实际扣除金额	扣除后 含税（免税）销售额	扣除后 销项（应纳）税额
		1	2	3	4	5	6	7	8	9=1+3+5+7	10=2+4+6+8	11=9+10	12	13=11-12	14=13÷（100%+税率或征收率）×税率或征收率
一、一般计税方法计税 全部征税项目 13%税率的货物及加工修理修配劳务	1												—	—	—
13%税率的服务、不动产和无形资产	2														
9%税率的货物及加工修理修配劳务	3												—	—	—
9%税率的服务、不动产和无形资产	4														
6%税率	5														
其中：即征即退项目 即征即退货物及加工修理修配劳务	6												—	—	—
即征即退服务、不动产和无形资产	7														

一般的服装企业均会有职工食堂或职工浴室，这些集体福利设施所耗用的水、电、气是不能在增值税进项税额中抵扣的，正常情况下第 15 栏应当有数字体现出来，公司未做这样的操作，自然就成为纳税评估的疑点。

最后，是第 10 项指标，这里有必要阐述关联交易纳税调整的主管部门，查看上海市税务局官网，显示国际税收管理处的职责包括：组织实施国家（地区）税收条约（安排）；承担跨境税收管理工作；组织实施反避税工作；负责外事管理。

何谓反避税工作？《中华人民共和国企业所得税法》第六章特别纳税调整中第四十一条：

> 企业与其关联方之间的业务往来，不符合独立交易原则而减少企业或者其关联方应纳税收入或者所得额的，税务机关有权按照合理方法调整。第四十八条：税务机关依照本章规定作出纳税调整，需要补征税款的，应当补征税款，并按照国务院规定加收利息。

注意，特别纳税调整针对的是关联方交易，且只补税和加收利息，是不予行政处罚的，此即反避税，对于关联交易反避税，根据《纳税评估管理办法（试行）》（国税发〔2005〕43 号）发现外商投资和外国企业与其关联企业之间的业务往来不按照独立企业业务往来收取或支付价款、费用，需要调查、核实的，应移交上级税务机关国际税收管理部门（或有关部门）处理。

由于 2005 年企业所得税的征收与管理仍是"二龙治水"，《中华人民共和国外商投资企业和外国企业所得税法》第十三条规定：

> 外商投资企业或者外国企业在中国境内设立的从事生产、经营的机构、场所与其关联企业之间的业务往来，应当按照独立企业之间的业务往来收取或者支付价款、费用。不按照独立企业之间的业务往来收取或者支付价款、费用，而减少其应纳税所得额的，税务机关有权进行合理调整。

因此当时《纳税评估管理办法（试行）》（国税发〔2005〕43 号）将外资企业关联交易调整归属于国际税收管理部门，而随着 2008 年 1 月 1 日两部企业所得税法合并后，无论中国企业还是外资企业，只要是关联企业交易，对其进行特别纳税调整的主管部门均是各地的国际税收管理部门，而不是评估部门，也不是稽查部门。比如《税务稽查案源管理办法（试行）》（税总发〔2016〕71号）第二十条：符合下列情形之一的，案源部门制作《转办函》，移交税务局相关部门处理：……（三）案源信息涉及特别纳税调整事项的，经税务局负责人批准移交反避税部门处理；即使是稽查局发现包括关联方交易这一特别纳税调整事项的案源，稽查局也是不予处理的，而是移交国际税收管理部门这一反避税部门。

比如某税务局在税务稽查时碰到的案例。

甲公司原在免征企业所得税期间，面对着即将进入征税期，甲公司先设立一家关联公司。在进入征税期后，甲公司低价将产品售给关联公司后，由关联公司将产品再对终端进行销售，也即将利润由甲公司转移至关联公司，从而利用税负差降低税负。那么对于这样的关联交易，稽查局最终只能向主管特别纳税调整的国际税收管理部门予以移送而不能实施稽查。

▶▶ 该年纳税已评估，稽查能否再重查

案例背景

锐景制造有限公司曾接到稽查局电话通知，对企业2019~2020年度税费缴纳情况进行检查。锐景公司发现2019年度主管税务分局已经进行了纳税评估，那么2019年度如果稽查局还要检查，这种重复检查是否侵犯纳税人合法权益？

方法提示

《国家税务总局关于印发纳税评估管理办法（试行）的通知》（国税发〔2005〕43号）第十八条：对纳税评估中发现的计算和填写错误、政策和程序理解偏差等一般性问题，或存在的疑点问题经约谈、举证、调查核实等程序认定事实清楚，不具有偷税等违法嫌疑，无须立案查处的，可提请纳税人自行改正。需要纳税人自行补充的纳税资料，以及需要纳税人自行补正申报、补缴税款、调整账目的，税务机关应督促纳税人按照税法规定逐项落实。

对于上述情形，税务机关并没有立案检查，而是采取提醒企业自行补充申报的方式缴纳税款，因此责任仍然归于纳税人，稽查照查不误。

《国家税务总局关于印发纳税评估管理办法（试行）的通知》（国税发〔2005〕43号）第十九条：对纳税评估中发现的需要提请纳税人进行陈述说明、补充提供举证资料等问题，应由主管税务机关约谈纳税人。

税务约谈要经所在税源管理部门批准并事先发出《税务约谈通知书》，提前通知纳税人。

税务约谈的对象主要是企业财务会计人员。因评估工作需要，必须约谈企业其他相关人员的，应经税源管理部门批准并通过企业财务部门进行安排。

纳税人因特殊困难不能按时接受税务约谈的，可向税务机关说明情况，经批准后延期进行。

纳税人可以委托具有执业资格的税务代理人进行税务约谈。税务代理人代表纳税人进行税务约谈时，应向税务机关提交纳税人委托代理合法证明。

在这种情况下，仍然没有去企业实施检查，而以自查申报补税来了结此项纳税评估。比如《江苏省地方税务局税收风险管理暂行办法》（苏地税发〔2013〕62号）第二十八条：经案头审核和询问约谈，确认纳税人存在涉税问题的，应向其发出《税收自查通知书》，通知其在规定时间内自查自纠，并提交制式化的自查报告和与税收风险点有关的证明资料。证明资料应由提供人签字确认并加盖单位公章。对纳税人提交的自查报告应组织审议，对纳税人自查发现的涉税问题应给予行政处罚的，按有关规定处理。对实施自查的纳税人，税务机关应告知其如不及时、如实自查自纠可能承担的法律责任。

既然是自查，税务稽查局并没有实施立案检查，所以稽查局当然仍可以对该年度实施税务稽查。

这里我们举某上市公司的公告来更形象地加以说明。公告内容摘要如下：

…………

二、2020 年税收滞纳金对应的事项、原因及相关影响，相关税务部门对该事项的意见，发行人内部控制制度是否建立健全、运行有效

（一）2020 年税收滞纳金对应的事项

2020 年发行人产生税收滞纳金 128.45 万元，对应事项如下：

1. 2020 年 11 月 2 日，珠海市税务局第二税务分局向发行人下发了《纳税评估税务事项通知书（纳税人自行补正）》，发行人按照珠海市税务局第二税务分局的要求补正了如下事项：

（1）发行人当期收到的即征即退的增值税未作为应税收入于实际收到当年缴纳，补缴 2015 年至 2019 年企业所得税 376.63 万元，并缴纳滞纳金 122.83 万元；

（2）发行人 2018 年度至 2019 年度存在少缴采购合同印花税的情况，应补缴印花税 5.28 万元，并缴纳滞纳金 1.25 万元；

（3）发行人 2017 年度至 2019 年度存在少交理财产品收益增值税的情况，补缴增值税及附加税费 11.52 万元，并缴纳滞纳金 3.97 万元；上述事项发行人合计

补缴税款 392.19 万元，并缴纳滞纳金 128.05 万元；

2. 因发行人取得的发票未通过认证，相关的成本费用纳税调整，并补缴 2018 年的企业所得税 1.50 万元，并缴纳滞纳金 0.40 万元。

上述两项合计缴纳 128.45 万元的滞纳金。

（二）产生上述税收滞纳金的原因

1. 原税务处理参照的法规

对于发行人收到的软件企业增值税实际税负超过 3% 的即征即退部分，发行人向主管税务机关咨询意见后主要按以下两项规定进行税务处理。

> 《财政部 国家税务总局关于专项用途财政性资金企业所得税处理问题的通知》（财税〔2011〕70 号），该规定与发行人享受的软件企业增值税即征即退部分有关的内容如下：
>
> "一、企业从县级以上各级人民政府财政部门及其他部门取得的应计入收入总额的财政性资金，凡同时符合以下条件的，可以作为不征税收入，在计算应纳税所得额时从收入总额中减除：
>
> （1）企业能够提供规定资金专项用途的资金拨付文件；
>
> （2）财政部门或其他拨付资金的政府部门对该资金有专门的资金管理办法或具体管理要求；
>
> （3）企业对该资金以及以该资金发生的支出单独进行核算。
>
> …………
>
> 三、企业将符合本通知第一条规定条件的财政性资金作不征税收入处理后，在 5 年（60 个月）内未发生支出且未缴回财政部门或其他拨付资金的政府部门的部分，应计入取得该资金第六年的应税收入总额；计入应税收入总额的财政性资金发生的支出，允许在计算应纳税所得额时扣除。"

《财政部 国家税务总局关于进一步鼓励软件产业和集成电路产业发展企业所得税政策的通知》（财税〔2012〕27 号）该项规定第五款明确：

> 符合条件的软件企业按照《财政部 国家税务总局关于软件产品增值税政策的通知》（财税〔2011〕100 号）规定取得的即征即退增值税款，由企业专项用于软件产品研发和扩大再生产并单独进行核算，可以作为不征税收入，在计算应纳税所得额时从收入总额中减除。

2.执行过程

发行人自 2012 年起，在取得软件企业即征即退增值税税款时，作为不征税收入从当年度的应税收入总额中扣除，在第 6 年时针对未发生支出的部分调增计入应纳税收入总额，并进行所得税汇算清缴，主管税务机关对该项税务处理未提出异议。

2020 年 10 月 2 日，珠海市税务局第二税务分局对发行人进行纳税评估检查，并下发了《纳税评估异常质询书》（珠税二分局评质〔2020〕1014 号），并于 2020 年 11 月 2 日，珠海市税务局第二税务分局向发行人下发了《纳税评估税务事项通知书（纳税人自行补正）》，要求发行人对收到的软件企业即征即退税款按照在取得当年度计入应纳税所得额，因此发行人根据纳税评估税务事项补缴了各期的税款与对应的滞纳金。

3.原因

因上述税务处理事项产生滞纳金的主要原因是：发行人财务人员按照财税〔2011〕70 号进行税务处理，主管税务机构一直未提出异议；但在本次纳税评估时，发行人财务人员与珠海市税务局第二税务分局纳税评估局在对相关税收政策的理解与执行上存在差异，不存在公司故意推迟纳税的情况。

发行人因理财产品收益增值税及附加税、采购合同补缴印花税及其他事项产生的滞纳金数额合计为 5.62 万元，涉及金额较小。

（三）相关税务部门对该事项的意见

针对发行人收到增值税即征即退是否按照财税〔2011〕70 号进行税务处理，珠海市税务局第二税务分局纳税评估局认为该公司未满足相关条件，应在实际收到时作为应税收入。

发行人已于 2020 年 11 月根据珠海市税务局第二税务分局向发行人下发的《纳税评估税务事项通知书（纳税人自行补正）》补缴所得税 378.14 万元、增值税及附加税费 11.52 万元、印花税 5.28 万元、滞纳金 128.45 万元。

根据《中华人民共和国行政处罚法》《税收征收管理法》及其实施细则的相关规定，税收滞纳金不属于行政处罚；根据《税务行政复议规则》（2018 年修正）第十四条的相关规定，行政处罚行为包括罚款、没收财物和违法所得以及停止出口退税权，而加收滞纳金属于税务机关的征管行为，不属于行政处罚。主管税务机关珠海高新技术产业开发区税务局分别于 2020 年 10 月 13 日、2021 年 4 月 2 日、2021 年 8 月 9 日出具了《涉税征信情况证明》：报告期内，暂未发现发行人存在税收违法违章的情形。

（资料来源 https://www.shui5.cn/article/70/105896.html）

综上，发行人因上述事项缴纳滞纳金不属于重大税务违法行为。

通过该案例，可见税务机关先制发《纳税评估异常质询书》，属于询问约谈，然后企业自查后又制发《纳税评估税务事项通知书（纳税人自行补正）》，属于自行补充申报，所以避免了入户检查，当然也就没有引发行政处罚，从而对上市公司财务报表披露造成重大影响。但是将来税务稽查同样的年度时，则不能以评估已作结论作为质疑税务稽查的依据。

那么，询问约谈仍解决不了疑点怎么办？

《国家税务总局关于印发〈纳税评估管理办法（试行）〉的通知》（国税发〔2005〕43号）第二十条：对评估分析和税务约谈中发现的必须到生产经营现场了解情况、审核账目凭证的，应经所在税源管理部门批准，由税收管理员进行实地调查核实。对调查核实的情况，要认真做记录。需要处理处罚的，要严格按照规定的权限和程序执行。

既然是实地核查，根据《税收征收管理法》第五十九条：税务机关派出的人员进行税务检查时，应当出示税务检查证和税务检查通知书，并有责任为被检查人保守秘密；未出示税务检查证和税务检查通知书的，被检查人有权拒绝检查。

《中华人民共和国税收征收管理法实施细则》第一百零七条：

> 税务文书的格式由国家税务总局制定。本细则所称税务文书，包括：
>
> （一）税务事项通知书；
>
> （二）责令限期改正通知书；
>
> （三）税收保全措施决定书；
>
> （四）税收强制执行决定书；
>
> （五）税务检查通知书；
>
> （六）税务处理决定书；
>
> （七）税务行政处罚决定书；
>
> （八）行政复议决定书；
>
> （九）其他税务文书。

《国家税务总局关于印发全国统一税收执法文书式样的通知》（国税发〔2005〕179号）规定：税务事项通知书在税务机关对纳税人、扣缴义务人通知有关税务事项时使用。除法定的专用通知书外，税务机关在通知纳税人缴纳税款、滞纳金，要求当事人提供有关资料，办理有关涉税事项时均可使用此文书。通知内容：填写办理通知事项的时限、资料、地点、税款及滞纳金的数额、所属期等具体内容。

综上，到纳税人生产经营现场了解情况、审核账目凭证，当然应当制发《税务检查通知书》，因为此为法定的专用通知书。比如《江苏省地方税务局税收风险管理暂行办法》（苏地税发〔2013〕62号）规定：

> 第三十三条 实地核查是指应对人员运用税务检查权，到纳税人的生产经营场所，对纳税人的税收风险点和举证资料，以及其他需要通过实地核查的事项进行核实处理的过程。对确定实行实地核查的，不得再交由纳税人自查。
>
> 第三十四条 实地核查应由两名以上具有税收执法资格的应对人员共同实施，并向纳税人送达《税务检查通知书》、出示税务检查证。
>
> 第三十五条 实地核查时，应全面核实纳税人基础信息的真实性和准确性，并以推送的税收风险点为应对重点，对风险所属期可能存在的其他涉税问题各税种综合联评，全面应对，避免重复下户。发现溯及以往年度的风险，一并依法应对。
>
> 第三十七条 经实地核查，未发现纳税人有不缴或少缴税款的，应对人员制作《税收风险应对报告》，经审议后，向纳税人送达《税务事项通知书》，载明根据已掌握的涉税信息暂未发现少缴税款行为等内容。

税务局

税务事项通知书

税通〔 〕 号

_____：（纳税人识别号：_____）

事由：_____

依据：_____

通知内容：_____

税务机关（签章）

年 月 日

第三十八条　经实地核查，发现纳税人存在少缴税款的，应对人员应按照《江苏省地方税务局税务行政执法证据采集规范》的相关要求进行调查取证，并对事实、证据、程序、处理等方面进行全面审核后，制作《税收风险应对报告》。经审议后，制作《税务处理决定书》，载明应补缴税款及滞纳金，送达纳税人，责令其限期缴纳。

第三十九条　经实地核查，需要核定应纳税额的，应对人员制作《税收风险应对报告》，经审议后，向纳税人送达《应纳税额核定通知书》。

第四十一条　在实地核查过程中，发现纳税人涉嫌偷、逃、骗、抗税的（其中涉嫌偷税达到或超过 50 万元），税源管理机构应中止应对程序，移送稽查机构立案查处。

可见，既然严格按程序执法，税务机关对评估所属年度履行了实地检查的职能，事后若税务机关发现纳税人仍存在纳税评估年度少缴税款的责任，则应依据《税收征收管理法》第五十二条处理，即因税务机关的责任，致使纳税人、扣缴义务人未缴或者少缴税款的，税务机关在三年内可以要求纳税人、扣缴义务人补缴税款，但是不得加收滞纳金。

说白了，欠国家的税款天经地义要补缴，但是滞纳金可以免除。

比如下面这个案例，税务机关评估审核中玩忽职守导致企业骗取税收优惠，那么在补税的同时就不应当加收滞纳金。

江苏省淮安市中级人民法院行政判决书

（2014）淮中行终字第 0013 号

上诉人（原审被告）：淮安市淮阴区国家税务局

被上诉人（原审被告）：淮安市××金属制品厂

原审法院经审理查明，2006 年 4 月 4 日，原告××制品厂成立。2006 年 8 月 7 日，江苏省民政厅、江苏省国家税务总局确认原告××制品厂申办企业符合新办福利企业相关条件，享受税收优惠政策。2007 年 2 月 2 日，江苏省社会福利生产办公室向原告颁发社会福利企业证书。

2007 年~2010 年，原告从被告处取得增值税即征即退款 353 958.20 元、653 334.08 元、417 042.42 元、597 915.84 元，上述合计 2 022 250.54 元。2011 年

1月至3月，原告从被告处获得增值税即征即退款98 665.88元。上述退税款后来查明因被告工作人员玩忽职守，被原告骗税。

2011年12月7日，原审法院作出（2011）淮刑初字第0638号刑事判决，判决查明：被告单位工作人员李××、纪××在担任第五税务分局管理员期间，对原告福利企业增值税即征即退申报材料审核和日常巡查过程中，严重不负责任，不认真履行职责，未能发现该企业存在的虚增残疾职工人数、少报职工人数、编造职工工资表以及变相收回工人工资卡等情况，致使该企业虚假申报得逞，从而导致该企业偷逃税款合计1 475 046.26元。判决：李××、纪××犯玩忽职守罪，免予刑事处罚。

2012年9月14日，被告就原告偷逃税款行为作出了淮阴国税处（2012）023号税务处理决定书，限定原告在收到决定书15日内补缴增值税1 620 916.42元，企业所得税641 438.97元，并按规定加收滞纳金。同日，被告作出《税务行政处罚决定书》（淮阴国税罚字（2012）5号），对原告于2007年~2010年期间骗取增值税即征即退款的行为定性为偷税，扣除原告于稽查立案前已补交的退税款45万元，认定原告单位共计偷税1 572 250.54元，并处所偷税款1倍的罚款，计1 572 250.54元。

本院认为，被上诉人××制品厂所举支付结算业务委托凭条的用途一栏明确载明是补缴税款，且数额与本案税务处理决定书中所涉的税款一致。对于该税款，国税机关等相关有权机关均应依法予以追缴，本案公安机关在侦查中收缴的款项，应认定为追缴被上诉人单位应补缴税款。原审法院认定被上诉人××制品厂已履行了上诉人所作《税务处理决定书》中要求补缴税款的义务，并无不当。

《税收征收管理法》第五十二条规定："因税务机关的责任，致使纳税人、扣缴义务人未缴或者少缴税款的，税务机关在三年内可以要求纳税人、扣缴义务人补缴税款，但是不得加收滞纳金。"本案被上诉人××制品厂所补缴企业增值税和所得税是先缴后退，后退是基于国家福利企业的优惠政策，退税是经过上诉人审查后而办理的，上诉人单位相关工作人员因在此过程中玩忽职守受到刑事处罚，故能够说明上诉人在为被上诉人办理欠缴税款的过程中存在过错，依据该规定，不应收取滞纳金。

▶▶ 异常凭证不要慌，举证核实容商量

案例背景

2021 年 5 月 18 日，A 市税务局第九税务所对锐奇公司做出 A 税通〔2021〕25 号税务事项通知书。

载明事由：取得异常增值税抵扣凭证管理；

依据：《国家税务总局关于异常增值税扣税凭证管理等有关事项的公告》（国家税务总局公告 2019 年第 38 号）第三条；

通知内容：你单位取得的异常增值税抵扣凭证、销方纳税人名称、B 市 B 有限公司；

发票代码：××××；

发票号码：××××~××××，共计 16 张，金额 6 000 000 元，税额 360 000 元。要求锐奇公司暂作进项税额转出处理。

锐奇公司核实了上述业务，原来情况是这样的：苏某在 A 市小有名气，锐奇公司承接一项工程后，因为资金筹措艰难，于是请苏某帮忙融借资金，但苏某是自然人，不能开具专用发票。因此，苏某找了 B 有限公司与锐奇公司签订合同，苏某以 B 有限公司的名义履行了合同义务，由 B 有限公司开具了 16 份增值税专用发票，锐奇公司将款项打给 B 有限公司后，B 有限公司扣除开票费后将余款打了苏某。现因为 B 有限公司对外代开了许多增值税专用发票，有的纯系无业务虚开，开票金额高达数亿元，已被所在地税务公安经侦联合侦办。因此，由 B 有限公司开具的发票均被定性为异常并发函给受票单位主管税务机关进行进一步核实，由此引致了此事。那么锐奇公司这些发票能抵扣增值税进项税额吗？企业所得税能税前扣除吗？

方法提示

苏某为锐奇公司提供服务，自己不开发票，而是花钱找 B 买发票，提供了 B 有限公司的发票，则苏某找 B 有限公司属于非法代开。如果这样定性，适用文件则是《国家税务总局关于纳税人取得虚开的增值税专用发票处理问题的通知》（国税发〔1997〕134 号），在货物交易中，购货方从销售方取得第三方开具的专用发票，或者从销货地以外的地区取得专用发票，向税务机关申报抵扣税款或者申请出口退税的，应当按偷税、骗取出口退税处理，依照《税收征收管理法》及有关规定追缴税款，处以偷税、骗税数额五倍以下的罚款。

如此一来，锐奇公司将被定性为偷税，显然锐奇公司是无法接受的。根据《中华人民共和国民法典》第一百七十二条：行为人没有代理权、超越代理权或者代理权终止后，仍然实施代理行为，相对人有理由相信行为人有代理权的，代理行为有效。

苏某拿着 B 公司签章的合同与锐奇公司签了服务合同，而且以锐奇公司的名义履行了合同约定的义务。现在税务局如果要定锐奇公司偷税，将会造成纳税人的强烈反对。所以，《国家税务总局关于纳税人取得虚开的增值税专用发票处理问题的通知》（国税发〔1997〕134 号）对这种有真实业务的代开发票行为要审慎适用，为了解决这个问题，此后善意取得增值税专用发票一说应运而生。

《国家税务总局关于纳税人善意取得虚开的增值税专用发票处理问题的通知》（国税发〔2000〕187 号）中规定，购货方与销售方存在真实的交易，销售方使用的是其所在省（自治区、直辖市和计划单列市）的专用发票，专用发票注明的销售方名称、印章、货物数量、金额及税额等全部内容与实际相符，且没有证据表明购货方知道销售方提供的专用发票是以非法手段获得的，对购货方不以偷税或者骗取出口退税论处。但应按有关规定不予抵扣进项税款或者不予出口退税；购货方已经抵扣的进项税款或者取得的出口退税，应依法追缴。

《国家税务总局关于纳税人善意取得虚开增值税专用发票已抵扣税款加收滞纳金问题的批复》（国税函〔2007〕1240 号）中规定，纳税人善意取得虚开的增值税专用发票被依法追缴已抵扣税款的，不属于《税收征收管理法》第三十二条"纳税人未按照规定期限缴纳税款"的情形，不适用该条"税务机关除责令限期缴纳外，从滞纳税款之日起，按日加收滞纳税款万元分之五的滞纳金"的规定。

这里，我们需要交代文件出台的历史背景，《国家税务总局关于印发〈国家税务总局关于北京等地增值税一般纳税人停止开具手写版增值税专用发票的公告〉

的通知》（国税函〔2003〕817号）中规定，自2003年7月1日起，北京、天津、山西、吉林、黑龙江、江苏、宁波、安徽、福建、厦门、青岛、河南、湖北、湖南、广东、深圳、广西、海南、四川、重庆、云南、甘肃、宁夏23个省（市、区）的增值税一般纳税人已全部通过增值税防伪税控系统开具增值税专用发票，停止开具手写版专用发票。为此，各地增值税一般纳税人取得的上述各地增值税一般纳税人于2003年7月1日以后开具的手写版专用发票一律不得作为增值税扣税凭证（税务部门为小规模纳税人代开的手写版专用发票除外）。此外，河北、内蒙古、上海、贵州、陕西、青海、西藏7个省（市、自治区）自2003年8月1日起，其增值税一般纳税人也将停止开具手写版增值税专用发票（税务部门可继续使用手写版专用发票为小规模纳税人代开）。全国所有增值税一般纳税人凡是取得2003年8月1日以后开具的手写版专用发票一律不得作为增值税扣税凭证（税务部门为小规模纳税人代开的手写版专用发票除外）。

而善意取得虚开增值税专用发票的"国税发〔2000〕187号"恰好是手工增值税专用发票仍存在的时候，那么就会出现下述两种善意虚开的情况：第一种，购买方A与B签合同，B在A不知情的情况下用C的名义签订合同，由C开具专用发票，而A一直以为是和C从事的交易，比如"（2015）淮中行终字第0××4号"反映的这桩税务行政诉讼行为，原告（备注：即购买方）于2011年5月份、7月份、9月份，共采购徐州市××物资有限公司煤炭5 662.82吨，签订煤炭供需合同4份，货款由原告银行汇至徐州市××物资有限公司银行账户。原告取得徐州市××物资有限公司开具的23份增值税专用发票，23份发票合计金额为2 272 826.82元，税额合计386 380.61元。上述23份增值税专用发票，原告已于2011年向国税机关认证通过，并申报抵扣了税款。所购货物煤炭已经售出，在2011年成本已结转。上述的23份增值税专用发票，于2014年2月26日被徐州市国家税务局稽查局确认为虚开的增值税专用发票。（备注：即真正销售货物的第三方用了徐州市××物资有限公司名义签订合同并开具专用发票）

被告于2014年5月6日作出"淮安国税稽处（2014）21号税务处理决定书"。依据《中华人民共和国增值税暂行条例》（国务院令〔2008〕第538号）第9条、《国家税务总局关于纳税人善意取得虚开的增值税专用发票处理问题的通知》（国税发〔2000〕第187号）和《国家税务总局关于纳税人善意取得虚开增值税专用发票已抵扣税款加收滞纳金问题的批复》（国税函〔2007〕第1240号）的规定，原告单位合计补缴增值税 386 380.61 元。

可见，税务机关定性是善意取得增值税专用发票补征税款，但不加收滞纳金，更不可能处罚。

第二种情况，购买方 A 与 B 签合同，B 从 C 处非法购买专用发票，以 B 的名义开出，而 B 和 C 处于同一省级行政区，那么 A 同样是在不知情的情况下取得了 B 开具的实际上不是 B 从税务机关领取的发票。

但是试想一下，自从取消手工版增值税专用发票后，税控版增值税专用发票采用了防伪认证功能，上述第二种情况是不可能出现的，即只要 A 和 B 签合同，B 买了 C 的发票，是不可能开出 B 为销货方的发票的。那么，第一种情况呢，如果 A 找 B，则只能开具 B 从税务机关领取的发票；如果 A 找 C，则 C 只能开具 C 从税务机关领取的发票，无论哪一种，对外开具的发票都不是非法取得的，也即善意取得的条件之一"销售方提供的专用发票是以非法手段获得"是不存在的，那么既然这个条件不存在，还有善意取得一说吗？答案显然是否定的。

因此，我们注意到在《国家税务总局关于纳税人对外开具增值税专用发票有关问题的公告》（国家税务总局公告 2014 年第 39 号）中规定：

> 纳税人通过虚增增值税进项税额偷逃税款，但对外开具增值税专用发票同时符合以下情形的，不属于对外虚开增值税专用发票：
>
> 一、纳税人向受票方纳税人销售了货物，或者提供了增值税应税劳务、应税服务；
>
> 二、纳税人向受票方纳税人收取了所销售货物、所提供应税劳务或者应税服务的款项，或者取得了索取销售款项的凭据；
>
> 三、纳税人按规定向受票方纳税人开具的增值税专用发票相关内容，与所销售货物、所提供应税劳务或者应税服务相符，且该增值税专用发票是纳税人合法取得、并以自己名义开具。

受票方纳税人取得的符合上述情形的增值税专用发票，可以作为增值税扣税凭证抵扣进项税额。

特别是该公告的官方解读：以挂靠方式开展经营活动在社会经济生活中普遍存在，挂靠行为如何适用本公告，需要视不同情况分别确定。第一，如果挂靠方以被挂靠方名义，向受票方纳税人销售货物、提供增值税应税劳务或者应税服务，应以被挂靠方为纳税人。被挂靠方作为货物的销售方或者应税劳务、应税服务的提供方，按照相关规定向受票方开具增值税专用发票，属于本公告规定的情形。第二，如果挂靠方以自己名义向受票方纳税人销售货物、提供增值税应税劳务或者应税服务，被挂靠方与此项业务无关，则应以挂靠方为纳税人。这种情况下，被挂靠方向受票方纳税人就该项业务开具增值税专用发票，不在本公告规定之列。

结合这个公告以及解读，锐奇公司和 B 有限公司签订了合同，苏某以 B 有限公司的名义履行了合同约定的义务，也是以 B 有限公司为收款方收取了对应的合同款项，而且开具的 B 公司增值税专用发票也系 B 公司从主管税务机关合法领取的，整个过程中，锐奇公司业务真实、发票真实、付款真实，至于苏某和 B 公司的关系，显然苏某为挂靠方，B 公司为被挂靠方，挂靠方苏某以被挂靠方 B 公司名义，向锐奇公司提供了增值税应税服务，则 B 公司就是纳税人，其开具的专用发票按公告规定就是可以抵扣的。

这里又产生了一个问题，本例中苏某和 B 公司如果签了挂靠协议，则没什么问题，但事实是苏某和 B 公司并未签订挂靠协议，算不算"国家税务总局公告 2014 年第 39 号"所规定的挂靠关系？

我们找到了两个例证，其一是最高人民法院研究室《关于如何认定以"挂靠"有关公司名义实施经营活动并让有关公司为自己虚开增值税专用发票行为的性质》征求意见的复函（法研〔2015〕58 号），其中有：行为人利用他人的名义从事经营活动，并以他人名义开具增值税专用发票的，即便行为人与该他人之间不存在挂靠关系，但如行为人进行了实际的经营活动，主观上并无骗取抵扣税款的故意，客观上也未造成国家增值税款损失的，不宜认定为《中华人民共和国刑法》第二百零五条规定的"虚开增值税专用发票"；符合逃税罪等其他犯罪构成条件的，可以其他犯罪论处。这里用的是实质重于形式，并不以挂靠协议为要件。另外，最高人民检察院公布的一个判例，也是以此复函作为判决依据的，即下述这个案件。

2016 年 9 月，某县税务机关检查发现，B 企业取得虚开增值税专用发票 135 份，虚假抵扣增值税 230 万元。通过进一步调查，税务机关得知，B 企业从本地多个无证业户处购进一批货物，因无法取得增值税专用发票用以抵扣税款，B 企业不向这些供货人结算货款。为取得货款，供货人张某联合其他供货人找到在当地经营的 A 企业，以 A 企业的名义向 B 企业代开了增值税专用发票。A 企业向张某等人收取票面金额 8% 的开票费。税务机关随即对 A 企业立案检查，确定 A

企业与 B 企业之间无真实货物交易，A 企业是以收取开票手续费的形式，代张某等人向 B 企业虚开增值税专用发票，且数额巨大。按照法律规定，税务机关认定 A 企业及张某等人涉嫌共同构成虚开增值税专用发票犯罪，将案件移交公安机关。

公安机关经调查取证，以同样理由将案件移送相关部门，但受案部门不予立案追诉。理由是，根据《中华人民共和国刑法》第二百零五条及最高人民法院《关于如何认定以"挂靠"有关公司名义实施经营活动并让有关公司为自己虚开增值税专用发票行为的性质》征求意见的复函（法研〔2015〕58号）规定，张某等人与 B 企业间有实际经营活动，与 A 企业虽无挂靠关系，但以 A 企业名义向 B 企业开具增值税专用发票，主观上并无骗取抵扣税款的故意，客观上也未造成国家增值税税款损失，不宜作虚开增值税专用发票犯罪认定。

其二是河北石家庄市中级人民法院征询国家税务总局的函及国家税务总局办公厅的复函。

石家庄市中级人民法院关于《吴某某、夏某的情况是否符合贵局 39 号文件挂靠情形的征询函》的内容如下：

国家税务总局：

石家庄中级人民法院（以下简称：本院）在办理一起涉嫌犯虚开增值税专用发票罪的上诉案件中，涉及贵局 2014 年 8 月 1 日起施行的第 39 号公告规定内容和精神的理解问题。现就有关问题征询贵局，请按照法律规定给予回复。

相关事实：上诉人（原审被告人）吴某某、夏某及原审被告单位河北 ×× 阳光医药有限公司（以下简称：×× 公司）的涉案情况，原审被告人吴某某、夏某系没有药品经营资质的自然人，他们自行联系好购方（供货商）和销方（北京几家配送公司），以 ×× 公司名义与购、销双方签订购销合同，二人先将购货款给付 ×× 公司，再由 ×× 公司把货款打给供货商购买药品，供货商向 ×× 公司出具进项增值税专用发票和相关手续，×× 公司按照供货商出具发票金额的 7.5% 给二人折抵开票费，除有特别要求的药品外，这些以 ×× 公司名义购买的药品，均按二人的要求直接发到北京的几家配送公司，北京的配送公司依据 ×× 公司开具的销项增值税专用发票将货款给付 ×× 公司，×× 公司从中扣除下一次货款和 9.5% 左右的开票费后，将余款退给二人。

期间，××公司还为二人出具了相关委托手续以便开展工作。整个交易过程中供货商给××公司出具的进项发票和××公司给北京的配送公司出具的销项发票上的品种、数量是一致的，只是××公司按照二人的要求把单价提高了。高开差价部分××公司用从其他渠道获得的进项发票补齐。

上述行为是否符合贵局 2014 年 39 号公告及在 2014 年 7 月 8 日发布，并于 8 月 1 日起施行的该公告的解读内容，即本院请贵局回复吴某某和夏某是否符合解读中第二条中的第一种挂靠情形。

国家税务总局办公厅关于答复河北省石家庄市中级人民法院有关涉税征询问题的函：

国税总局办公厅根据河北省石家庄市中级人民法院来函提供的情况，吴某某、夏某与河北××阳光医药有限公司之间的关系，符合《国家税务总局关于纳税人对外开具增值税专用发票有关问题的公告》（国家税务总局公告 2014 年第 39 号）的解读中第二条第一种挂靠情形。吴某某、夏某是挂靠人，××公司是被挂靠人。

可见，无论最高人民法院、最高人民检察院还是国家税务总局，均从实质重于形式角度，判定虽无挂靠协议，但实质上是以被挂靠人名义提供了应税行为，均可以适用《国家税务总局关于纳税人对外开具增值税专用发票有关问题的公告》（国家税务总局 2014 年第 39 号）公告。

现在看来仿佛锐奇公司无事了，可以依据《国家税务总局关于纳税人对外开具增值税专用发票有关问题的公告》抵扣了，但又出现了一个问题，即 B 公司开具的专用发票是否失控？

失控发票是指防伪税控企业丢失被盗金税卡中未开具的发票，以及被列为非正常户的防伪税控企业未向税务机关申报或未按规定缴纳税款的发票。

从增值税链条的角度讲，如果有一方没有申报纳税，另一方就不能抵扣税款，不然这一链条就中断了。所以《国家税务总局关于失控增值税专用发票处理的批复》（国税函〔2008〕607 号）中规定，购买方主管税务机关对认证发现的失控发票，应按照规定移交稽查部门组织协查。属于销售方已申报并缴纳税款的，可由销售方主管税务机关出具书面证明，并通过协查系统回复购买方主管税务机关，该失控发票可作为购买方抵扣增值税进项税额的凭证。

因此，依照上述规定，如果上游 B 公司属于非正常户，其开具的发票未申报或未缴税，则锐奇公司业务和发票都是真实的，但是所获得的增值税进项税额依然不让企业抵扣，而是要补缴这部分税款，确实不公平。比如下面这个报载的案例，但税务机关是有上述文件支撑的，上家跑掉了，追不到税款，就让下家承担，不得抵扣增值税进项税额。

这则来自中国裁判文书网的失控发票判决书（节选），上家失控，下家业务真实，但也被定性为善意取得增值税专用发票而不能抵扣增值税进项税额。

国家税务总局葫芦岛市税务局稽查局、葫芦岛××某化工厂税务行政管理（税务）
二审行政判决书
（2020）辽××行终××号

关于认定取得失控增值税专用发票违法事实的问题。葫芦岛市国税稽查局认定××化工厂取得某金属材料有限公司等10户企业开具的虚开或失控增值税专用发票，该10户纳税人目前全部为失联或走逃状态，票面所列品名为锌锭。其中，××化工厂与某金属材料有限公司等七家企业存在资金回流的现象。

关于资金回流问题。××化工厂与七家企业均有购销合同及付款凭证，付款金额与货款相同。而葫芦岛市国税稽查局认定九笔回流情况，但九笔回流款是否是同一货款，回流渠道是供货公司回流还是供货公司职工回流，自然人路某等与供货公司是什么关系均没有提供相关证据予以证明。故认定路某等人回流资金问题，存在认定事实不清，主要证据不足。

关于是否非善意取得问题。根据《国家税务总局关于纳税人善意取得虚开的增值税专用发票处理问题的通知》（国税发〔2000〕187号）规定："近接一些地区反映，在购货方不知道取得的增值税专用发票是销售方虚开的情况下，对购货方应当如何处理的问题不够明确。经研究，现明确如下：购货方与销售方存在真实的交易，销售方使用的是其所在省（自治区、直辖市和计划单列市）的专用发票，专用发票注明的销售方名称、印章、货物数量、金额及税额等全部内容与实际相符，且没有证据表明购货方知道销售方提供的专用发票是以非法手段获得的，对购货方不以偷税或者骗取出口退税论处。但应按有关规定不予抵扣进项税款或者不予出口退税；购货方已经抵扣的进项税款或者取得的出口退税，应依法追缴。购货方能够重新从销售方取得防伪税控系统开出的合法、有效专用发票的，或者取得手工开出的合法、有效专用发票且取得了销售方所在地税务机关已经或者正在依法对销售方虚开专用发票行为进行查处证据的，购货方所在地税务机关应依法准予抵扣进项税款或者出口退税。如有证据表明购货方在进项税款得到抵扣、或者获得出口退税前知道该专用发票是销售方以非法手段获得的，对购货方应按《国家税务总局关于纳税人取得虚开的增值税专用发票处理问题的通知》（国税发〔1997〕134号）和《国家税务总局关于〈国家税务总局关于纳税人取得虚开的增值税专用发票处理问题的通知〉的补充通知》（国税发〔2000〕182号）的规定处理。"

对购货方取得销售方虚开的增值税专用发票应按偷税处理的前提条件是有证据证明购货方在进项税得到抵扣前知道该专用发票是销售方以非法手段获得的。就本案而言，××化工厂与销售方有购货合同、付款凭证，并有货物入库单，且经税务机关查明××化工厂生产销售业务真实。税务机关仅仅提供供货企业金三系统查询记录，没有提供充分的证据证明××化工厂与销售方不存在真实交易。且××化工厂取得发票是经过税务机关对于发票认证后进行抵扣税款，××化工厂也是在接到税务机关的通知后才得知其取得的发票为虚开发票及失控发票。故葫芦岛市国税稽查局依据现有证据不能认定××化工厂取得的增值税发票存在资金回流，非善意取得增值税专用发票。

这种上家走逃，下家背锅的做法确实对购买方纳税人不公平。因此，2018年出台了《国家税务总局关于异常增值税扣税凭证管理等有关事项的公告》（国家税务总局公告2019年第38号），现将异常增值税扣税凭证（以下简称"异常凭证"）管理等有关事项公告如下：

> 一、符合下列情形之一的增值税专用发票，列入异常凭证范围：
>
> （一）纳税人丢失、被盗税控专用设备中未开具或已开具未上传的增值税专用发票；
>
> （二）非正常户纳税人未向税务机关申报或未按规定缴纳税款的增值税专用发票；
>
> （三）增值税发票管理系统稽核比对发现"比对不符""缺联""作废"的增值税专用发票；
>
> （四）经税务总局、省税务局大数据分析发现，纳税人开具的增值税专用发票存在涉嫌虚开，未按规定缴纳消费税等情形的；
>
> （五）属于《国家税务总局关于走逃（失联）企业开具增值税专用发票认定处理有关问题的公告》（国家税务总局公告2016年第76号）第二条第（一）项规定情形的增值税专用发票。
>
> 二、增值税一般纳税人申报抵扣异常凭证，同时符合下列情形的，其对应开具的增值税专用发票列入异常凭证范围：
>
> （一）异常凭证进项税额累计占同期全部增值税专用发票进项税额70%（含）

以上的；

（二）异常凭证进项税额累计超过 5 万元的。

纳税人尚未申报抵扣、尚未申报出口退税或已作进项税额转出的异常凭证，其涉及的进项税额不计入异常凭证进项税额的计算。

三、增值税一般纳税人取得的增值税专用发票列入异常凭证范围的，应按照以下规定处理：

（一）尚未申报抵扣增值税进项税额的，暂不允许抵扣。已经申报抵扣增值税进项税额的，除另有规定外，一律作进项税额转出处理。

（二）尚未申报出口退税或者已申报但尚未办理出口退税的，除另有规定外，暂不允许办理出口退税。适用增值税免抵退税办法的纳税人已经办理出口退税的，应根据列入异常凭证范围的增值税专用发票上注明的增值税额作进项税额转出处理；适用增值税免退税办法的纳税人已经办理出口退税的，税务机关应按照现行规定对列入异常凭证范围的增值税专用发票对应的已退税款追回。

纳税人因骗取出口退税停止出口退（免）税期间取得的增值税专用发票列入异常凭证范围的，按照本条第（一）项规定执行。

（三）消费税纳税人以外购或委托加工收回的已税消费品为原料连续生产应税消费品，尚未申报扣除原料已纳消费税税款的，暂不允许抵扣；已经申报抵扣的，冲减当期允许抵扣的消费税税款，当期不足冲减的应当补缴税款。

（四）纳税信用 A 级纳税人取得异常凭证且已经申报抵扣增值税、办理出口退税或抵扣消费税的，可以自接到税务机关通知之日起 10 个工作日内，向主管税务机关提出核实申请。经税务机关核实，符合现行增值税进项税额抵扣、出口退税或消费税抵扣相关规定的，可不作进项税额转出、追回已退税款、冲减当期允许抵扣的消费税税款等处理。纳税人逾期未提出核实申请的，应于期满后按照本条第（一）项、第（二）项、第（三）项规定做相关处理。

（五）纳税人对税务机关认定的异常凭证存有异议，可以向主管税务机关提出核实申请。经税务机关核实，符合现行增值税进项税额抵扣或出口退税相关规定的，纳税人可继续申报抵扣或者重新申报出口退税；符合消费税抵扣规定且已缴纳消费税税款的，纳税人可继续申报抵扣消费税税款。

…………

六、本公告自 2020 年 2 月 1 日起施行。《国家税务总局关于走逃（失联）企业开具增值税专用发票认定处理有关问题的公告》（国家税务总局公告 2016 年第 76 号）第二条第（二）项、《国家税务总局关于建立增值税失控发票快速反

> 应机制的通知》（国税发〔2004〕123 号文件印发，国家税务总局公告 2018 年第 31 号修改）、《国家税务总局关于金税工程增值税征管信息系统发现的涉嫌违规增值税专用发票处理问题的通知》（国税函〔2006〕969 号）第一条第（二）项和第二条、《国家税务总局关于认真做好增值税失控发票数据采集工作有关问题的通知》（国税函〔2007〕517 号）、《国家税务总局关于失控增值税专用发票处理的批复》（国税函〔2008〕607 号）、《国家税务总局关于外贸企业使用增值税专用发票办理出口退税有关问题的公告》（国家税务总局公告 2012 年第 22 号）第二条第（二）项同时废止。

值得注意的是，《国家税务总局关于失控增值税专用发票处理的批复》（国税函〔2008〕607 号）被全文废止。此前的失控发票（非正常户纳税人未向税务机关申报或未按规定缴纳税款的增值税专用发票）也改名换姓为异常发票，失控发票成为了历史。

因此，若锐奇公司纳税信用等级不是 A 级，在收到"取得异常增值税扣税凭证"的税务事项通知书后，按照《国家税务总局关于异常增值税扣税凭证管理等有关事项的公告》（国家税务总局公告 2019 年第 38 号）第三条第（一）项规定，应当在纳税人办理属期增值税及附加税费申报时，按照增值税及附加税费申报表附列资料（二）填写说明的要求，将异常凭证载明的进项税额计入增值税及附加税费申报表附列资料（二）第 23a 栏。在解除异常凭证后，已作进项转出处理的异常凭证，可以经税务机关核实后，直接将允许继续抵扣的税额以负数形式计入增值税及附加税费申报表附列资料（二）第 23a 栏。

增值税及附加税费申报表附列资料（二）

（本期进项税额明细）

税款所属时间：　　年　　月　　日至　　年　　月　　日

纳税人名称：（公章）　　　　　　　　　　　　　　　　金额单位：元（列至角分）

二、进项税额转出额		
项目	栏次	税额
本期进项税额转出额	13＝14 至 23 之和	
其中：免税项目用	14	
集体福利、个人消费	15	

续上表

二、进项税额转出额		
项目	栏次	税额
非正常损失	16	
简易计税方法征税项目用	17	
免抵退税办法不得抵扣的进项税额	18	
纳税检查调减进项税额	19	
红字专用发票信息表注明的进项税额	20	
上期留抵税额抵减欠税	21	
上期留抵税额退税	22	
异常凭证转出进项税额	23a	
其他应作进项税额转出的情形	23b	

如果锐奇公司的纳税信用等级为 A 级，则可以按照"国家税务总局公告 2019 年第 38 号"第三条第（四）项的规定，自接到税务机关通知之日起 10 个工作日内，向主管税务机关提出核实申请，在税务机关出具核实结果之前暂不作进项税额转出处理，也不需要将异常凭证载明的进项税额计入增值税及附加税费申报表附列资料（二）第 23a 栏。若纳税人逾期未提出核实申请，或者提出核实申请但经核实确认该份发票不符合现行增值税进项税额抵扣相关规定的，该份发票应当继续做进项税额转出处理。

这里有一个真实的案例，大概情况是这样的。盛元公司走逃后被主管税务机关兴丰税务所列为非正常户，其开具给海渤通达公司的发票被列为异常。兴丰税务所随后发函至海渤通达公司主管税务机关西潞税务所，西潞税务所通知海渤通达公司取得的增值税专用发票为异常，要求海渤通达公司暂作进项税额转出，海渤通达公司将原因归咎于盛元公司主管税务机关兴丰税务所乱发函，将兴丰税务所作为被告告上了法庭，但法院以兴丰税务所与西潞税务所之间的异常发票传递函对原告海渤通达公司不发生效力为由驳回了起诉，而事实上，海渤通达公司后来向主管税务机关西潞税务所提交了核实申请，上述异常凭证也获得了抵扣。从这里我们可看到，既然没有损害其权益，便没有必要起诉税务所。

以下是法院观点：

本院认为，……渤海通达公司并非兴丰税务所将涉案增值税专用发票列为异常凭证的行政相对人，与被诉行为不具有法律上的利害关系，其不具备提起本案诉讼的原告主体资格。被诉行为对于是否按照异常凭证处理的认定具有不确定性，属于渤海通达公司主管税务机关作出最终处理决定前的过程性行为，未对渤海通达公司的权利义务产生实际影响。一审法院对渤海通达公司要求附带性审查被诉行为所依据规范性文件的诉讼请求予以驳回的认定，本院持相同意见，不再赘述。故渤海通达公司的起诉不符合法定起诉条件，依法应予驳回。综上，一审法院裁定驳回渤海通达公司的起诉并无不当，本院应予维持。渤海通达公司的上诉意见缺乏事实和法律依据，本院对其上诉请求不予支持。依照《中华人民共和国行政诉讼法》第八十九条第一款第（一）项的规定，裁定如下：驳回上诉，维持一审裁定。

上述案件中，法院判决的依据应当来自《税收违法案件发票协查管理办法（试行）》（税总发〔2013〕66号）第九条规定，"已确定虚开发票案件的协查，委托方应当按照受托方一户一函的形式出具《已证实虚开通知单》及相关证据资料，并在所附发票清单上逐页加盖公章，随同《税收违法案件协查函》寄送受托方。通过协查信息管理系统发起已确定虚开发票案件协查函的，委托方应当在发送委托协查信息后5个工作日内寄送《已证实虚开通知单》以及相关证据资料。"

从文书类型的角度看，《已证实虚开通知单》属于异地税务机关之间的协查文件，仅供税务机关内部使用，并不直接送达行政相对人，对相对人的权利义务并不产生直接的影响。受托方税务稽查局在收到《已证实虚开通知单》后，不得依据该通知单直接对涉案企业作出税务处理决定，而应对涉案企业展开调查后，在确认下游企业存在税收违法行为时，再结合案件事实以及相关法律法规对涉案企业作出处理。

所以渤海通达公司可以对西潞税务所给其发的要求进项税额暂时转出的《税务事项通知书》提起行政复议，但不能对兴丰税务所发给西潞税务所的认定为异常凭证的税务机关内部文书提起行政复议或诉讼。

►► 售后服务分公司，纳税地点起争议

锐清有限责任公司总部位于上海，在外省设立一家售后服务分公司。现该分公司与外省主管税务机关产生争议，外省税务机关援引《国家税务总局关于印发跨地区经营汇总纳税企业所得税征收管理办法的公告》（国家税务总局公告2012年第57号）第十三条：总机构按以下公式计算分摊税款：

总机构分摊税款＝汇总纳税企业当期应纳所得税额×50%

第十四条：分支机构按以下公式计算分摊税款：

所有分支机构分摊税款总额＝汇总纳税企业当期应纳所得税额×50%

某分支机构分摊税款＝所有分支机构分摊税款总额×该分支机构分摊比例

由于锐清有限责任公司只此一家分公司，则所有税款的一半需要在外省分公司所在地纳税，因此分公司向外省主管税务机关提出异议，认为根据《国家税务总局关于印发跨地区经营汇总纳税企业所得税征收管理办法的公告》（国家税务总局公告2012年第57号）第五条：以下二级分支机构不就地分摊缴纳企业所得税：（一）不具有主体生产经营职能，且在当地不缴纳增值税、营业税的产品售后服务、内部研发、仓储等汇总纳税企业内部辅助性的二级分支机构，不就地分摊缴纳企业所得税。

该外省分公司只从事产品售后服务，只在当地办理非法人营业执照登记，并未领取发票，但外省税务机关相关人员认为这只是对方自说自话，依然要求缴纳税款。

方法提示

方法一：根据《国家税务总局关于印发跨地区经营汇总纳税企业所得税征收管理办法的公告》（国家税务总局公告2012年第57号）第二十二条：总机构应将其

所有二级及以下分支机构（包括本办法第五条规定的分支机构）信息报其所在地主管税务机关备案，内容包括分支机构名称、层级、地址、邮编、纳税人识别号及企业所得税主管税务机关名称、地址和邮编。

分支机构（包括本办法第五条规定的分支机构）应将其总机构、上级分支机构和下属分支机构信息报其所在地主管税务机关备案，内容包括总机构、上级机构和下属分支机构名称、层级、地址、邮编、纳税人识别号及企业所得税主管税务机关名称、地址和邮编。

可见，总机构先向主管税务机关备案，然后分公司才向主管税务机关备案，那么总机构在备案时，就应当将产品售后服务分公司属于不就地分摊缴纳企业所得税的情况，在备案材料中向税务机关提供，取得税务机关的备案。

另外，《上海市国家税务局 上海市地方税务局关于贯彻国家税务总局关于印发〈跨地区经营汇总纳税企业所得税征收管理〉的公告的意见》（沪国税所〔2013〕7 号）中，对于本市汇总纳税总机构上年度被认定为小型微利企业的、跨地区设立不具有主体生产经营职能的内部辅助性二级分支机构的，主管税务机关应开具《分支机构不就地预缴企业所得税情况证明》。

分支机构不就地预缴企业所得税情况证明

编号：

＿＿＿＿＿＿国家（地方）税务局：

你局征管的＿＿＿＿＿＿＿＿＿＿＿＿＿＿＿系我局征管的＿＿＿＿＿＿＿＿二级分支机构，由于＿＿＿＿＿＿＿＿＿＿＿＿＿＿＿，按照国家税务总局公告 2012年第 57 号规定，自＿＿＿＿＿年＿＿＿＿＿月＿＿＿＿＿日起至＿＿＿＿＿年＿＿＿＿＿月＿＿＿＿＿日止暂不就地预缴企业所得税。

特此证明。

国家税务总局上海市税务局
年　　月　　日

联系人：　　　　　　联系电话：　　　　　　传真电话：
联系地址：　　　　　　　　　　　　　　　邮政编码：

说明：情况证明一式二份，一份送总机构，一份送分支机构所在地主管税务机关。

有了上海市税务局这个证明，相信和外省税务机关沟通起来更有说服力，毕竟上海已经明确了，企业所得税异地不就地预缴，全部归上海，外省税务机关自然不会为难企业。

方法二：与外省税务机关好好沟通，根据《国家税务总局关于印发跨地区经营汇总纳税企业所得税征收管理办法的公告》（国家税务总局公告 2012 年第 57 号）：

> 第二十三条　以总机构名义进行生产经营的非法人分支机构，无法提供汇总纳税企业分支机构所得税分配表，应在预缴申报期内向其所在地主管税务机关报送非法人营业执照（或登记证书）的复印件、由总机构出具的二级及以下分支机构的有效证明和支持有效证明的相关材料（包括总机构拨款证明、总分机构协议或合同、公司章程、管理制度等），证明其二级及以下分支机构身份。
>
> 二级及以下分支机构所在地主管税务机关应对二级及以下分支机构进行审核鉴定，对应按本办法规定就地分摊缴纳企业所得税的二级分支机构，应督促其及时就地缴纳企业所得税。
>
> 第二十四条　以总机构名义进行生产经营的非法人分支机构，无法提供汇总纳税企业分支机构所得税分配表，也无法提供本办法第二十三条规定相关证据证明其二级及以下分支机构身份的，应视同独立纳税人计算并就地缴纳企业所得税，不执行本办法的相关规定。

那么，此售后服务分公司完全可以依据第二十四条，不再提供相应资料，这样外省税务机关就只能将该服务分公司视同独立纳税人就地缴纳企业所得税，由于此家从事售后服务的分公司压根没账，查账征收根本行不通，则税务机关依据《国家税务总局关于印发企业所得税核定征收办法（试行）的通知》（国税发〔2008〕30 号）规定：

> 第四条　税务机关应根据纳税人具体情况，对核定征收企业所得税的纳税人，核定应税所得率或者核定应纳所得税额。
>
> 具有下列情形之一的，核定其应税所得率：
>
> （一）能正确核算（查实）收入总额，但不能正确核算（查实）成本费用总额的；
>
> （二）能正确核算（查实）成本费用总额，但不能正确核算（查实）收入总额的；
>
> （三）通过合理方法，能计算和推定纳税人收入总额或成本费用总额的。

纳税人不属于以上情形的，核定其应纳所得税额。

试想，售后服务分公司压根没有开具发票，从而不存在收入，至于成本费用，无非是些工资、办公费用而已，即使搞核定征收，也不会有按照统一核算，就地预缴的方法缴纳公司一半的税款。另外，由于分公司被视同为独立纳税人，与总公司均是企业所得税的纳税人，这样就不影响总公司按查账征收缴纳企业所得税。

第三部分

税务稽查环节程序知识及应对举措

对于重点税源企业而言，与税务稽查打交道是纳税人的必选课题，而在此过程中，纳税人往往重实体而轻程序，殊不知在依法治税的道路上，程序法掌握不周密往往使纳税人失去权益保护的意识，待回过味来，为时已晚。

第三部分内容专门对稽查选案、检查、审理、执行、法律救济环节深入解剖，使纳税人做到稽查不来我有预备；稽查来了我能应对。在履约依法纳税的同时，也尽力维护自己的合法权益。

►► 不速之客突然光临，稽查手段雷厉风行

案例背景

　　锐电有限公司财务部工作人员一如既往在办公室坐着，处理着相应的本职工作。突然，房门被人推开，进来了四名身着制服的税务工作人员。在表明了自己的身份后，向锐电公司出具了一份税务检查通知书，落款是某市税务稽查局第二稽查分局。锐电公司感觉很奇怪，怎么一声招呼也不打就来检查了，我都没有准备呢，你来查什么？

方法提示

　　《税收征收管理法实施细则》第九条：税收征管法第十四条所称按照国务院规定设立的并向社会公告的税务机构，是指省以下税务局的稽查局。稽查局专司偷税、逃避追缴欠税、骗税、抗税案件的查处。

　　正因如此，所以《国家税务总局关于印发纳税评估管理办法（试行）的通知》（国税发〔2005〕43号）第二十一条：

> 　　发现纳税人有偷税、逃避追缴欠税、骗取出口退税、抗税或其他需要立案查处的税收违法行为嫌疑的，要移交税务稽查部门处理。

　　纳税评估部门无权查处偷、逃、骗、抗或其他需要立案查处的高等风险案件，只有稽查局才有此职权，当稽查局发现有上述违法行为且基本定性后，依照《税务稽查案件办理程序规定》（国家税务总局令第52号）第四十八条：

> 税收违法行为涉嫌犯罪的，填制涉嫌犯罪案件移送书，经税务局局长批准后，依法移送公安机关，并附送以下资料：
>
> （一）涉嫌犯罪案件情况的调查报告；
>
> （二）涉嫌犯罪的主要证据材料复制件；
>
> （三）其他有关涉嫌犯罪的材料。

当我们打开《中华人民共和国刑法》第三章第六节，均是危害税收征管罪，如第二百零一条逃税罪；第二百零二条抗税罪；第二百零三条逃避追缴欠税罪；第二百零四条骗取出口退税罪、逃税罪；第二百零五条虚开增值税专用发票、用于骗取出口退税、抵扣税款发票罪；第二百零六条伪造、出售伪造的增值税专用发票罪；第二百零七条非法出售增值税专用发票罪；第二百零八条非法购买增值税专用发票、购买伪造的增值税专用发票罪；第二百零九条非法制造、出售非法制造的用于骗取出口退税、抵扣税款发票罪。

综上，涉刑案件由税务稽查专门查处。如果把纳税评估比作春风化雨的话，税务稽查就是雷电交加了，两者手段当然不可一并而论，如果还对不法纳税人提示检查时间，岂不是预先给了应对准备。

《税务稽查案件办理程序规定》（国家税务总局令第 52 号）第十五条：检查前，稽查局应当告知被查对象检查时间、需要准备的资料等，但预先通知有碍检查的除外。

这里"有碍检查除外的情形"，将不法纳税人打一个措手不及，不给其有提前的准备时间。

国家税务总局淮南市税务局第一稽查局以举报信息为线索，追查不懈，成功破获一起企业股东伪造股权交易合同，虚假申报偷逃千万元个人所得税案件。涉案当事人赵某因犯逃税罪，被法院依法判处有期徒刑 4 年，并处罚金 50 万元。

2017 年 6 月，淮南市税务稽查部门收到一封实名举报信，举报人周某在来信中称：A 药业（安徽）有限公司（以下简称"A 公司"）股东赵某、李某将 A 公司 51.09% 股份以 7 000 万元价格转让给了钱某，但为了少缴税款，赵某伪造交易合同进行虚假申报，未就其真实收入如实缴纳这笔股权交易相关税款。

检查人员使用征管软件，查询 A 公司近两年的申报纳税情况。果然，在

2017年3月的申报数据中，发现A公司有一笔代扣代缴个人所得税税款，金额为16.57万元，申报信息显示这是该企业为股东赵某股权转让所得收入代扣代缴的个人所得税税款——申报事项与举报信反映的事项虽内容一致，但从申报信息来看，这笔股权交易的金额与举报信息反映的数额相去甚远。

经过不懈努力，检查人员终于与举报人周某取得了联系。周某向检查人员表示，他是代人举报，委托他举报的真实举报人其实是这项交易的股权受让人钱某。得到线索后，检查人员马上与钱某进行了电话联系，对钱某进行了税法宣传，告知税务部门对其举报内容十分重视，并已开始调查，希望钱某依法配合办案。经过检查人员开导，钱某打消了顾虑，表示配合检查人员调查。

调查过程中，钱某和盘托出了整个交易的情况：经朋友介绍，他觉得A公司发展前景不错，了解到赵某准备转让手中部分股权后，两人商定钱某以7 000万元购买A公司51.09%的股权。双方约定，股权变更后，由钱某担任公司法定代表人并掌握公司经营权。签订股权转让合同后，钱某先后7次通过个人转账形式，将7 000万元股权转让款转至赵某和李某个人账户。但交易完成后，在随后的企业经营中，赵某仍然掌控公司运转，并未如约将经营权交给钱某。钱某偶然获悉赵某转让股权后，并未就收入如实申报纳税，于是钱某便委托周某向税务机关举报。

钱某拿出了与赵某签署的股权转让合同，并向检查人员提供了银行转账凭据等证据。随后，检查人员对赵某、李某个人银行账户资金往来情况实施了针对性核查。经核实，总数7 000万元的资金转账时间、金额等均与钱某所述相符。

掌握翔实证据后，检查人员约谈赵某。面对检查人员出示的各项证据，赵某无话可说，承认伪造合同、隐匿收入少缴税款的违法事实。经查，赵某所转让股权原始出资额和成本为931.57万元，与钱某股权交易真实交易额为7 000万元。针对赵某和其企业的违法行为，税务机关依法对其作出补缴个人所得税1 172.15万元、印花税3.34万元，加收滞纳金，并处所偷逃税款1倍罚款的处理决定。

（资料来源：2021年11月30日《中国税务报》，作者：安瑞文、邵波、王军、裴玉）

由上述这篇文章的片段总结本案关键点。

（1）举报是税务机关打击违法犯罪的重要抓手。俗话说得好，堡垒最易从内部攻破，出于各种原因的内部举报，往往能使税务稽查迅速抓住问题症结。如果没有举报，虽然说世界上没有不透缝的墙，但毕竟需要花费大量的人力、物力、财力。

这里，笔者想起自己查处过的一起举报案件，至今印象犹深。某建筑设计院的财务主管举报公司老板，举报线索清晰得很。如果不是举报，这种偷税行为很难被发觉。

怎么回事呢，原来这家建筑设计院每年向某设计学会支付若干笔技术咨询费，当时的税收政策依据《财政部 国家税务总局关于非营利性科研机构税收政策的通知》（财税〔2001〕5号），非营利性科研机构从事技术开发、技术转让业务和与之相关的技术咨询、技术服务所得的收入，按有关规定免征营业税和企业所得税。

而举报信说这家设计学会实际上就是建筑设计院的老板和几个高管所控制的，通过支付技术咨询、技术服务费将款项汇入到某设计学会账户，由于某设计学会属于非营利性机构，营业税和企业所得税全免。因税务机关所平时疏于监管，对其向外开具发票审核不严，造成该建筑设计院通过虚开普通发票方式偷取了大额的企业所得税。

假如不是内部举报，作为税务检查人员，也很难认为这一笔技术咨询费居然是假的。

（2）检查不仅要查企业，同时也要协查相关单位。内外双查，多管突破，对于这一块业务，也是有相关法律予以支持的。

《中华人民共和国税收征收管理法》规定：

> 第五条　国务院税务主管部门主管全国税收征收管理工作。各地国家税务局和地方税务局应当按照国务院规定的税收征收管理范围分别进行征收管理。地方各级人民政府应当依法加强对本行政区域内税收征收管理工作的领导或者协调，支持税务机关依法执行职务，依照法定税率计算税额，依法征收税款。各有关部门和单位应当支持、协助税务机关依法执行职务。税务机关依法执行职务，任何单位和个人不得阻挠。
>
> ……
>
> 第五十七条　税务机关依法进行税务检查时，有权向有关单位和个人调查纳税人、扣缴义务人和其他当事人与纳税或者代扣代缴、代收代缴税款有关的情况，有关单位和个人有义务向税务机关如实提供有关资料及证明材料。

像这个案件，从内部很难突破，那么只能从外部突破。前往举报人所在地吉林省长春市进行外调，税务机关既有这个职权，纳税人也有这个义务，从而取得了关键证据，让整个案件柳暗花明。

（3）最终这个案件被定性为偷税。

> 根据《股权转让所得个人所得税管理办法（试行）》（国家税务总局公告2014年第67号）第十九条　个人股权转让所得个人所得税以被投资企业所在地税务机关为主管税务机关。

赵某转让合肥某有限公司的股权给予吉林省的钱某，涉及的个人所得税偷税问题就由合肥税务稽查部门查处。我们反过来思索，如果是江苏某公司转让合肥某有限公司的股权给吉林省的钱某，这就是江苏某公司在逃税，纳税地点就在江苏。则纵然钱某向合肥税务稽查部门做了举报，这个案件也不归合肥税务稽查部门处理，而是归江苏某公司的主管税务机关处理。这时，合肥税务稽查就会依据《税务稽查案件办理程序规定》（国家税务总局令第52号）的相关规定移送江苏税务稽查处置。

下面再展示一个突击检查的真实案例，本案例中，纳税人具有很强的"反稽查"意识，可以说隐蔽度极高，在稽查中一度导致稽查人员无从下手。最终，因为一个电话号码露出破绽。

2007年1月，某省国税局稽查局接到国家税务总局稽查局转来的举报信，举报某食品有限公司（以下简称T公司）涉嫌巨额偷税。稽查局成立检查组进行调查，检查组调阅了T公司有关税收申报资料，排查出有价值的案件线索：一是T公司税负偏低；二是纳税申报存在疑点。

于是，检查组明确了检查方向与手段，决定先派人到T公司实地调查，掌握企业机构分布情况，然后突击调账检查，并明确检查重点是财务部、销售部、生产车间及保管配送中心等部门，检查资料以账簿凭证等书证为主，对电子数据要求复制存储并打印。稽查人员共分三组实施检查：第一小组检查财务室，重点提取财务数据，用移动硬盘现场拷贝电脑数据库；第二小组检查销售部，重点收集客户档案资料、销售统计报表、业绩考核表等资料；第三小组检查生产车间和保管配送中心，重点检查生产记录、产成品库存，看是否账实相符。

稽查人员在该公司客户群中选出一批购货商，从购货方逆向调查该公司的商品流、资金流，收集销售发票、购销合同、银行凭证等涉税资料。经过努力，在上述购货商提供的货款支付凭证中，发现几张银行转账支付凭证回单，收款方开户银行是某农行分理处，收款单位是 T 公司，但这个账户账号不是 T 公司登记注册的结算银行账户账号，说明 T 公司还另有一条资金流渠道。稽查人员当即开具"税务机关检查银行存款许可证明"，从银行查明这就是 T 公司的账户，该账户从 2004 年开设以来，发生大量资金往来，从该账户的银行原始凭证中可以看出，许多销售货款被汇入该账户。T 公司偷税违法事实浮出水面。

经查，T 公司在 2004 年 1 月至 2006 年 12 月间，采取在某农行分理处开设账户收取账外经营销货款的形式，共少列收入 4 146 万元，未按规定进行纳税申报，造成少缴增值税税款 705 万元。案发后，除当事人补缴增值税税款 30 万元外，仍偷税 675 万元。

处理结果如下。

1. 根据《中华人民共和国增值税暂行条例》第一条、第二条第（一）项、第五条、第六条第一款和《税收征收管理法》第六十三条第一款的规定，对该公司追缴增值税税款 675 万元，并处少缴税款 50% 的罚款。

2. 根据《税收征收管理法》第三十二条的规定，加收滞纳金 161 万元。

3. 该案上述违法行为已涉嫌触犯《中华人民共和国刑法》第二百零一条的规定，根据《税收征收管理法》第六十三条第一款、第七十七条第一款以及国务院《行政执法机关移送涉嫌犯罪案件的规定》第三条的规定，依法将该案移送公安机关处理。

▶▶ 眼前一亮不能算，必须书证才算完

案例背景

　　2002年8月，某市税务局的税务人员对某纳税人进行专项检查，发现纳税人自开业以来，未办理税务登记，也未缴纳增值税。为此，稽查人员多次责令其办理税务登记，依法申报纳税，但李某置之不理。另外，税务机关工作人员在整个检查过程中未出示过税务检查证。

　　2002年9月8日，税务局对李某下达了《责令限期改正通知书》，责令其在2002年9月23日以前办理税务登记，并按规定办理纳税申报，但李某逾期仍未办理。于是，税务局作出决定，对李某未按规定办理税务登记的行为处以2 000元罚款；对其逾期未申报的行为按偷税处理，并核定其开业以来应纳增值税11 278元，同时处以少缴税款一倍的罚款。依照法定权限和法定程序，履行了相关手续，由税务局制作了《税务行政处罚事项告知书》、《税务行政处罚决定书》和《税务处理决定书》，并送交李某。

　　李某因不服税务机关对其作出的偷税处理决定，在依法缴清了税款和滞纳金后，于2002年10月25日，向税务局的上一级国税机关申请复议。复议机关在接到纳税人的申请后，对市国税局提交的证据和有关法律依据进行了审查，认为具体行政行为事实清楚、证据确凿、处理适当，维持税务局作出的处理决定。李某对复议结果不服，于2002年11月10日，向当地人民法院提起税务行政诉讼，请求人民法院撤销税务局制作的《税务处理决定书》和《税务行政处罚决定书》。

　　此案争议的焦点是税务人员在实施检查时，没有出示税务检查证，是不是滥用职权。根据《税收征收管理法》第五十九条规定："税务机关派出的人员进行税务检查时，应当出示税务检查证和税务检查通知书；未出示税务检查证和税务检查通知书的，被检查人有权拒绝检查。"由此可见，税务人员对纳税人进行税务检查时，出示检查证是非常必要的，因为税务检查行为在行政法上是一种要式行政行为，必须出示检查证和检查通知书，才能被确认为合法的行政行为，否则就是不合法的行政行为。

> 法院经审理认为，税务局作出的偷税处理决定，证据确凿、适用法律法规得当，但税务人员在税务检查时，没有出示税务检查证，属滥用职权，判决税务局作出的具体行政行为无效。

方法提示

《税务稽查案件办理程序规定》（国家税务总局令第52号）第五十八条：

> 税务处理决定书、税务行政处罚决定书等决定性文书送达后，有下列情形之一的，稽查局可以依法重新作出：
>
> （一）决定性文书被人民法院判决撤销的；
> （二）决定性文书被行政复议机关决定撤销的；
> （三）税务机关认为需要变更或者撤销原决定性文书的；
> （四）其他依法需要变更或者撤销原决定性文书的。

可见，仅是程序性违法，税务机关依然可以重起炉灶再次作出程序合规的行政处理与处罚决定，但毕竟会浪费国家的公共资源，所以在出示税务检查通知书上，仍要做到雁过留声，税务人员到企业检查，只在企业财务人员面前亮一下税务检查证，毕竟眼见为虚，还是要有书面证据更为妥当。

目前有两种方式，一种是在税务检查通知书检查人员姓名后用括弧括上检查人员的检查证号，如下所示。

税务局（稽查局）

税务检查通知书

税（稽）检通一〔　　　〕号

_____：

根据《中华人民共和国税收征收管理法》第五十四条规定，决定派_____等人，自____年____月____日起对你（单位）____年____月____日至____年____月____日期间（如检查发现此期间以外明显的税收违法嫌疑或线索不受此限）

税务机关（签章）

年　　月　　日

还有一种方式，是单独制发税务检查证出示证明，如下所示。

税务检查证出示证明

在对_____实施税务检查时，已向当事人出示了执法证件。

姓名：_____税务检查证号：_____

姓名：_____税务检查证号：_____

当事人（签章）：

年　　　月　　　日

利用这些方式，就可以保证检查人员出示了税务检查证，从而保证了程序的正当性，避免了不必要的程序涉税争议。

▶▶ 有意见拒签送达回证，不建议纳税人如此逞能

案例背景

税务稽查人员告知锐敏股份公司财务人员，初步检查后，公司少缴增值税及附加费、企业所得税、个人所得税近 200 万元，公司财务部张经理异常气愤，觉得税务检查人员无中生有，错误理解税收政策，这里面起码一大半的税款不应当缴纳。因此，在税务检查人员复印的公司账册、凭证上拒绝签字，但此后税务人员依然制发了补税的税务处理决定书，张经理依然拒绝在送达回证上签字，税务稽查人员无奈，只好找了街道办主任作为证人在送达回证上予以证明。

方法提示

我们先来看看送达回证的格式。

税务文书送达回证

送达文书名称	
受送达人	
送达地点	
受送达人签名或盖章	年　　月　　日　　时　　分
代收人代收理由、签名或盖章	年　　月　　日　　时　　分
受送达人拒收理由	年　　月　　日　　时　　分
见证人签名或盖章	年　　月　　日　　时　　分
送达人签名或盖章	年　　月　　日　　时　　分
填发税务机关	（签章）　年　　月　　日　　时　　分

从上面案例来看，我们可以得出以下几个结论：

一是拒签也没有用，税务机关完全可以找见证人来签名或盖章，这个证人一般是基层组织或其所在单位的代表作为见证人到场，由见证人在此签名或盖章。但是不能由税务人员来见证，确保客观公正。

二是建议签字，因为法律还赋予了纳税人法律救济权限，不服处理决定，还可以通过陈述申辩、行政听证、行政复议、行政诉讼等渠道伸张权利。

三是签字时要注意，不是什么人都能签。《中华人民共和国税收征收管理法实施细则》第一百零一条：税务机关送达税务文书，应当直接送交受送达人。受送达人是法人或者其他组织的，应当由法人的法定代表人、其他组织的主要负责人或者该法人、组织的财务负责人、负责收件的人签收。受送达人有代理人的，可以送交其代理人签收。

四是纳税人如果不在送达回证上签字，并且也找不到见证人怎么办？则必须按《税收征收管理法实施细则》第一百零四条：直接送达税务文书有困难的，可以委托其他有关机关或者其他单位代为送达，或者邮寄送达。最后穷尽上述手段仍无法送达的，可以采用公告送达。

《税收征收管理法实施细则》第一百零六条：有下列情形之一的，税务机关可以公告送达税务文书，自公告之日起满 30 日，即视为送达：

（一）同一送达事项的受送达人众多；

（二）采用本章规定的其他送达方式无法送达。

比如下面这张文书：

国家税务总局南通市税务局第二稽查局

税务文书送达公告

通税稽二公〔2021〕11 号

南通××商贸有限公司：

我局依法对你单位开展税务检查，并依据相关法律法规的规定作出税务检查通知书。因你单位法定代表人无法联系，企业注册经营地址虚假等原因，无法采取直接送达、邮寄等送达方式。根据《中华人民共和国税收征收管理法实施细则》第一百零六条规定，公告送达相关文书。

自本公告发出之日起满 30 日，即视为送达。

再次提醒，毕竟纳税人有很大概率是看不到公告，所以使用公告送达必须符合条件，穷尽手段之后的终极手段，比如下面这个法院判例就判决税务机关送达无效。

本案中，辽宁省台安县国家税务局稽查局如认为被上诉人台安县红兴粮食经销站存在违法行为，应当向被上诉人履行相关行政处罚程序，其向联系不到的经销站实际经营者李永林履行相关程序，属履行程序对象错误。且辽宁省台安县国家税务局稽查局于 2016 年 12 月 6 日在北京市汉庭酒店北苑站店对经销站当时的投资人刘某进行询问，因而也不存在对被上诉人经销站无法直接送达、邮寄送达的事实。故辽宁省台安县国家税务局稽查局 2016 年 12 月 16 日作出本案所诉"鞍台国税稽罚〔2016〕10007 号"税务行政处罚决定时，以联系不到经销站的实际经营者李某林，无法直接送达、邮寄送达为由，以公告送达的方式向经销站送达该处罚决定书，送达程序不符合法律规定。关于上诉人提出本案诉讼超过起诉期限问题，因辽宁省台安县国家税务局稽查局对鞍台国税稽罚〔2016〕10007 号税务行政处罚决定的送达不符合法律规定，导致被上诉人实际上在 2019 年 8 月 13 日才正式知道该处罚决定的内容，被上诉人于 2019 年 10 月 13 日提起行政诉讼，并未超过法律规定的起诉期限。

（资料来源：中国裁判文书网）

这个案子简单地说，台安县红兴粮食经销站才是送达的对象，而不是实际经营人李某林，因为台安县国家税务局稽查局的检查对象是单位，而不是个人。另外，当时既然能找到实际投资人，也是单位的主要负责人，就不应当再采用公告送达。以至于虽然实体法上单位是少缴税，却因为程序违法而败诉。

►► 检查有时限，延长难商量

案例背景

很多纳税人对税务检查的时间并不太了解，稽查人员来了就接待检查，走了就准备钱交税。《孙子兵法》曰："知己知彼，百战不殆"。如果对税务稽查程序一知半解，又怎么谈得上合理应对呢？其实检查时间还是需要了解一二的。

方法提示

《优化营商环境条例》规定：

第二条　本条例所称营商环境，是指企业等市场主体在市场经济活动中所涉及的体制机制性因素和条件。

第三条　国家持续深化简政放权、放管结合、优化服务改革，最大限度减少政府对市场资源的直接配置，最大限度减少政府对市场活动的直接干预，加强和规范事中事后监管，着力提升政务服务能力和水平，切实降低制度性交易成本，更大激发市场活力和社会创造力，增强发展动力。

直白地讲，检查企业要讲究效率，在短的时间内查处完毕，而不是耗时长久，耽误企业正常生产经营，导致当地营商环境在经营者眼中状况不佳。因此，税务稽查时间的制度规定是经历了一番与时俱进的过程。

1995 年制发的《税务稽查工作规程》（国税发〔1995〕226 号）未就检查时间作出任何规定，一直到 2009 年《税务稽查工作规程》（国税发〔2009〕157 号）第二十二条才规定，检查应当自实施检查之日起 60 日内完成；确需延长检查时间的，应当经稽查局局长批准。

由于只需要由稽查局局长批准，即可延期，而且如果延期后仍未检查完毕，按照上述法条的理解，应当还是可以继续延期的，如果这样搞，检查企业时限可以延长无限了。

时间到了 2021 年 8 月，由于 2021 年 1 月 22 日《中华人民共和国行政处罚法》由中华人民共和国第十三届全国人民代表大会常务委员会第二十五次会议于 2021 年 1 月 22 日修订通过，其中第六十条：行政机关应当自行政处罚案件立案之日起 90 日内做出行政处罚决定。法律、法规、规章另有规定的，从其规定。因此《税务稽查案件办理程序规定》（国家税务总局令第 52 号）第四十七条重新作了明确，以保证法条之间不出现逻辑冲突，该条规定：稽查局应当自立案之日起 90 日内作出行政处理、处罚决定或者无税收违法行为结论。案情复杂需要延期的，经税务局局长批准，可以延长不超过 90 日；特殊情况或者发生不可抗力需要继续延期的，应当经上一级税务局分管副局长批准，并确定合理的延长期限。

这里需要重点解读：其一，以前的《税务稽查工作规程》的法律位阶仅仅是税收规范性文件，而这次则以总局令这种行政规章的形式予以公布，权威性更强。

其二，《税务稽查案件办理程序规定》（国家税务总局令第 52 号）第五条规定：稽查局办理税务稽查案件时，实行选案、检查、审理、执行分工制约原则。第十三条：待查对象确定后，经稽查局局长批准实施立案检查。和此前的《税务稽查工作规程》相比，这个 90 日包含了选案部门"立案时间 + 检查时间 + 审理时间"，而此前检查时间是 60 日，很明显，按照这个来匡算，检查时间只能继续精简了。

其三，以前只要经稽查局长批准，现在却需要税务局局长批准，我们知道现在县（市、区）已经不存在稽查局，要报批准的话，则起码要报地级市税务局长批准，特殊情况再延期的话，则要报省局分管副局长批准了，至于直辖市和大连、青岛、深圳、厦门、宁波，就要报国家税务总局分管副局长批准了，可想而知，稽查时限更加严格了。

其四，当然这 90 天需要排除一些客观因素，下列时间不计算在内：

（1）中止检查的时间；

（2）请示上级机关或者征求有权机关意见的时间；

（3）提请重大税务案件审理的时间；

（4）因其他方式无法送达，公告送达文书的时间；

（5）组织听证的时间；

（6）纳税人、扣缴义务人超期提供资料的时间；

（7）移送司法机关后，税务机关需根据司法文书决定是否处罚的案件，从司法机关接受移送到司法文书生效的时间。

►► 追溯征税有时效，偷、抗、骗税排除了

案例背景

2021 年 6 月 1 日，税务稽查局对锐启有限公司 2019 年~2020 年税费申报缴纳情况进行检查。锐启有限公司财务核算规范，未发现问题。于是展开延伸检查，发现 2015 年 8 月锐启有限公司向自然人股东张某分红 100 万元并未扣缴股息红利个人所得税，则提出如下问题：

（1）税务稽查局是否有权在规定的检查所属年度以外实施稽查？

（2）上述个人所得税是否仍可以追缴并处滞纳金并进而罚款？

（3）锐启有限公司作为股息红利个人所得税的扣缴义务人，是否需要承担责任？

方法提示

第一，我们先来看看税务检查通知书的模样。

税务局（稽查局）

税务检查通知书

税（稽）检通一〔　　　〕　　　号

＿＿＿＿＿＿＿＿：（纳税人识别号：＿＿＿＿＿＿＿）

　　根据《中华人民共和国税收征收管理法》第五十四条规定，决定派等人，自＿＿＿年＿＿＿月＿＿＿日起对你（单位）＿＿＿年＿＿＿月＿＿＿日至＿＿＿年＿＿＿月＿＿＿日期间（如检查发现此期间以外明显的税收违法嫌疑或线索不受此限）

税务机关（签章）

年　　月　　日

请注意，上述通知书的括弧内"如检查发现此期间以外明显的税收违法嫌疑或线索不受此限"的表述，说明税务稽查局在前提条件下是可以延伸检查的，这就是法律上的追溯期问题。

《税收征收管理法》第五十二条：因税务机关的责任，致使纳税人、扣缴义务人未缴或者少缴税款的，税务机关在三年内可以要求纳税人、扣缴义务人补缴税款，但是不得加收滞纳金。（《税收征收管理法实施细则》第八十条：税收征管法第五十二条所称税务机关的责任，是指税务机关适用税收法律、行政法规不当或者执法行为违法）

因纳税人、扣缴义务人计算错误等失误，未缴或者少缴税款的，税务机关在三年内可以追征税款、滞纳金；有特殊情况的，追征期可以延长到五年。（《税收征收管理法实施细则》第八十一条：《税收征收管理法》第五十二条所称纳税人、扣缴义务人计算错误等失误，是指非主观故意的计算公式运用错误以及明显的笔误。《税收征收管理法实施细则》第八十二条：《税收征收管理法》第五十二条所称特殊情况，是指纳税人或者扣缴义务人因计算错误等失误，未缴或者少缴、未扣或者少扣、未收或者少收税款，累计数额在 10 万元以上的）。

对偷税、抗税、骗税的，税务机关追征其未缴或者少缴的税款、滞纳金或者所骗取的税款，不受前款规定期限的限制。

其实，想想也能明白，税务机关负有征管查的职能，这么几年下来没发现，自身也有责任，另外法律状态存续一定期间，社会关系处于稳定状态，不宜再推翻这种平衡，从取证举证来说，难度也大，社会成本更高，可信度低。因此，除了偷税、抗税、骗税不受限制外，最多向前追征 5 年。

第二，由第 1 点可知，锐启有限公司属于扣缴义务人，而股东张某属于自然人，发现的情形不属于抗税和骗税，那么是否属于偷税就很关键了，是偷税吗？

我们先来看看偷税的定义，《税收征收管理法》第六十三条：

> 纳税人伪造、变造、隐匿、擅自销毁账簿、记账凭证，或者在账簿上多列支出或者不列、少列收入，或者经税务机关通知申报而拒不申报或者进行虚假的纳税申报，不缴或者少缴应纳税款的，是偷税。对纳税人偷税的，由税务机关追缴其不缴或者少缴的税款、滞纳金，并处不缴或者少缴的税款百分之五十以上五倍以下的罚款；构成犯罪的，依法追究刑事责任。

扣缴义务人采取前款所列手段，不缴或者少缴已扣、已收税款，由税务机关追缴其不缴或者少缴的税款、滞纳金，并处不缴或者少缴税款的百分之五十以上五倍以下的罚款；构成犯罪的，依法追究刑事责任。

从张某个人来看，张某属于自然人，根据《税务登记管理办法》（国家税务总局令第 36 号）第二条：

企业，企业在外地设立的分支机构和从事生产、经营的场所，个体工商户和从事生产、经营的事业单位，均应当按照《税收征收管理法》及实施细则和本办法的规定办理税务登记。

前款规定以外的纳税人，除国家机关、个人和无固定生产、经营场所的流动性农村小商贩外，也应当按照《税收征收管理法》及实施细则和本办法的规定办理税务登记。

可见张某不需要办理税务登记，从而也就不存在账簿、记账凭证，同时张某根本未申报，也就不存在虚假纳税申报一说，症结在于张某是否属于"经税务机关通知申报而拒不申报"。

我们来看看司法解释，《最高人民法院关于审理偷税抗税刑事案件具体应用法律若干问题的解释》（2002 年 11 月 4 日最高人民法院审判委员会第 1254 次会议通过 法释〔2002〕33 号）规定：

具有下列情形之一的，应当认定为刑法第二百〇一条第一款规定的"经税务机关通知申报"：

（一）纳税人、扣缴义务人已经依法办理税务登记或者扣缴税款登记的；

（二）依法不需要办理税务登记的纳税人，经税务机关依法书面通知其申报的；

（三）尚未依法办理税务登记、扣缴税款登记的纳税人、扣缴义务人，经税务机关依法书面通知其申报的。

因此，税务机关有没有依法书面通知不需要办理税务登记的自然人股东申报个税就很关键。若通知了，可以定偷税，据此无限期追征；若不通知，则属于税务机关的责任，追征期只有 3 年，针对本案例而言显然过期了，不能再追征。

　　我们再看看国家税务总局的观点，《国家税务总局关于印发个人所得税自行纳税申报办法（试行）的通知》（国税发〔2006〕162 号）（以下简称国税发〔2006〕162 号）第二条：凡依据个人所得税法负有纳税义务的纳税人，有下列情形之一的，应当按照本办法的规定办理纳税申报：（一）年所得 12 万元以上的……第十五条：年所得 12 万元以上的纳税人，在纳税年度终了后 3 个月内向主管税务机关办理纳税申报。

　　可见，张某取得的 100 万元股息远超 12 万元，不管锐启有限公司是否扣缴了个人所得税，张某均应当在 2016 年 3 月 31 日前向税务机关办理纳税申报。但是我们这样理解，由于张某并没有办理税务登记，从而也没有账簿、记账凭证，我们不能强求张某一定会知道年所得超过了 12 万元要申报个税。打个比方，张某可能只是不问事的股东，这 100 万元打给他后，他的存折可能在他老婆手里，他压根不知情。再比如，许多工资薪金所得的纳税人，根本不关心全年拿的工资薪金所得是否超过 12 万元，如果还强求他们自觉地在纳税年度终了后 3 个月后算下拿了多少钱，再决定是否超过 12 万元办理自行申报就强人所难了。因此"国税发〔2006〕162 号"第二十六条提道：主管税务机关应当在每年法定申报期间，通过适当方式，提醒年所得 12 万元以上的纳税人办理自行纳税申报。

　　这样来理解，就和司法解释契合起来了，超过 12 万元，税务机关要通知；若不通知，责任就在于税务机关，超过 3 年就不宜再追征。

　　我们还可以从另一角度来展开论证，《税收征收管理法》第六十三条第二款将"扣缴义务人采取前款所列手段，不缴或者少缴已扣、已收税款"定性为偷税，但锐启有限公司压根就没有扣缴税款，不是扣下来了不缴给税务局，所以锐启有限公司不是偷税，只能依据《税收征收管理法》第六十九条处理，即扣缴义务人应扣未扣、应收而不收税款的，由税务机关向纳税人追缴税款，对扣缴义务人处应扣未扣、应收未收税款百分之五十以上三倍以下的罚款。

　　请注意，即使罚，也是罚锐启有限公司，而不能罚张某，说明责任不在张某。既然责任不在张某，怎么可以定为偷税呢？如果定为偷税，罚的就是张某，不罚张某，张某自然也不是偷税。同时注意，这种情况下张某只是补税，连滞纳金也不需要缴纳，除了《税收征收管理法》第六十九条（只提纳税人补税，不提加收滞纳金）明确外，《国家税务总局关于行政机关应扣未扣个人所得税问题的批复》（国税函〔2004〕1199 号）同样明确：按照《税收征收管理法》规定的原则，扣缴义务人应扣未扣税款，无论适用修订前还是修订后的《税收征收管理法》，均不得向纳税人或扣缴义务人加收滞纳金。

综上，在税务机关拿不出当年通知张某自行申报证据的情况下，上述税款不宜找张某追征。

下面，我们再来讨论一个重要的关联性问题，即少缴税款或多缴税款的追征期起止点问题，《税收征收管理法》第五十一条：纳税人超过应纳税额缴纳的税款，税务机关发现后应当立即退还；纳税人自结算缴纳税款之日起三年内发现的，可以向税务机关要求退还多缴的税款并加算银行同期存款利息，税务机关及时查实后应当立即退还。《税收征收管理法实施细则》第八十三条规定，税收征管法第五十二条规定的补缴和追征税款、滞纳金的期限，自纳税人、扣缴义务人应缴未缴或者少缴税款之日起计算。2002 年，国家税务总局编撰的《新税收征收管理法及其实施细则释义》中，对于税款追征期计算的起点进行了明确："税款的追征期应从其应纳税款的缴款时限的最后一日算起"。因此多缴的从结算缴纳税款之日算起，少缴的从纳税申报期截止日算起，这个是没有什么疑义的，纳税人发现之日也可以理解，问题是税务机关发现之日是哪一天？是下达《税务检查通知书》的当天？还是检查过程中发现的当天？或是最终下达《税务处理决定书》确定少缴或多缴的当天？

我们以下面著名的案件来说明，此案是中国裁判文书网所登载的一则最高人民法院再审的案子。

　　甲公司成立于 2005 年，注册地为广东省清远市清城区。经营范围为：沥青、混凝土等建筑材料生产销售、建筑设施租赁等。

　　清远市地税局于 2011 年 4 月 25 日向甲公司送达《税务检查通知书》和《调取账簿资料通知书》，对甲公司 2006 至 2010 年度期间的纳税情况进行检查，认为甲公司存在少缴税款的行为，遂于 2014 年 9 月 1 日对甲公司作出《税务处理决定书》，认定甲公司经营运动城少缴营业税费、转让物业少缴营业税费及土地增值税、承建市政工程收入少缴营业税费、2006 年至 2010 年少缴企业所得税。

　　除经营运动城少缴营业税费外，甲公司不服《税务处理决定书》其他处理决定，向广东省地税局申请行政复议，广东省地税局于 2014 年 12 月 19 日作出《行政复议决定书》，复议维持。甲公司仍不服，提起本案诉讼，请求判决撤销清远市地税局作出的相关税务处理决定。

经过一审及二审程序，甲公司不服广东省高级人民法院"（2015）粤高法行终字第685号"行政判决，诉至最高人民法院进入再审程序，再审裁定驳回甲公司的再审申请。

本案争议焦点：清远市地税局向甲公司追征税款是否已过追征期。

（一）甲公司的观点

甲公司的主要观点为：①甲公司转让物业少缴税款，并非在纳税申报时少申报或虚假申报，而是由于地税局在稽查过程中改变计税方式导致，属于税务机关的责任，应当适用三年追征期。②甲公司就本案所涉物业转让申报纳税时间分别为2009年3月及2010年9月，清远市地税局已于2010年11月10日就案涉转让物业营业税、土地增值税进行了核查清算。至清远市地税局于2014年9月1日作出《税务处理决定书》，已超过法定三年追征期。

（二）清远市地税局的观点

清远市地税局的主要观点：（1）少缴税款系企业自身责任，税务局2010年11月10日向甲公司退还部分税费只是对甲公司错误适用税目予以更正，而非计税方式的改变，也并非对企业收入成本核算方法的确认，应适用五年追征期。（2）即使适用三年追征期，税务局已于2011年4月25日向甲公司送达了《税务检查通知书》和《调取账簿资料通知书》，从开始检查距甲公司2010年9月27日自行向税务局申报纳税的时间并未超过三年追征期。

（三）最高院的观点

最高院的主要观点：①甲公司转让物业少缴税款，并非甲公司在纳税申报时少申报或虚假申报，而是由于清远市地税局在稽查过程中改变计税方式导致，因此属于"因税务机关的责任，致使纳税人、扣缴义务人未缴或者少缴税款的"，适用三年追征期。②清远市地税局送达《税务检查通知书》和《调取账簿资料通知书》的时间为2011年4月25日，说明清远市地税局追征该税款的行为并未超过三年期限。

目前看来，多以税务检查通知书下达之日作为税务机关发现日，我们可以再举几个案例，在海南省税务局第三稽查局与海南亨利投资有限公司行政复议二审判例中，法院就支持了以《税务检查通知书》送达时间为追征期截止时点。又如，在某园林绿化工程有限公司行政诉讼案中，关于税款追征期限计算问题，一审法院在裁判文书中指出，稽查局要求原告补缴税款，自检查之日起未超过法定期限。二审法院在裁判文书中指出，被上诉人自 2014 年 7 月向上诉人送达《税务检查通知书》，对上诉人的纳税行为进行税务检查，至 2016 年 6 月作出《税务处理决定书》，历时近两年，其依法启动的调查程序期间应当予以扣除。稽查局以《税务检查通知书》送达时间作为追征期终期，与税务机关的通行做法相符，且不违反相关法律规定。

另外，笔者还找来了一个法院为何以《税务检查通知书》送达时间的逻辑来源，《全国人大常委会法制工作委员会关于提请明确对行政处罚追诉时效"二年未被发现"认定问题的函的研究意见》（法工委复字〔2004〕27 号）的有关表述。该文件指出，对违法违纪行为只要启动调查、取证和立案程序，均可视为"发现"；群众举报后被认定属实的，发现时效以举报时间为准。

我们相信，随着税收征管法的修改提上日程，这个有疑义的问题，相信会得到解决。

第三，那么税务机关能否援引《税收征收管理法》第六十九条对锐启有限公司处以罚款呢？也不能。因为《税收征收管理法》第八十六条：违反税收法律、行政法规应当给予行政处罚的行为，在五年内未被发现的，不再给予行政处罚。

锐启有限公司在 2015 年 8 月分红，扣缴义务发生时间在 2015 年 9 月，截止税务机关 2021 年 6 月进户检查，已经过了 5 年，所以也不能对锐启有限公司进行处罚。

我们不妨举一个真实的案例来佐证一下。

国家税务总局芜湖市税务局第二稽查局税务处理决定书

芜税二稽处〔2020〕55 号

肖某某：

我局（所）于 2020 年 7 月 17 日至 2020 年 12 月 14 日对你（单位）2009 年 1 月 1 日至 2013 年 12 月 31 日个人所得税情况进行了检查，违法事实及处理决定如下：

一、违法事实

1. 你于 2010 年 3 月与周×× 签订《股权转让协议》，将持有的安徽省无为县×× 置业有限公司的 50% 股权转让给周××，转让金额 3 650 万元。2010 年

4 月《安徽省巢湖市中级人民法院民事调解书》（〔2010〕巢民二终字第 × × 号）确认你 50% 股权实际出资为 1 103 万元。你转让安徽省无为县 × × 置业有限公司的股权所得为 2 547 万元 [支付金额 3 950 - 归还借款 300 - 原有股权投资 1 103 ＝ 2 547（万元）]。转让股权所得应缴纳个人所得税 509.4 万元，未申报缴纳。

2. 你于 2009 年 3 月与 × × 控股集团有限公司签订《股权转让协议》，将持有的无为县 × × 置业有限公司 51% 股权转让给 × × 控股集团有限公司，转让金额 2 800 万元。股权转让协议确认你持有的 51% 股权及权益为 2 370 万元，转让股权所得为 430 万元。股权所得应缴纳个人所得税 86 万元，未申报缴纳。

二、处理决定

依据《中华人民共和国税收征收管理法》第六十四条第二款、第五十二条和《国家税务总局关于未申报税款追缴期限问题的批复》国税函〔2009〕326 号文件规定，此两笔税款已过追征期，不予追征。

你（单位）若同我局（所）在纳税上有争议，必须先依照本决定的期限缴纳税款及滞纳金或者提供相应的担保，然后可自上述款项缴清或者提供相应担保被税务机关确认之日起六十日内依法向国家税务总局芜湖市税务局申请行政复议。

税务机关（签章）

二〇二〇年十二月二十九日

（资料来源：芜湖税务局官网）

之所以不予追征，道理和锐启有限公司案例如出一辙，股权转让属于财产转让所得，肖某某为纳税人，当年也未接到自行申报的税务局通知，自然不能定为偷税，过了追征期只好不予补税了。

备注：2019 年新《中华人民共和国个人所得税法》实施后，出现了预扣预缴与汇算清缴的概念，这就要引起纳税人注意了。

《中华人民共和国个人所得税法》规定，居民个人取得综合所得（工资、薪金所得，劳务报酬所得，稿酬所得，特许权使用费所得），按年计算个人所得税；有扣缴义务人的，由扣缴义务人按月或者按次预扣预缴税款；需要办理汇算清缴的，应当在取得所得的次年 3 月 1 日至 6 月 30 日内办理汇算清缴。《国家税务总局关于个人所得税自行纳税申报有关问题的公告》（国家税务总局公告 2018 年第 62 号）中规定，取得综合所得需要办理汇算清缴的纳税申报。

> 取得综合所得且符合下列情形之一的纳税人，应当依法办理汇算清缴：
>
> （一）从两处以上取得综合所得，且综合所得年收入额减除专项扣除后的余额超过 6 万元；
>
> （二）取得劳务报酬所得、稿酬所得、特许权使用费所得中一项或者多项所得，且综合所得年收入额减除专项扣除的余额超过 6 万元；
>
> （三）纳税年度内预缴税额低于应纳税额；
>
> （四）纳税人申请退税。
>
> 需要办理汇算清缴的纳税人，应当在取得所得的次年 3 月 1 日至 6 月 30 日内，向任职、受雇单位所在地主管税务机关办理纳税申报，并报送个人所得税年度自行纳税申报表。纳税人有两处以上任职、受雇单位的，选择向其中一处任职、受雇单位所在地主管税务机关办理纳税申报；纳税人没有任职、受雇单位的，向户籍所在地或经常居住地主管税务机关办理纳税申报。

那么，依据上述规定，如果属于综合所得，且属于应当办理汇算清缴补税的情形，未办理的话，这个性质就不一样了。依据《国家税务总局关于未申报税款追缴期限问题的批复》（国税函〔2009〕326 号）：

> 税收征管法第五十二条规定：对偷税、抗税、骗税的，税务机关可以无限期追征其未缴或者少缴的税款、滞纳金或者所骗取的税款。税收征管法第六十四条第二款规定，纳税人不进行纳税申报造成不缴或少缴应纳税款的情形不属于偷税、抗税、骗税，其追征期按照税收征管法第五十二条规定的精神，一般为三年，特殊情况可以延长至五年。

相较于股息、红利、利息，财产转让，偶然所得等代扣代缴性质的个税，税务机关未通知自行申报的话，责任归属于税务机关只能追征三年且不得加征滞纳金的规定，对于综合所得纳税人汇算清缴不申报补缴税款，税务机关是可以在追征期内要求其补税的，而且需要加收滞纳金，且依据六十四条第二款纳税人不进行纳税申报，不缴或者少缴应纳税款的，由税务机关追缴其不缴或者少缴的税款、滞纳金，并处不缴或者少缴的税款百分之五十以上五倍以下的罚款。

罚款也不是不可以，只不过目前由于新个税法综合所得汇算清缴还属于新鲜事物，自然人纳税人要适应还有个过程，不宜口径过严，因此，《国家税务总局关于办理 2020 年度个人所得税综合所得汇算清缴事项的公告》（国家税务总局公告

2021 年第 2 号）中规定，纳税人因申报信息填写错误造成年度汇算多退或少缴税款的，纳税人主动或经税务机关提醒后及时改正的，税务机关可以按照"首违不罚"原则免予处罚。

我们还需要提醒，仍然属于代扣代缴范畴的个人所得税也出现了变化，《国家税务总局关于个人所得税自行纳税申报有关问题的公告》（国家税务总局公告 2018 年第 62 号）中规定，纳税人取得应税所得，扣缴义务人未扣缴税款的，其中纳税人取得利息、股息、红利所得，财产租赁所得，财产转让所得和偶然所得的，应当在取得所得的次年 6 月 30 日前，按相关规定向主管税务机关办理纳税申报，并报送个人所得税自行纳税申报表（A 表）。税务机关通知限期缴纳的，纳税人应当按照期限缴纳税款，即扣缴义务人未扣缴税款。上述四项所得由于属于代扣代缴，而不是预扣预缴，所以税务机关还得通知纳税人，只不过现在是在次年 6 月 30 日前，而不是《国家税务总局关于印发个人所得税自行纳税申报办法（试行）的通知》（国税发〔2006〕162 号）所规定的纳税年度终了后三个月内，这一点值得注意。

▶▶ 文件是否仍有效，翻看目录便知道

案例背景

　　2019 年 4 月，锐志股份有限公司接到主管税务机关的通知，其善意取得一份增值税普通发票，要求其不得作为合法有效的税前扣除凭证在企业所得税前扣除，并提供了地方税收规范性文件，《江苏省国家税务局关于纳税人善意取得虚开的增值税抵扣凭证能否作为企业所得税税前列支依据问题的批复》（苏国税函〔2006〕70 号），《国家税务总局关于印发〈企业所得税税前扣除办法〉的通知》（国税发〔2000〕84 号）都有规定："纳税人申报的扣除要真实、合法"，而虚开的增值税抵扣凭证（包括运输发票、废旧物资发票、农产品发票等）不符合上述要求。因此，纳税人善意取得虚开的增值税抵扣凭证所记载的金额不能在企业所得税税前扣除。企业财务查看这张发票入账时间为 2018 年度，税务机关又有具体文件支撑，怎么办？

方法提示

　　第一，税务机关执法都是有依据的，即有法可依。比如《税务稽查案件办理程序规定》（国家税务总局令第 52 号）第四十三条：《税务处理决定书》应当包括以下主要内容：……（四）处理决定及依据；第三十九条：拟对被查对象或者其他涉税当事人作出税务行政处罚的，向其送达《税务行政处罚事项告知书》，告知其依法享有陈述、申辩及要求听证的权利。《税务行政处罚事项告知书》应当包括以下内容：……（三）适用的法律、行政法规、规章及其他规范性文件。

　　但是我们知道税收法律、法规、规章、规范性文件会经常更新，税务局拿出的这份文件是否有效？是否部分有效？是否全文失效或部分失效？需要我们去查阅。

因为根据《国家税务总局关于开展省税务机关税收规范性文件清理工作有关问题的通知》（国税函〔2011〕60号），各省税务机关应根据税务总局规章和规范性文件清理结果及其他上位法清理结果，清理本级税收规范性文件。清理结果公布后，各省税务机关要采取有效措施，确保基层税务机关和纳税人可以通过正规渠道，找到全部税收规范性文件的文本内容。清理工作结束后，各省税务机关要向社会公布继续有效（含条文失效废止文件）、全文失效废止、条款失效废止文件目录；未列入继续有效文件目录的税收规范性文件，不得作为税收执法的依据。

至此，如果这份文件有效，则应调增所得额补缴企业所得税，但如果无效，那就另当别论了。

第二，怎么查询省级税收规范性文件有没有效呢？来教大家一个办法。

（1）打开江苏省税务局的官网，如下图所示。

（2）单击政策文件选项，再单击省局政策法规库，在标题处输入"现行有效"后单击查询，如下图所示。

第三，只要查询"苏国税函〔2006〕70号"所属的2006年到入账归属期的

2018 年的任一现行有效文件目录即可，比如查到了《江苏省国家税务局关于发布现行有效全文失效或废止部分条款失效或废止的税收规范性文件目录的公告》（江苏省国家税务局〔2011〕3 号）所附现行有效的规范性文件目录，在目录中已无苏国税函〔2006〕70 号，自然就可以得出这个文件已经作废，不能作为税收执法的依据。

►► 两份文件互打架，适用原则要记挂

情形同上例，税务人员可能要说，这份文件对你不适用，那我换份文件，如《国家税务总局关于发布企业所得税税前扣除凭证管理办法的公告》（国家税务总局公告 2018 年第 28 号）（以下简称"国家税务总局公告 2018 年第 28 号"）第十二条：企业取得私自印制、伪造、变造、作废、开票方非法取得、虚开、填写不规范等不符合规定的发票（以下简称"不合规发票"），以及取得不符合国家法律、法规等相关规定的其他外部凭证（以下简称"不合规其他外部凭证"），不得作为税前扣除凭证。

这十二条明确了，虚开的发票一律不得作为税前扣除凭证，锐志股份有限公司即使是善意的，也定性为善意取得的虚开发票，但还是不能税前扣除。

这又该怎么办呢？

方法提示

第一，法律有个原则叫作下位法不得违背上位法——《税务规范性文件制定管理办法》（国家税务总局令第 53 号）第四条：制定税务规范性文件，应当充分体现社会主义核心价值观的内容和要求，坚持科学、民主、公开、统一的原则，符合法律、法规、规章以及上级税务规范性文件的规定，遵循本办法规定的制定规则和制定程序。

作为税收规范性文件的"国家税务总局公告 2018 年第 28 号"不得违背相应的税收法律、法规、规章以及上级税务规范性文件，我们再来看看"国家税务总局公告 2018 年第 28 号"第一条中明确，为规范企业所得税税前扣除凭证（以下

简称"税前扣除凭证"）管理，根据《中华人民共和国企业所得税法》及其实施条例、《税收征收管理法》及其实施细则、《中华人民共和国发票管理办法》及其实施细则等规定，制定本办法。

原来"国家税务总局公告 2018 年第 28 号"依据的上位法之一是《中华人民共和国发票管理办法》，我们查找第二十二条规定：

> 开具发票应当按照规定的时限、顺序、栏目，全部联次一次性如实开具，并加盖发票专用章。
>
> 任何单位和个人不得有下列虚开发票行为：
>
> （一）为他人、为自己开具与实际经营业务情况不符的发票；
>
> （二）让他人为自己开具与实际经营业务情况不符的发票；
>
> （三）介绍他人开具与实际经营业务情况不符的发票。

上述情形才能叫虚开，我们来翻阅《国家税务总局关于纳税人善意取得虚开的增值税专用发票处理问题的通知》（国税发〔2000〕187 号），购货方与销售方存在真实的交易，销售方使用的是其所在省（自治区、直辖市和计划单列市）的专用发票，专用发票注明的销售方名称、印章、货物数量、金额及税额等全部内容与实际相符，且没有证据表明购货方知道销售方提供的专用发票是以非法手段获得的，对购货方不以偷税或者骗取出口退税论处。

既然这张增值税普通发票是真实的交易，那么发票所反映的就不是与实际经营业务情况不符，怎么能算是虚开呢？

另外，《中华人民共和国发票管理办法》第三十九条规定：

> 有下列情形之一的，由税务机关处 1 万元以上 5 万元以下的罚款；情节严重的，处 5 万元以上 50 万元以下的罚款；有违法所得的予以没收：
>
> ……
>
> （二）知道或者应当知道是私自印制、伪造、变造、非法取得或者废止的发票而受让、开具、存放、携带、邮寄、运输的。

既然是善意取得，那么锐志股份有限公司就不可能知道或者应当知道这张发票违规而受让这张发票，也就没有违反《中华人民共和国发票管理办法》的强制性规定，不能予以处罚，既然都不处罚了，那就说明这张发票没有问题，为什么不能税前扣除呢！

第二，为了佐证观点的正确性，要善于利用搜索引擎寻找对自己有利的证据，比如下面这份节略后的国家税务总局来宾市税务局第二稽查局税务处理决定书，便可给我们参考。

来市税二稽处〔2020〕20 号

广西××贸易有限公司（注册经营地址：象州县××号，统一社会信用代码：××）：

我局于 2020 年 4 月 15 日至 11 月 20 日，对你公司 2016 年 1 月 1 日至 12 月 31 日期间的涉税情况进行了检查，违法事实及处理决定如下：

一、违法事实

你公司 2016 年 1 月从广西××贸易有限公司取得虚开的增值税专用发票 6 份，发票代码 4500153130；发票号码 00326957~00326962；发票开具的货物名称为钢材；数量：303.996 吨；金额：545 641.02 元；税额：92 758.98 元，价税合计 638 400.00 元。你公司在计算 2016 年度企业所得税时税前扣除 545 641.02 元。上述 6 份增值税专用发票，国家税务总局广西壮族自治区税务局第一稽查局出具《已证实虚开通知单》，证实为虚开发票。对此项业务，你公司在规定时间内向检查组提交了相关资料证实业务的真实性。根据《企业所得税税前扣除凭证管理办法》（国家税务总局公告 2018 年第 28 号）第十四条的规定，允许你公司此项业务的费用在企业所得税进行税前扣除，对作进项税转出的税额 92 758.98 元允许在成本列支并税前扣除，调减 2016 年度应纳税所得额 92 758.98 元。

…………

笔者看到该稽查局引用"国家税务总局公告 2018 年第 28 号"第十四条，该条的原文是企业在补开、换开发票、其他外部凭证过程中，因对方注销、撤销、依法被吊销营业执照、被税务机关认定为非正常户等特殊原因无法补开、换开发票、其他外部凭证的，可凭以下资料证实支出真实性后，其支出允许税前扣除：

（一）无法补开、换开发票、其他外部凭证原因的证明资料（包括工商注销、机构撤销、列入非正常经营户、破产公告等证明资料）；

（二）相关业务活动的合同或者协议；

（三）采用非现金方式支付的付款凭证；

（四）货物运输的证明资料；

（五）货物入库、出库内部凭证；

（六）企业会计核算记录以及其他资料。

前款第一项至第三项为必备资料。

也就是说业务是真实的，但是对方属于被税务机关认定为非正常户，很可能已走逃而无法补开、换开发票，但企业提供了上述资料证实真实性后，给予了企业所得税税前扣除。很明显，上家被定性为虚开，下游属于善意取得虚开，但业务真实，仍然获得了企业所得税税前扣除的处理决定。

再比如下面这份摘自中国裁判文书网的法院判决书（节略）。

淮安市××商贸有限公司与淮安市国家税务局稽查局行政处罚二审行政判决书

（2015）淮中行终字第××号

原审经审理查明：原告（淮安市××商贸有限公司）于2011年5月份、7月份、9月份，共采购徐州市××物资有限公司煤炭5 662.82吨，签订煤炭供需合同4份，货款由原告银行汇至徐州市××物资有限公司银行账户。原告取得徐州市××物资有限公司开具的23份增值税专用发票，23份发票合计金额为2 272 826.82元，税额合计386 380.61元。上述23份增值税专用发票，原告已于2011年向国税机关认证通过，并申报抵扣了税款。所购货物煤炭已经售出，于2011年已结转成本。这些增值税专用发票于2014年2月26日被徐州市国家税务局稽查局确认为虚开的增值税专用发票。

被告（淮安市国家税务局稽查局）于2014年5月6日作出淮安国税稽处（2014）21号税务处理决定书。依据国务院令（2008）第538号《中华人民共和国增值税暂行条例》第九条、《国家税务总局关于纳税人善意取得虚开的增值税专用发票处理问题的通知》（国税发〔2000〕第187号）和《国家税务总局关于纳税人善意取得虚开增值税专用发票已抵扣税款加收滞纳金问题的批复》（国税函〔2007〕第1240号）的规定，原告单位合计补缴增值税386 380.61元。

依据《中华人民共和国税收征收管理法》第十九条、《中华人民共和国发票管理办法》（国务院令〔2010〕第587号）第二十一条、《国家税务总局关于印发〈进一步加强税收征管若干具体措施〉的通知》（国税发〔2009〕第114号）第六条的规定，调增2011年度应纳税所得额2 272 826.82元，依据《中华人民共和国企业所得税法》第一条、第四条、第二十二条的规定，补缴2011年度企业所得税568 206.71元。依据《中华人民共和国税收征收管理法》第三十二条的规定，依法加收滞纳金。

上诉人淮安市国税务局稽查局上诉称，一审判决认定的案件事实错误。首先，根据徐州市国家税务局发给上诉人的《已证实虚开通知单》、发票清单及案情介绍，能够证明被上诉人取得的23份增值税发票系虚开。其次，上诉人围绕企业所得税法第八条规定的"真实性、相关性、合理性"税前扣除要求对被上诉人进行检查认为，并不是企业发生合理支出就可以税前扣除，合理性是以合法性为前提和基础的。国家税务总局发布两份规范性文件作了明确规定：《国家税务总局关于加强企业所得税管理的意见》（国税发〔2008〕第88号）第二条第三项第三点规定，"不符合规定的发票不得作为税前扣除凭据"。《国家税务总局关于印发〈进一步加强税收征管若干具体措施〉的通知》（国税发〔2009〕第114号）第六条规定，"未按规定取得的合法有效凭证不得在税前扣除"。

被上诉人（淮安市××商贸有限公司）购买煤炭必须取得合法有效的发票，而被上诉人取得的是虚开的增值税专用发票，虚开增值税专用发票属于不符合规定的发票，是不合法的凭证，不得税前扣除。一审判决的主文就是撤销处理决定的第二条，而根据行政诉讼法第五十四条第二项规定，一审判决在撤销上诉人行政行为的同时，应当赋予上诉人重新做出处理的权利。综上所述，上诉人依法作出的淮安国税稽处（2014）21号《税务处理决定书》认定事实清楚、适用法律准确、程序合法，依法应予维持。

被上诉人淮安市××商贸有限公司答辩称：

一、答辩人的合理支出应在税前列支。根据《中华人民共和国企业所得税法》第八条规定，企业实际发生的与取得收入有关的、合理支出，包括成本、费用、税金、损失和其他支出，准予在计算应纳税所得额时扣除。答辩人是否应当缴纳企业所得税和滞纳金，关键在于是否存在成本支出，上诉人认可成本存在，却对成本也要补征所得税不合理不合法，国家税务总局国税发〔2000〕第187号规定充分证明了答辩人购买煤炭的事实，该成本支出是事实。发票不是证明企业支出的唯一凭证，发票、入库单、领料单、差旅费报销单、工资花名册、汇款单、购销合同等都是原始凭证，可见发票仅仅是原始凭证中的一种。能够证明真实开支符合规定的发票、付款单据、证明材料、工资表、合同协议、法律文书、记录证明等原始凭证都可以作为税前扣除的会计凭证。

上诉人依据的《中华人民共和国企业所得税法》第八条、第四十九条等规定，只是规定了不合法、不真实的凭据不得税前扣除，没有排除其他合法凭据可以税前扣除的情形，根据江苏省地方税务局《企业所得税税前扣除凭证管理办法》（苏地税规〔2011〕13号）第五条规定，企业取得的不符合规定的发票，不得单独用以税前扣除，必须同时提供合同、支付单据等其他凭证，以证明支出的真实、合法。该法第七条规定，企业无法取得合法凭证，但有确凿证据证明业务支出真实且取得收入方相关收入已入账的，可予以税前扣除。综上所述，上诉人的处理决定违法，请求二审依法撤销上诉人作出的淮安国税稽处（2014）21号税务处理决定。

各方当事人在一审中提供的证据均已随卷移送本院，本院对原审法院认定事实和证据均予以确认。

本院认为，根据《中华人民共和国企业所得税法》第八条规定，"企业实际发生的与取得收入有关的、合理支出，包括成本、费用、税金、损失和其他支出，准予在计算应纳税所得额时扣除。"《国家税务总局关于加强企业所得税管理的意见》（国税发〔2008〕88号）规定，"不符合规定的发票不得作为税前扣除凭证。"《国家税务总局关于印发〈进一步加强税收征管若干具体措施〉的通知》（国税发〔2009〕第114号）第六条规定，"未按规定取得的合法有效凭证不得在税前扣除。"上述规定对违规取得发票或凭据不得在税前扣除做了规定，被上诉人善意取得徐州市超典物资有限公司虚开的23份增值税专用发票，该发票对应的企业所产生的成本，是否应当作为企业所得税税前列支，税法没有禁止性规定，在此情况下上诉人处理决定要求被上诉人补缴企业所得税并加收滞纳金的法律依据不足，其认定事实不清，原审依法予以撤销并无不当。

善意取得本身就证明业务真实，只不过增值税进项税额不能抵扣，可从没说过企业所得税前不让扣除。企业进项转出已经吃了亏，企业所得税前还不让扣，实是没有依据。

►► 实体法虽从旧，特殊时亦从新

2011 年 11 月 8 日，税务稽查局对某地产公司实施税务入户稽查，检查该公司 2009~2010 年各项税费缴纳情况。经检查，发现该地产公司因资金链紧张，向银行告贷无门后，迫不得已于 2009 年 1 月 1 日向一家无关联制造业公司融资 10 000 万元。2009 全年支付了利息 1 000 万元，利率 10%。上述利息已经通过计入开发成本的方式随着商品房在 2010 年销售而计入了 2010 年的主营业务成本。税务检查人员依据《中华人民共和国企业所得税法实施条例》第三十八条：企业在生产经营活动中发生的下列利息支出，准予扣除：……（二）非金融企业向非金融企业借款的利息支出，不超过按照金融企业同期同类贷款利率计算的数额的部分。

认定应当以该公司的开户银行中国工商银行某分行对外公布的同期同类贷款利率 6% 作为衡量标准，对于超过标准的部分 400 万元予以纳税调增补缴企业所得税 100 万元，并加收滞纳金和予以罚款。

方法提示

在审理过程中，审理人员与检查人员发生了分歧，审理人员认为依据《国家税务总局关于企业所得税若干问题的公告》(国家税务总局公告 2011 年第 34 号)：

一、关于金融企业同期同类贷款利率确定问题

根据《中华人民共和国企业所得税法实施条例》第三十八条规定，非金融企业向非金融企业借款的利息支出，不超过按照金融企业同期同类贷款利率计算的数额的部分，准予税前扣除。鉴于目前我国对金融企业利率要求的具体情

况，企业在按照合同要求首次支付利息并进行税前扣除时，应提供"金融企业的同期同类贷款利率情况说明"，以证明其利息支出的合理性。

"金融企业的同期同类贷款利率情况说明"中，应包括在签订该借款合同当时，本省任何一家金融企业提供同期同类贷款利率情况。该金融企业应为经政府有关部门批准成立的可以从事贷款业务的企业，包括银行、财务公司、信托公司等金融机构。"同期同类贷款利率"是指在贷款期限、贷款金额、贷款担保以及企业信誉等条件基本相同下，金融企业提供贷款的利率，既可以是金融企业公布的同期同类平均利率，也可以是金融企业对某些企业提供的实际贷款利率。

审理人员指出，2011 年 11 月 8 日，税务稽查局入户检查，但此时国家税务总局公告 2011 年第 34 号已于 2011 年 6 月 9 日下发执行，从有利于纳税人原则出发，税务检查人员应当责成该地产公司提供本省任何一家金融企业的同期同类贷款利率情况，而不是其开户行中国工商银行的同期同类贷款利率情况，因为相对于商业银行而言，融资类信托计划在发放贷款时，无须参照人民银行制定的基准利率上下浮动限制，可以在不高于基准利率四倍的范围内灵活设定利率水平，这意味着信托产品收益更接近真实市场利率水平。信托还可以通过贷款、股权、权益、购买债券等进行投资运作，其中一些投资市场是普通投资者不能进入的。跨市场套利机会的存在也是信托重要的高收益来源，因此通常情况下信托公司的利率更高。所以责成该地产公司寻找本省的信托公司同期同类利率作为标准就不会调增 400 万元，从而不需要补缴这么多的税款。

但检查人员指出，检查所属期是 2009~2010 年，而此时"国家税务总局公告 2011 年第 34 号"还没有出台，根据实体法从旧原则，即有关税收权利义务的产生、变更和灭失的税收实体法，如在应税行为或事实发生后有所变动，除非法律有特别规定外，否则对该行为或事实应适用其发生当时的税法规定，即遵循法律不溯及既往的原则。所以税务检查人员采用自由裁量权，认定按开户银行中国商业银行的同期同类贷款利率也无可厚非，检查人员还提供了几个地方税务局的类似规范性文件——《山东省青岛市国家税务局关于 2010 年度企业所得税汇算清缴若干问题的公告》（山东省青岛市国家税务局公告 2011 年第 1 号）：

问：如何掌握金融企业同期同类贷款利率？

解答：企业向非金融企业和个人借款的利息支出，可暂按不超过该企业基本账户开户行同期同类贷款利率计算的数额税前扣除。

《辽宁省大连市地方税务局关于明确企业所得税若干业务问题政策规定的通知》（大地税函〔2010〕39号）：

> 五、关于非金融企业之间借款利息支出的税前扣除问题：
>
> 非金融企业向非金融企业（含符合条件的自然人，下同）借款的利息支出，不超过按照金融企业同期同类贷款利率计算的数额部分准予扣除。同期同类贷款是指一项经济业务既有向金融企业贷款又有向非金融企业借款，其利率的计算包括基准利率和同期同类贷款浮动利率；没有向金融企业贷款的，同期同类贷款利率的计算应当按照人民银行公布的基准利率执行，出现上浮的，应当报市局审核确认。

既然这些省份均按人民银行公布的基准利率或开户行的同期同类贷款利率来执行，检查人员又错在哪里呢？

但审理人员继续指出，根据最高人民法院《关于审理行政案件适用法律规范问题的座谈会纪要》的通知（法〔2004〕96号）第三条规定：

> 根据行政审判中的普遍认识和做法，行政相对人的行为发生在新法施行以前，具体行政行为作出在新法施行以后，人民法院审查具体行政行为的合法性时，实体问题适用旧法规定，程序问题适用新法规定，但下列情形除外：（一）法律、法规或规章另有规定的；（二）适用新法对保护行政相对人的合法权益更为有利的；（三）按照具体行政行为的性质应当适用新法的实体规定的。

其中的第二款，即实体法从旧兼从轻原则，该原则同样体现在《中华人民共和国行政处罚法》第三十七条：实施行政处罚，适用违法行为发生时的法律、法规、规章的规定。但是，做出行政处罚决定时，法律、法规、规章已被修改或者废止，且新的规定处罚较轻或者不认为是违法的，适用新的规定。

审理人员拿出"国家税务总局公告2011年第34号"第七条，本公告自2011年7月1日起施行。本公告施行以前，企业发生的相关事项已经按照本公告规定处理的，不再调整；已经处理，但与本公告规定处理不一致的，凡涉及需要按照本公告规定调减应纳税所得额的，应当在本公告施行后相应调减 2011 年度企业应纳税所得额。

虽然该公告自 2011 年 7 月 1 日施行，但此前的 2009 年该地产公司发生的向非金融机构贷款事项，检查人员按开户银行同类同期贷款利率执行，显然和本公告规定处理不一致，如果按检查人员的做法，必将涉及"国家税务总局公告 2011 年第 34 号"调减所得额，即税务检查人员认为要调增 400 万元从而补税 100 万元的话，但按照"国家税务总局公告 2011 年第 34 号"，若地产公司找到了信托公司的同期同类贷款利率超过 10%，则肯定要面临退税或抵税，则何必呢？正确的处理是要求地产公司提供后再作相应的检查处理。

那么，是不是一律从旧兼从轻了，也不是的，这里要提醒纳税人，一定要关注税收法律、法规、规章、规范性文件最后一条的表述。比如某公司搭了个棚子，上边是彩钢板，下边是四根铁柱子，下边放些杂货。那么，这个棚子交不交房产税呢？

根据《财政部 国家税务总局关于房产税和车船使用税几个业务问题的解释与规定》（财税地字〔1987〕003 号）（以下简称"财税地字〔1987〕003 号"）第一条规定："房产是以房屋形态表现的财产。房屋是指有屋面和围护结构（有墙或两边有柱），能够遮风避雨，可供人们在其中生产、工作、学习、娱乐、居住或储藏物资的场所。"

按照这个表述，有屋面和两边有柱，确实属于房产税的征税范围，假如说某企业在 2008 年 10 月接受了税务稽查，则当时出了新文件——《财政部 国家税务总局关于加油站罩棚房产税问题的通知》（财税〔2008〕123 号）（以下简称"财税〔2008〕123 号"），该文件规定："加油站罩棚不属于房产，不征收房产税。以前各地已做出税收处理的，不追溯调整。"

怎么理解？第一个是关键字"不"，我们试想，加油站罩棚不属于房产，那么其他企业的罩棚同样也不属于房产，"皮之不存，毛将焉附"？既然罩棚不是房产，自然不是房产税的征税对象，何来的房产税呢？

反过来推断，如果文件是这么写的，加油站罩棚属于房产，免征房产税，则意思就大相径庭了，即罩棚是房产，但只对加油站的罩棚免征，其他单位的罩棚就不能免征。

第二个文件"财税〔2008〕123号"是2008年9月19日发布的，此前税务局按"财税地字〔1987〕003号"处理的，不予退税，这就是实体法从旧的理念，从文件发布之日起，罩棚才不征收房产税。

►► 取证手段有规矩，非法取证终归无

案例背景

下述几种税务稽查手段合法吗？抑或违法吗？

（1）检查人员要求财务人员交出电脑密码，以便进入财务管理系统拷贝财务数据，在被财务人员拒绝后，向企业下达扣押通知书，将电脑扣押带回税务局解开密码。

（2）餐饮企业采取账外经营不开具发票的方式偷逃税款，税务人员接到举报后携带针孔式摄像机进入餐厅进行秘密拍摄取得证据。

（3）检查人员对企业当年账簿采取调账检查方式后，在规定时间内交还企业，但因证据还不足以定案，再次对企业当年账簿进行调取。

（4）检查人员对被查单位稽查后，取得线索到被查单位的关联方进行取证，遭到拒绝，遂以阻挠税务机关检查为由，对关联方企业予以处罚。

（5）检查人员对某事业单位对外出租房屋实施稽查，证实出租收入私自纳入小金库未缴纳增值税等税费后，在制发税务处理决定书追缴无果后，经税务局长批准，采取强制措施从事业单位开户银行处强制扣缴了税款。

（6）检查人员对地产公司实施稽查，发现检查年度内多笔退还房款记录，多为业主以房屋质量问题为由申请退还部分房款，有业主签字领款记录。但检查人员怀疑其业务的真实性，在询问地产公司无果后，对签字业主进行了调查走访。业主均称签字系伪造，从未领取款项，这笔钱肯定是地产公司老板伪造证据后进了自己腰包，于是检查人员以上述证据作为地产公司偷税的证据予以定案。

（7）检查人员发现公司购买蚕丝被总额数万元，账务处理却借记"管理费用——业务招待费"，所以要求公司全额扣缴偶然所得个人所得税。

（8）检查人员于 2021 年 8 月 2 日入户检查纳税人 2019~2020 年税费申报缴纳情况，发现截至 2020 年 12 月 31 日，纳税人将预收的 2021~2022 年房租计入其他应付款，未申报缴纳财产租赁增值税及附加，认定企业不进行纳税申报少缴税款予以补税，并按《税收征收管理法》第六十四条处以 0.5 倍罚款。

（9）检查人员接到举报，对自然人李某一人有限责任公司（一般纳税人）检查，发现其以公司名义通过开具假发票方式，隐匿设计收入 106 万元。上述收入并未入账，而是直接进了个人腰包。于是要求李某除补缴增值税 6 万元外，100 万元作为股息、红利补缴个人所得税 20 万元并处罚款 0.5 倍共计 13 万元。

（10）检查人员检查某劳务派遣公司（一般纳税人）对外开具发票事宜，经检查发现，该劳务派遣公司接受用工单位委托，从市场上物色若干农民工组成工程队后前往用工单位从事用工单位要求的相关业务。用工单位支付劳务费 1 050 万元，劳务派遣公司按收入额 1 050 万元减去支付给农民工的工资 840 万元的余额 210 万元开具了差额征税发票，缴纳增值税 10 万元，税务机关持疑义，认为不适用差额征税办法，应当全额计税。税务机关拿出《劳务派遣管理办法》作为证据，认为该劳务派遣公司挂羊头卖狗肉，但劳务派遣公司坚称自己有住房和城乡建设局关于从事劳务派遣资质的许可文件，认为可以享受差额征税政策。

（11）检查人员接到举报，对一般纳税人企业进行突击稽查。在财务室发现了内部的账册，记录向外单位及个人销售产品，其中记录的销售额大于实际开票金额，减除向税务机关申报纳税的销售额，剩余部分没有如实向税务机关申报纳税的手段进行偷税，其行为构成了《税收征收管理法》第六十三条第一款规定的偷税行为，并根据该条规定对纳税人处以 4 200 000 元罚款。

方法提示

针对上述问题进行具体解释。

1. 针对第一个问题的政策规定及处理方法

要把权力放进制度的笼子里，我们来看看制度是怎么规定的：可以扣押电脑的制度依据来自《税收征收管理法》第三十八条：

税务机关有根据认为从事生产、经营的纳税人有逃避纳税义务行为的，可以在规定的纳税期之前，责令限期缴纳应纳税款；在限期内发现纳税人有明显的转移、隐匿其应纳税的商品、货物以及其他财产或者应纳税的收入的迹象的，税务机关可以责成纳税人提供纳税担保。如果纳税人不能提供纳税担保，经县

以上税务局（分局）局长批准，税务机关可以采取下列税收保全措施：

（一）书面通知纳税人开户银行或者其他金融机构冻结纳税人的金额相当于应纳税款的存款；

（二）扣押、查封纳税人的价值相当于应纳税款的商品、货物或者其他财产。

但本例中，纳税人显然并未采取明显的转移、隐匿其应纳税的商品、货物以及其他财产或者应纳税的收入，所以不可以采取税收保全措施扣押电脑。

第四十条　从事生产、经营的纳税人、扣缴义务人未按照规定的期限缴纳或者解缴税款，纳税担保人未按照规定的期限缴纳所担保的税款，由税务机关责令限期缴纳，逾期仍未缴纳的，经县以上税务局（分局）局长批准，税务机关可以采取下列强制执行措施：

（一）书面通知其开户银行或者其他金融机构从其存款中扣缴税款；

（二）扣押、查封、依法拍卖或者变卖其价值相当于应纳税款的商品、货物或者其他财产，以拍卖或者变卖所得抵缴税款。

同样的道理，纳税人未缴或少缴税款还没有检查出来，强制执行措施也使用不得。那么，纳税人拒不交出密码，税务机关又不能强制扣押，该怎么办？不急，还是有办法的。《税务稽查案件办理程序规定》（国家税务总局令第52号）第十六条：

……对采用电子信息系统进行管理和核算的被查对象，检查人员可以要求其打开该电子信息系统，或者提供与原始电子数据、电子信息系统技术资料一致的复制件。被查对象拒不打开或者拒不提供的，经稽查局局长批准，可以采用适当的技术手段对该电子信息系统进行直接检查，或者提取、复制电子数据进行检查，但所采用的技术手段不得破坏该电子信息系统原始电子数据，或者影响该电子信息系统正常运行。

也就是说，稽查局不能扣押带走资料，但可以经稽查局长批准后，现场强行打开，当然这时稽查局往往会争取到公安部门的支持。

此处，我们举个实际的案例，不法纳税人销毁电子数据，结果被税务机关给恢复了。

山东省临沂市国税局稽查局在增值税专项检查中，发现 S 钢铁公司投入和产出指标异常。在企业人员不配合的情况下，检查人员外调资金流、内核企业生产和存货等数据，缜密调查，深挖疑点，最终查实该企业隐匿销售收入 1.85 亿元的违法事实。该局依法对 S 钢铁公司作出补缴税款 3 147.75 万元，加收滞纳金 283.32 万元的处理决定。

检查人员发现，企业仓库内和生产线上均有大量螺纹钢，但 S 公司账面检查时，却没有发现生产螺纹钢的数据。此外，S 公司 3 座生产高炉均正常运行，生产、销售情况正常，并非此前宣称的仅有 1 座高炉正常运行。种种迹象表明，S 公司不仅生产螺纹钢，且其销售收入并没有向税务机关申报。

为取得翔实证据，检查人员汲取第一次提取地磅室数据失败的经验，按照预案，对企业质检室进行突击检查。虽然这次企业非常配合，但在质检室计算机中没有发现有价值的数据信息。对此，检查人员早有准备，迅速在被查电脑中应用了数据恢复软件，并成功还原了质检室电脑中已删除的数据信息。见此情景，企业质检室负责人借口有事转身走出房门。随后，质检室突然停电，企业人员以检查设备为由搬走了电脑主机。但此时细心的检查人员已在恢复电脑硬盘信息的同时，对相关数据完成了复制备份。

检查人员对 S 公司负责人进行了税法宣传，按法定程序对恢复的数据进行封存，并让企业人员签字、加盖公章，对证据进行了固定。通过提取的电子数据信息，检查人员计算出了该公司检查年度生产的各种产品产量。

2. 针对第二个问题的政策规定及处理方法

根据《税务稽查案件办理程序规定》（国家税务总局令第 52 号）：

> 第十七条　检查应当依照法定权限和程序收集证据材料。收集的证据必须经查证属实，并与证明事项相关联。

不得以下列方式收集、获取证据材料：

（一）严重违反法定程序收集；

（二）以违反法律强制性规定的手段获取且侵害他人合法权益；

（三）以利诱、欺诈、胁迫、暴力等手段获取。

这里注意，侵害合法权益取得的证据是无效的。但某餐饮店正在实施偷税，这就不是合法权益了，这个取证是允许的。比如下面这个性质相似的报道。

因为狗随地便溺，主人未清理被罚款 50 元。崇文城管大队龙潭分队向家住龙潭北里的宋女士开出自 2006 年 10 月 25 日北京市部署开展养犬管理集中专项整治工作以来的第一张罚单。

10 月 24 日上午，宋女士牵着自家的腊肠狗遛弯时，狗把粪便排在了龙潭公园北门外的人行便道上。因为手边没有清理粪便的纸巾，见没人注意，宋女士便想带着狗离开。可这一幕正巧被崇文城管队员用摄像机记录下来。

"您好！您的狗排泄后您应该及时清理它的粪便，以免对环境造成污染。"城管队员对宋女士进行教育，并根据《北京市养犬管理规定》第十七条第六项的规定，责令她立即改正并对她处以 50 元罚款。面对摄像机里的记录，宋女士只得交了罚款。

（资料来源：《北京娱乐信报》）

3. 针对第三个问题的政策规定及处理方法

能否再次调账，我们来看看文件，《税务稽查案件办理程序规定》（国家税务总局令第 52 号）：

第十八条 调取账簿、记账凭证、报表和其他有关资料时，应当向被查对象出具调取账簿资料通知书，并填写调取账簿资料清单交其核对后签章确认。

调取纳税人、扣缴义务人以前会计年度的账簿、记账凭证、报表和其他有关资料的，应当经县以上税务局局长批准，并在 3 个月内完整退还；调取纳税人、扣缴义务人当年的账簿、记账凭证、报表和其他有关资料的，应当经设区的市、自治州以上税务局局长批准，并在 30 日内退还。

税务局（稽查局）调取账簿资料通知书

税调〔　　　〕号

_____：

　　根据《中华人民共和国税收征收管理法实施细则》第八十六条规定，经_____税务局（分局）局长批准，决定调取你（单位）____年____月____日至____年____月____日的账簿、记账凭证、报表和其他有关资料到税务机关进行检查，请于____年____月____日前送到税务局（稽查局）。

　　联系人员：

　　联系电话：

　　税务机关地址：

　　税务机关（签章）

年　　月　　日

调取账簿资料清单

被查对象名称：　　　　　　　　　　　　　　　　　　　　　　　共　　　页第　　页

序号	账簿资料名称	资料所属时期	单位	数量	页（号）数	备注

税务检查人员签字：　　　　　　　　　　税务检查人员签字：

企业经办人签字：　　　　　　　　　　　企业经办人签字：

税务机关（签章）　　　　　　　　　　　纳税人（签章）

调取时间：　年　月　日　　　　　　　退还时间：　年　月　日

　　我们再来看该文件第四十七条：稽查局应当自立案之日起 90 日内作出行政处理、处罚决定或者无税收违法行为结论。案情复杂需要延期的，经税务局局长批准，可以延长不超过 90 日；特殊情况或者发生不可抗力需要继续延期的，应当经上一级税务局分管副局长批准，并确定合理的延长期限。

两相比较，第四十七条留有余地，可以延期，但第十八条并没有说 30 日内退还后还可以再次调账，因此国家税务总局政策法规司在其编制的涉税案例集中提醒税务机关尽可能在规定期限内处理完毕，实在不行，应当上门取证，不宜再次调取账簿、记账凭证。

不过在现实中曾经发生过这种情况，当税务机关调取账簿时，纳税人故意将几页重要会计凭证撕下来，税务机关面对庞杂的账簿、记账凭证，只是数了数品种、册数，并没有逐页核对，事后归还账簿时，双方在交接时发生了争议，很明显税务机关是说不清道不明的。所以，现在不少税务稽查局采取的拷贝电子账套后通过查账软件进行分析比对，有疑点时再去企业查看原始凭证。

4. 针对第四个问题的政策规定及处理方法

《税务稽查案件办理程序规定》（国家税务总局令第 52 号）规定：

> 第二十七条　被查对象有下列情形之一的，依照税收征管法和税收征管法实施细则有关逃避、拒绝或者以其他方式阻挠税务检查的规定处理：
> （一）提供虚假资料，不如实反映情况，或者拒绝提供有关资料的；
> （二）拒绝或者阻止税务机关记录、录音、录像、照相和复制与案件有关的情况和资料的；
> （三）在检查期间转移、隐匿、销毁有关资料的；
> （四）有不依法接受税务检查的其他情形的。

《税收征收管理法》第七十条：纳税人、扣缴义务人逃避、拒绝或者以其他方式阻挠税务机关检查的，由税务机关责令改正，可以处一万元以下的罚款；情节严重的，处一万元以上五万元以下的罚款。

这里要注意，被查对象不配合，采取上述方式阻挠检查才可以做出处理，而关联方并不是被查对象。根据《税务稽查案件办理程序规定》（国家税务总局令第 52 号）第二十五条：

> 检查人员异地调查取证的，当地税务机关应当予以协助；发函委托相关稽查局调查取证的，必要时可以派人参与受托地稽查局的调查取证，受托地稽查局应当根据协查请求，依照法定权限和程序调查。

可见，只要关联方没有被列入检查对象，就不能对其进行处罚，虽然《税收征收管理法》第五十七条规定，税务机关依法进行税务检查时，有权向有关单位和个人调查纳税人、扣缴义务人和其他当事人与纳税或者代扣代缴、代收代缴税款有关的情况，有关单位和个人有义务向税务机关如实提供有关资料及证明材料。但是在法律责任这一章没有对有关单位和个人不向税务机关如实提供有关资料及证明材料有相应的处罚条款。

因此，税务机关下发的不是税务检查通知书，而是税务协助检查通知书。

国家税务总局合肥市税务局稽查局

税务协助检查通知书

合税稽协通〔2022〕5303 号

安徽××医药有限责任公司房产承租人：

安徽××医药有限责任公司（纳税人识别号：略）为我局立案检查纳税人，该单位未按规定期限缴纳欠缴税款及滞纳金。我局将依照《中华人民共和国行政强制法》第四十六条、《中华人民共和国税收征收管理法》第四十条规定，对该单位欠缴税款进行强制执行，拟对其名下位于××房产（不动产证书号：房权证合产字第××号）进行依法拍卖。

根据《中华人民共和国税收征收管理法》第五十七条规定，现派吕×、金×等 2 人，前往你处对上述房产租赁情况进行调查取证，请予支持。根据《中华人民共和国税收征收管理法实施细则》第一百零六条第一项规定，由于同一送达事项的受送达人众多且无法一一送达，现依法公告送达文书。请你单位（个人）对我局强制执行工作予以积极配合，自公告之日起 10 日内向我局提供你单位（个人）与安徽××医药有限责任公司租赁合同、房租支付流水、账簿记载及其他相关资料及证明材料。

联系人：吕×　　　　　　　　　　　　　金×

联系电话：略

国家税务总局合肥市税务局稽查局

2022 年 × 月 × 日

---

5. 针对第五个问题的政策规定及处理方法

《税务稽查案件办理程序规定》（国家税务总局令第 52 号）第二十八条：

……检查从事生产、经营的纳税人以前纳税期的纳税情况时，发现纳税人有逃避纳税义务行为，并有明显的转移、隐匿其应纳税的商品、货物以及其他财产或者应纳税收入迹象的，经县以上税务局局长批准，可以依法采取税收强制措施。

那么，事业单位是不是从事生产、经营的纳税人呢？

《税收征收管理法》第十五条：企业，企业在外地设立的分支机构和从事生产、经营的场所，个体工商户和从事生产、经营的事业单位（以下统称从事生产、经营的纳税人）自领取营业执照之日起三十日内，持有关证件，向税务机关申报办理税务登记。税务机关应当于收到申报的当日办理登记并发给税务登记证件。

《事业单位登记管理暂行条例》（国务院令第 411 号）规定：

第二条　本条例所称事业单位，是指国家为了社会公益目的，由国家机关举办或者其他组织利用国有资产举办的，从事教育、科技、文化、卫生等活动的社会服务组织。

事业单位依法举办的营利性经营组织，必须实行独立核算，依照国家有关公司、企业等经营组织的法律、法规登记管理。

第三条　事业单位经县级以上各级人民政府及其有关主管部门（以下统称审批机关）批准成立后，应当依照本条例的规定登记或者备案。

综上，事业单位举办的营利性经营组织，才属于从事生产、经营的纳税人，而一个仅从事教育、科技、文化、卫生等活动的事业单位，不属于从事生产、经营的纳税人，是不能对其采取强制执行措施的。例如，某公立医院出租房屋不缴纳增值税及附加，税务机关不能采取强制执行措施，但可以申请法院进行司法强制执行。

根据《中华人民共和国行政强制法》第五十四条：行政机关申请人民法院强制执行前，应当催告当事人履行义务。催告书送达十日后当事人仍未履行义务的，行政机关可以向所在地有管辖权的人民法院申请强制执行；执行对象是不动产的，向不动产所在地有管辖权的人民法院申请强制执行。

所以，在申请强制执行前，税务机关还要向该事业单位下达催告通知书。

×× 税务局（稽查局）催告书

（申请人民法院强制执行适用）

×× 税强催（××）号

_____有限公司（纳税人识别号）：_____

本机关于___年___月___日向你单位送达_____，你单位_____根据《中华人民共和国行政强制法》第五十四条规定，现依法向你单位催告，请你单位自收到本催告通知书之日起十日内履行下列义务：

1.

2.

逾期仍未履行义务的，本机关将依法申请人民法院强制执行。

你单位在收到催告书后有权进行陈述和申辩，请你单位在收到本催告书之日起三日内提出陈述和申辩，逾期不陈述申辩视为放弃陈述和申辩的权利。

联系人：

联系电话：

地址：

执法人员（检查证号）：

下面举个税务行政诉讼案例的再审裁定书作为参考。

宁夏回族自治区高级人民法院行政裁定书

（2018）宁行申 28 号

再审申请人（一审被告、二审被上诉人）吴忠市利通区地方税务局，住所地宁夏回族自治区吴忠市利通区文卫南路 ×× 号。

被申请人（一审原告、二审上诉人）吴忠宁燕 ×× 有限公司破产管理人，住所地宁夏回族自治区吴忠市利通区老井大厦四楼。

再审申请人吴忠市利通区地方税务局（以下简称利通区地税局）因与吴忠宁燕 ×× 有限公司破产管理人（以下简称宁燕管理人）税务行政强制一案，不服吴忠市中级人民法院"（2017）宁 03 行终 34 号"行政判决，向本院申请再审。

本院依法组成合议庭对本案进行了审查，现已审查终结。

一审法院审理查明，2010 年 3 月 5 日，本院以"（2010）吴利民破字第 1 号"民事裁定书裁定受理吴忠宁燕 ×× 有限公司破产一案，并指定宁夏天纪律师事务所为破产管理人。2011 年 4 月 15 日，本院又以"（2010）吴利民破字第 1-1 号"《民事裁定书》宣告该公司破产。2014 年 8 月 21 日，原告委托宁夏 ×× 拍卖行公开拍卖破产财产，宁夏 ×× 投资置业公司以 2 050 万元拍得破产财产 26.2 亩国有工业用地使用权及地上附着物，并于 2015 年 9 月 28 日与原告办理了拍卖破产财产的移交手续。被告于 2016 年 11 月 23 日前分三次向原告发出通知，限期缴纳税款，原告在限期内没有缴纳。被告又于 2016 年 11 月 28 日给原告发出扣缴税收款通知书，并于当日作出"吴利地税强扣（2016）01 号"税收强制执行决定书，从原告在中国银行吴忠分行的存款账户扣划税款 4 542 309.83 元，缴入国库。原告不服，认为被告强制扣缴税款的行政行为法律依据错误，程序违法，请求依法撤销该行政行为，并责令被告返还非法扣划的财产。

……

本院认为，根据宁燕管理人的一审诉请，在双方当事人对强制扣缴税费 4 542 390.83 元事实认可的情况下，本案争议的焦点问题是：利通区地税局依据《中华人民共和国税收征收管理法》第四十条强制划扣破产企业拍卖税费是否合法。经查，《中华人民共和国税收征收管理法》第四十条规定："从事生产、经营的纳税人、扣缴义务人未按照规定的期限缴纳或者解缴税款，纳税担保人未按照规定的期限缴纳所担保的税款，由税务机关责令限期缴纳，逾期仍未缴纳的，经县以上税务局（分局）局长批准，税务机关可以采取下列强制执行措施：（一）书面通知其开户银行或者其他金融机构从其存款中扣缴税款……"。故根据该法条，本案的关键是：1. 破产管理人是否属于从事生产、经营的纳税人；2. 利通区地税局能否直接划扣税费 4 542 390.83 元。

关于破产管理人是否属于从事生产、经营的纳税人问题。依据一、二审查明的事实，2010 年 3 月 5 日，吴忠市利通区人民法院以"（2010）吴利民破字第 1 号"民事裁定书裁定受理吴忠宁燕 ×× 有限公司破产一案，2011 年 4 月 15 日，该院以（2010）吴利民破字第 1-1 号民事裁定书宣告吴忠市宁燕 ×× 有限公司破产，指定宁夏 ×× 律师事务所为破产管理人，故该企业在资不抵债被宣告破产后，已丧失生产、经营的能力，破产管理人显然不是从事生产、经营的纳税人。

关于利通区地税局能否直接划扣税费 4 542 390.83 元的问题。国家制定企业破产法的目的，在于严格保护破产企业和其他债权人的合法权益，破产申请一经人民法院受理，即进入司法程序，其对破产财产的保全、执行、债务清偿顺序等均有严格限定，所以破产程序不同于一般的民事法律执行程序，对此《中华人民共和国企业破产法》第十六条、第十九条、第一百一十三条、第一百一十六条等均对个别债务人的债务清偿、有关债务人财产的保全执行、破产费用的清偿顺序、破产财产分配方案需经人民法院裁定认可等事项作出规定，也是就说不管任何债务或费用的强制划扣，在破产司法程序中，必须经过人民法院审查准许或在清偿顺序中依法清偿。故本案利通区地税局强制划扣拍卖税费，执行程序违法。

综上，二审法院以程序违法，判决撤销利通区地税局作出的税收强制执行决定并无不当，再审申请人利通区地税局的再审申请不符合《中华人民共和国行政诉讼法》第九十一条规定的再审情形。依据《最高人民法院关于适用〈中华人民共和国行政诉讼法〉的解释》第一百一十六条第二款的规定，裁定如下：

驳回吴忠市利通区地方税务局的再审申请。

（资料来源：中国裁判文书网）

6. 针对第六个问题的政策规定及处理方法

根据《中华人民共和国刑事诉讼法》第五十五条：对一切案件的判处都要重证据，重调查研究，不轻信口供。只有被告人供述，没有其他证据的，不能认定被告人有罪和处以刑罚；没有被告人供述，证据确实、充分的，可以认定被告人有罪和处以刑罚。

道理是一样的，地产公司说钱给了业主，业主说钱没有收到，那么怎么能说地产公司说的就是错的，业主说的就一定是对的呢？另外，根据《最高人民法院关于行政诉讼证据若干问题的规定》（法释〔2002〕21 号）第七十一条：

> 下列证据不能单独作为定案依据：……（二）与一方当事人有亲属关系或者其他密切关系的证人所作的对该当事人有利的证言，或者与一方当事人有不利关系的证人所作的对该当事人不利的证言；
>
> ……

卖房的和买房的应当说是利害关联方，买房的说卖房的不好，这个证言也是值得推敲商榷的。因此，在这种情况下，就需要其他证据的佐证，《税务行政复议规则》（国家税务总局令第 21 号）第五十二条：

> 行政复议证据包括以下类别：（一）书证；（二）物证；（三）视听资料；（四）电子数据；（五）证人证言；（六）当事人的陈述；（七）鉴定意见；（八）勘验笔录、现场笔录。

因此，完全可以申请对笔迹进行司法鉴定以获取鉴定意见，对资金流水进行调查以获取书证等，通过多种证据固定结论才是稳妥之举，仅凭业主的单方面证言不足以定案。

7. 针对第七个问题的政策规定及处理方法

先看下面两份文件：

> 《企业所得税税前扣除凭证管理办法》（国家税务总局公告 2018 年第 28 号）第四条：税前扣除凭证在管理中遵循真实性、合法性、关联性原则。真实性是指税前扣除凭证反映的经济业务真实，且支出已经实际发生；合法性是指税前扣除凭证的形式、来源符合国家法律、法规等相关规定；关联性是指税前扣除凭证与其反映的支出相关联且有证明力。
>
> 《税务稽查案件办理程序规定》（国家税务总局令第 52 号）第十七条：检查应当依照法定权限和程序收集证据材料。收集的证据必须经查证属实，并与证明事项相关联。

蚕丝被是真实的，发票也是真实的，但是仅凭一张发票就能认定蚕丝被是送给个人的吗？《财政部　税务总局关于个人取得有关收入适用个人所得税应税所得项目的公告》（财政部　税务总局公告 2019 年第 74 号）中规定，企业在业务宣传、广告等活动中，随机向本单位以外的个人赠送礼品（包括网络红包，下同），以及企业在年会、座谈会、庆典以及其他活动中向本单位以外的个人赠送礼品，个人取得的礼品收入，按照"偶然所得"项目计算缴纳个人所得税，但企业赠送的具有价格折扣或折让性质的消费券、代金券、抵用券、优惠券等礼品除外。

可见，送给个人的才需要代扣个人所得税，那么有没有企业送给企业的礼品呢？显然是有的。

> 《中华人民共和国反不正当竞争法》第七条：经营者不得采用财物或者其他手段贿赂下列单位或者个人，以谋取交易机会或竞争优势。
>
> 《中华人民共和国刑法》第三百八十七条【单位受贿罪】：国家机关、国有公司、企业、事业单位、人民团体，索取、非法收受他人财物，为他人谋取利益，情节严重的，对单位判处罚金，并对其直接负责的主管人员和其他直接责任人员，处五年以下有期徒刑或者拘役。

显然，无论是正常的企业来往，还是违法违规的商业贿赂，均存在向单位赠送礼品的情形，如果不区分赠送对象，一股脑地认定为向个人的礼品赠送进而征收个人所得税，显然这个证据链是不扎实的，也是不令人信服的。现实中多采取由扣缴义务人作出书面说明的方式，陈述其中哪些是向个人赠送的，从而扣缴个人所得税。鉴于企业向个人赠送礼品，一来涉及个人隐私，二来可能赠送数量过大，比如向大量客户发放红包，也可能现场发放，掌握不了收到赠品个人的信息，从而无法做到个人所得税全员全额明细扣缴，因此可以使用个人所得税汇总申报功能。

下面是福建省税务局关于互联网企业发放奖品的个人所得税汇总申报的税务局官方答复。

问：我公司是一个互联网运营平台，因业务开展需要在平台上对 C 端客户发放一些奖品或现金红包，价值有高有低，原税务系统里个人所得税的偶然所得可进行汇总申报。2019 年的个人所得税改革后，申报偶然所得也需填列身份证号码，且需要进行校验。在实际操作中，客户的身份证号码和名字，我们无法核验，奖品金额较低时，还会被误以为我们在用小金额来收集客户信息。因此咨询这部分个税是否有较简易的申报方式？

答：自然人税收管理系统扣缴客户端具备汇总申报的功能，您可以向主管税务机关申请备案后进行申报。下图是个人偶然所得申报界面。

（来源：福建省税务局）

8. 针对第八个问题的政策规定的处理方法

检查人员在取证后形成的思维逻辑是依据以下文件：

> 《财政部　国家税务总局关于全面推开营业税改征增值税试点的通知》（财税〔2016〕36 号）第四十五条：增值税纳税义务、扣缴义务发生时间为纳税人提供租赁服务采取预收款方式的，其纳税义务发生时间为收到预收款的当天。

因此，未按规定纳税义务发生时间缴纳税款，予以补征增值税及附加。

> 《税收征收管理法》第六十四条：纳税人不进行纳税申报，不缴或者少缴应纳税款的，由税务机关追缴其不缴或者少缴的税款、滞纳金，并处不缴或者少缴的税款百分之五十以上五倍以下的罚款。以此作为补税罚款决定。

应当讲税务检查人员引用的条款无疑是正确的，但是截止到 2020 年 12 月 31 日的未纳税的其他应付款证据可靠吗？

显然是不可靠的，因为到 2021 年 8 月 2 日税务检查之日，虽然检查所属期是 2019~2020 年，但不能机械地理解，应当取证到 2021 年 7 月 31 日账载的预收账款为多少，因为有可能被查企业在这个时间节点前已经将挂在其他应付款的预收房租转为预收账款，从而全部或部分申报缴纳了税款，如果说税款已经申报了，何来的不缴或少缴应纳税款呢？这种情况下，罚款条款也将改变，被查企业应当适用的是《税收征收管理法》第六十二条：

> 纳税人未按照规定的期限办理纳税申报和报送纳税资料的，或者扣缴义务人未按照规定的期限向税务机关报送代扣代缴、代收代缴税款报告表和有关资料的，由税务机关责令限期改正，可以处二千元以下的罚款；情节严重的，可以处二千元以上一万元以下的罚款。

也就是说税款缴是缴了，但是未按规定期限申报缴纳。在加处滞纳金同时，是按《税收征收管理法》第六十二条处罚，而不是按第六十四条处罚。所以，我们一定要注意检查所属期的证据并不是绝对的，有时候需要所属期以外的证据来佐证。

9. 针对第九个问题的政策规定及处理方法

账外隐匿收入，是谁账外隐匿收入？很显然是该被查单位，而不是自然人股东李某。因为下达的《税务检查通知书》的检查对象就是该一人有限责任公司，证据当然应当围绕一人有限责任公司来搜集，而不是股东。若要查处股东，应当依据税务稽查程序对股东下达《税务检查通知书》。

既然如此，就应当首先处理企业所得税，而不是个人所得税，调增企业的收入100万元，另外要特别注意的是，企业所得税是对所得征税，而不是对收入征税。因此，企业在隐瞒收入100万元的同时，有没有将相应的成本入账？如果没有，需要给被查企业一个权利。

> 根据《企业所得税税前扣除凭证管理办法》（国家税务总局公告2018年第28号）第十七条的规定，除发生本办法第十五条规定的情形外，企业以前年度应当取得而未取得发票、其他外部凭证，且相应支出在该年度没有税前扣除的，在以后年度取得符合规定的发票、其他外部凭证或者按照本办法第十四条的规定提供可以证实其支出真实性的相关资料，相应支出可以追补至该支出发生年度税前扣除，但追补年限不得超过五年。

所以，调增收入100万元同时，允许企业提供合法的税前扣除凭证列支相应的成本，然后作为调增的所得额补缴税款并按偷税处罚，至于个人所得税不宜征收，因为上述收入补入账后并未向李某分红，不存在个人所得税事宜。

权利和义务是对等的，在取得纳税人隐瞒收入的同时，也应当给企业相应支出入账的权利。这样的税收规范性文件我们不妨列举几个：

（1）《国家税务总局关于增值税一般纳税人发生偷税行为如何确定偷税数额和补税罚款的通知》（国税发〔1998〕66号）规定，纳税人的偷税手段如属账外经营，即购销活动均不入账，其不缴或少缴的应纳增值税额即偷税额为账外经营部分的销项税额抵扣账外经营部分中已销货物进项税额后的余额。

（2）《国家税务总局关于查增应纳税所得额弥补以前年度亏损处理问题的公告》（国家税务总局公告2010年第20号），根据《中华人民共和国企业所得税法》第五条的规定，税务机关对企业以前年度纳税情况进行检查时调增的应纳税所得额，凡企业以前年度发生亏损、且该亏损属于企业所得税法规定允许弥补的，应允许调增的应纳税所得额弥补该亏损。弥补该亏损后仍有余额的，按照企业所得税法规定计算缴纳企业所得税。对检查调增的应纳税所得额应根据其情节，依照《税收征收管理法》有关规定进行处理或处罚。

10. 针对第十个问题的政策规定及处理方法

第10个案例的争议来源于《财政部　国家税务总局关于进一步明确全面推开营改增试点有关劳务派遣服务、收费公路通行费抵扣等政策的通知》（财税〔2016〕47号）：

> 一般纳税人提供劳务派遣服务，可以按照《财政部　国家税务总局关于全面推开营业税改征增值税试点的通知》（财税〔2016〕36号）的有关规定，以取得的全部价款和价外费用为销售额，按照一般计税方法计算缴纳增值税；也可以选择差额纳税，以取得的全部价款和价外费用，扣除代用工单位支付给劳务派遣员工的工资、福利和为其办理社会保险及住房公积金后的余额为销售额，按照简易计税方法依5%的征收率计算缴纳增值税。劳务派遣服务，是指劳务派遣公司为了满足用工单位对于各类灵活用工的需求，将员工派遣至用工单位，接受用工单位管理并为其工作的服务。

这里我们必须明确指出的是，成立劳务派遣公司必须要取得行政许可：

《劳务派遣行政许可实施办法》（人力资源和社会保障部令第 19 号）第六条：经营劳务派遣业务，应当向所在地有许可管辖权的人力资源和社会保障行政部门（以下称许可机关）依法申请行政许可。未经许可，任何单位和个人不得经营劳务派遣业务。第三十二条：劳务派遣单位违反《中华人民共和国劳动合同法》有关劳务派遣规定的，由人力资源和社会保障行政部门责令限期改正；逾期不改正的，以每人 5 000 元以上 1 万元以下的标准处以罚款，并吊销其《劳务派遣经营许可证》。

由上可知，不是说取得了劳务派遣行政许可，并办理了营业执照，就万事大吉了。劳务派遣公司还得依据《劳务派遣暂行规定》（人力资源和社会保障部令 2014 年第 22 号）的规定来从事具体业务：

第五条：劳务派遣单位应当依法与被派遣劳动者订立 2 年以上的固定期限书面劳动合同。
……
第八条：劳务派遣单位应当对被派遣劳动者履行下列义务：
……
（四）按照国家规定和劳务派遣协议约定，依法为被派遣劳动者缴纳社会保险费，并办理社会保险相关手续。

显然，这家劳务派遣公司并没有与农民工签订劳动合同，更没有为农民工缴纳社会保险及住房公积金，不能适用劳务派遣差额征税的政策，其应纳增值税应为全额 1 050 万元对应的销项税额 59.43 万元（税率 6%），再抵扣掉相应的进项税额后的余额，在企业所得税上应当适用的是《国家税务总局关于企业所得税应纳税所得额若干税务处理问题的公告》（国家税务总局公告 2012 年第 15 号），企业因雇用季节工、临时工、实习生、返聘离退休人员所实际发生的费用，应区分为工资薪金支出和职工福利费支出，并按《中华人民共和国企业所得税法》规定在企业所得税前扣除。其中属于工资薪金支出的，准予计入企业工资薪金总额的基数，作为计算其他各项相关费用扣除的依据。即全额向用工单位开具增值税发票，支付给农民工的费用作为工资薪金或福利费支出处理，只不过这又涉及社会保险费的问题，没有为农民工缴纳相应的社保。

所以，在税务稽查过程中，相关部门的法律、法规、规章、规范性文件对于税务稽查的定性是具有强烈的佐证功效的。比如，土地增值税检查中，地下室一般以是否计取容积率来决定是否分摊土地增值税可扣除项目的土地成本便是尊重土地使用权的相应法律法规。

11. 针对第十一个问题的政策规定及处理方法

税种一般均具有税制诸要素，纳税人、课税对象、税目、税率、纳税环节、纳税期限、减税免税、违章处理等，而本案在纳税期限上面是存在一定瑕疵的，这个案子经过一审、二审，最终法院认为，根据《中华人民共和国增值税暂行条例》第十九条的规定：

> 增值税纳税义务发生时间：
> （一）销售货物或者应税劳务，为收讫销售款或者取得索取销售款凭据的当天。
> （二）进口货物，为报关进口的当天。

税务稽查局确定纳税人实现了 49 408 810.47 元销售收入，且已达到增值税纳税义务发生时间的主要证据是纳税人的内部进销存账、送货单以及法定代表人的有关自认材料。该内部进销存账虽然有发货及收入的记载，但没有收讫销售款或者索取销售款凭据等会计记账凭证相对应，而送货单的总金额与税务稽查局认定的销售额存在差距，且部分送货单无任何收货单位和人员的签名，即使有人员签收，也无法证明该签收人员的单位，不能认定货物已交付和已取得索取销售款的凭据。另外，纳税人的法定代表人签名确认的自述材料、税务稽查工作底稿以及进销存账统计表等自认材料，在证据形式上存在瑕疵，而且缺乏会计凭证等证据材料印证的情况下，上述自认材料和内部进销存账不足以认定纳税人的偷税事实。最终判决税务稽查局《税务行政处罚决定书》依法应予撤销。

说白了，税务部门确是查到账外账和发货单了，但是款有没有收？什么时候收？这些都还不清楚，光有发货单，但没有收货人签字，或签字的是不是收货人，都没弄清楚，也就是仅有计税依据没有用，还得确定纳税义务发生时间，否则滞纳金从何算起？滞纳金搞不明白，更遑论罚款。

▶▶ 稽查工作有制衡，陈述申辩要留神

案例背景

　　很多纳税人认为税务稽查工作人员来检查，检查结束后，案值也就出来了：补税、加收滞纳金、罚款共几十万元，老板也能承受，本着多一事不如少一事的原则，放弃自己的权利，真的是这样吗？

方法提示

　　其实，这种观念深深地印在很多纳税人脑海里，但想一想又何尝不是对自己权利的一种漠视呢？

　　根据《国家税务总局关于印发推进税务稽查随机抽查实施方案的通知》（税总发〔2015〕104号），3年内已被随机抽查的税务稽查对象，不列入随机抽查范围。也就是说正常情况下，今年被查了，未来3年是不被列入随机抽查对象的。但是请注意：①此通知对所有待查对象，除线索明显涉嫌偷逃骗抗税和虚开发票等税收违法行为直接立案查处外，均须通过摇号等方式，从税务稽查对象分类名录库和税务稽查异常对象名录库中随机抽取。也就是说线索明显违法的情况不需要摇号，而是直接立案查处。②对全国、省、市重点税源企业，采取定向抽查与不定向抽查相结合的方式，每年抽查比例为20%左右，原则上每5年检查一轮。我们仔细想一想，每年20%，5年一轮，也是100%，即只要是重点税源企业（即使是位于县里的大企业已全被列入重点税源），稽查是必不可免的，真正是跑得了初一，跑不了十五。

　　另外，需要注意的是，税务稽查工作也是分工制衡的，《税务稽查案件办理程序规定》（国家税务总局令第52号）（以下简称"国家税务总局令第52号"）第五条：

稽查局办理税务稽查案件时，实行选案、检查、审理、执行分工制约原则，也就是说，检查结束后，检查人员查处的数字只是初步数字，具体还需要过审理这道关。

而审理的功能就是对检查挑刺，通过内部制衡机制来把案件做实，以免引发不必要的复议、诉讼等事宜。而审理也是有层次的，"国家税务总局令第52号"第三十六条：检查结束后，稽查局应当对案件进行审理。符合重大税务案件标准的，稽查局审理后提请税务局重大税务案件审理委员会审理。

重大税务案件审理委员会又是一个什么性质的机构呢？

> 《重大税务案件审理办法》（国家税务总局令第51号）规定：
>
> 第五条　省以下各级税务局设立重大税务案件审理委员会（以下简称审理委员会）。审理委员会由主任、副主任和成员单位组成，实行主任负责制。审理委员会主任由税务局局长担任，副主任由税务局其他领导担任。审理委员会成员单位包括政策法规、税政业务、纳税服务、征管科技、大企业税收管理、税务稽查、督察内审部门。各级税务局可以根据实际需要，增加其他与案件审理有关的部门作为成员单位。
>
> ……
>
> 第七条：审理委员会下设办公室，办公室设在政策法规部门，办公室主任由政策法规部门负责人兼任。

说得直白点，比如，市稽查局查处的案件达到重大案件审理标准，就不是稽查局来定案了，而是先报到市局政策法规部门审核后提出初审意见来后，召开重大税务案件审理会议，在以市局局长为首的审理委员会上对案件定性、补税、加收滞纳金、行政处罚等进行最终定夺。如果是省稽查局查处的，则由省税务局重大税务案件审理委员会审理。

至于重大案件审理标准，各省级税务机关会有相应的公告，比如《江苏省税务局关于明确江苏省税务系统重大税务处理处罚案件标准的通知》（苏税函〔2021〕109号）中规定如下。

> 一、省税务局标准
>
> 省税务局重大税务处理处罚案件标准为拟罚款金额500万元（含）以上或拟查补税款2 000万元（含）以上的稽查案件。

二、各设区市及苏州工业园区、张家港保税区税务局标准

（一）南京、无锡、苏州市税务局重大税务处理处罚案件标准为拟罚款金额200万元（含）以上或拟查补税款1 000万元（含）以上的稽查案件。

（二）徐州、连云港、盐城市税务局重大税务处理处罚案件标准为拟罚款金额100万元（含）以上或拟查补税款800万元（含）以上的稽查案件。

（三）其他设区市、苏州工业园区、张家港保税区税务局重大税务处理处罚案件标准为拟罚款金额100万元（含）以上或拟查补税款500万元（含）以上的稽查案件。

三、县（区）税务局标准

县（区）税务局重大税务处罚案件标准为拟罚款金额15万元（含）以上的案件。各设区市税务局可结合实际情况，确定县（区）税务局重大税务处理案件标准。

既然税务稽查小案子仍由稽查局审理部门纠错，大案子则是市局、省局重案审理来纠错，为什么纳税人和检查人员有不同看法的情况下，不能主动提出来自己的异议呢？毕竟纳税人才是本案的重要当事人。况且，检查人员依据《税务稽查案件办理程序规定》（国家税务总局令第52号）第三十五条：检查结束前，检查人员可以将发现的税收违法事实和依据告知被查对象。被查对象对违法事实和依据有异议的，应当在限期内提供说明及证据材料。被查对象口头说明的，检查人员应当制作笔录，由当事人签章。

另外，《国家税务总局关于纳税人权利与义务的公告》（国家税务总局公告2009年第1号）也给纳税人吃了定心丸，其中便有陈述与申辩的权利。

十、陈述与申辩权

您对我们作出的决定，享有陈述权、申辩权。如果您有充分的证据证明自己的行为合法，我们就不得对您实施行政处罚；即使您的陈述或申辩不充分合理，我们也会向您解释实施行政处罚的原因。我们不会因您的申辩而加重处罚。

既然有这样的规定，那么纳税人就应当积极享受这项权利。

陈述申辩笔录

时　　　间：_____

地　　　点：_____

事　　　由：_____

当　事　人：_____

调　查　人：_____

记　录　人：_____

陈述申辩内容：_____

当事人签名：_____　　　　　　　年　月　日

写上去了之后，审查人员手里面就有两份材料：一份是纳税人的陈述申辩；另一份是税务检查人员的稽查工作底稿。

税务稽查工作底稿（一）

稽查对象名称：　　　　　　　　共　　页第　　页

账簿名称	记账时间	凭证号码	摘录	借　方		贷　方		备注
				科目	金额	科目	金额	

稽查对象意见：

（签章）

年　月　日

稽查人员签字：

年　月　日

既然双方在某些方面观点不一致，是不是要认认真真地听取一下纳税人的意见呢？如果纳税人不写，审理人员只有检查人员的一面之词，缺少重要当事人的陈述申辩，对审理来说，就缺少了异议的表达，从而缺少了一个对于纳税人有利的审理证据。

《税务稽查案件办理程序规定》（国家税务总局令第 52 号）：

> 第三十七条 案件审理应当着重审核以下内容：
> （一）执法主体是否正确；
> （二）被查对象是否准确；
> （三）税收违法事实是否清楚，证据是否充分，数据是否准确，资料是否齐全；
> （四）适用法律、行政法规、规章及其他规范性文件是否适当，定性是否正确；
> （五）是否符合法定程序；
> （六）是否超越或者滥用职权；
> （七）税务处理、处罚建议是否适当；
> （八）其他应当审核确认的事项或者问题。

所以，在检查人员结束检查这个时间点，如果纳税人有异议，应当及时提交自己的陈述申辩，供审理人员在审理时有更多的参考依据，某种意义上对纳税人更有利。

那么如何写好陈述申辩呢？笔者从事税务工作多年，提点个人建议供读者参考。

第一，纳税人写陈述申辩是解决税企争议的，不是去和税务人员争吵的，所以应当平心静气地表达意见。另外，陈述申辩也并不是由检查人员去看的，检查人员还要提交给审理人员，审理人员并没有与纳税人直接的税企争议，因此发牢骚，倒苦水毫无意义，诗云："牢骚太盛防肠断，风物长宜放眼量"，指的就是胸襟要开阔，就事论事。下面是笔者写的陈述申辩的开头。

本公司自成立以来得到财政、税务等部门的关心和支持。特别是税务部门在公司成立之初就将本公司作为定点联系单位，经常与本公司沟通经营及税源情况，在风险管理理念下强化对本公司的纳税服务，不断地提高本公司的纳税遵从度。今年我司作为接受省税务检查的重点企业，在近几个月的税务检查中，检查人员调阅了大量的会计凭证、合同等资料。虽然检查人员办公室设在市稽查局，但仍多次步行至本单位，现场调查、取证。检查人员严谨、务实的工作作风给了我们很深的印象，在与检查人员的交流中我们的涉税水平迅速提升，相信通过本次检查，本公司的涉税工作将会更上一层楼。

第二，写意见时，保持中性。因为纳税人是一方，检查人员是另一方，双方都不是裁判员，纳税人写陈述申辩就先入为主，也不妥当，所以写出依据、理解、结论。纳税人观点是否正确，由审理人员来判断，即使审理人员判断错了，纳税人若有异议，还有后续的法律救济程序，比如行政复议或行政诉讼可以应用。

第三，强调纳税人自身的困难，比如疫情因素、出口因素等，有些时候是可以争取到理解与一定的支持。比如深南电路股份有限公司就得到了税务机关的政策范畴内的认可，依据以下政策文件。

深圳市人民政府办公厅于 2009 年 4 月 23 日印发《市中小企业上市培育工作领导小组会议纪要》（市府办会议纪要 2009 年 190 号）（以下简称《会议纪要》），要求"关于拟上市企业改制时转增股本自然人股东缴纳个人所得税问题，请市地税务局研究具体办法，总的原则是要给予一定的宽限期，或延至成功上市时再缴纳"。

2015 年 3 月 31 日，深圳市中小企业上市培育工作领导小组办公室向深圳市南山区地方税务局（以下简称"南山区地税局"）出具《深圳市上市培育办关于协调深南电路股份有限公司转增股本有关个人所得税问题的函》（深上市办字〔2015〕6947 号），申请南山区地税局按照《关于研究协调加快推进我市中小企业改制上市有关问题的会议纪要》（市府办会议纪要 2006 年 655 号）、《关于扶持我市中小企业改制上市的若干措施》（深府办〔2009〕43 号）和《会议纪要》的要求，对发行人自然人股东有关公积金、未分配利润转增股本应纳个人所得税的征税时点最长延缓至企业上市之日。基于上述文件规定，深南电路就整体变更设立股份有限公司时，自然人股东个人所得税事项，向南山区地税局提交了申请暂缓代扣代缴自然人股东个人所得税的备案资料。

2015 年 4 月 1 日，财政部、国家税务总局发布的《关于个人非货币性资产投资有关个人所得税政策的通知》（财税〔2015〕41 号）开始施行，根据该文件规定，个人以非货币性资产投资，纳税人一次性缴纳个人所得税有困难的，可合理确定分期缴纳计划并报主管税务机关备案后，在 5 个公历年度内分期缴纳。鉴于此，发行人与南山区地税局进行了沟通，将原先申请暂缓代扣代缴自然人股东个人所得税的方案改为分期缴纳方案。

2016 年 10 月 25 日，发行人取得南山区地税局对发行人自然人股东及三家员工持股企业的个人所得税 5 年分期缴纳计划的备案。经南山区地税局批准，发行人的自然人股东可在 2020 年 12 月 15 日前分期缴纳整体变更为股份有限公司过程中因转增股本而应缴纳的个人所得税税额。按照上述在南山区地税局备案的 5 年分期缴纳税款计划，发行人自然人股东及三家员工持股企业应从 2016 年 12 月 15 日开始缴纳第一期税款。经核查，上述第一期税款已缴纳。

为严格执行财税〔2015〕41 号文，发行人按照《国家税务总局关于个人非货币性资产投资有关个人所得税征管问题的公告》（国家税务总局公告 2015 年第 20 号）的要求，重新制定分期缴税计划并向主管税务机关重新报送了个人所得税分期缴纳备案表，南山区地税局于 2017 年 10 月 11 日出具《税务文书资料受理回执》（深地税南受执〔2017〕060204 号），同意发行人自然人股东及三家员工持股企业对原分期缴税计划进行变更，在 2019 年 12 月 15 日前分期缴纳完毕。

根据南山区地税局出具的证明，发行人自 2013 年 1 月 1 日至 2017 年 6 月 30 日期间不存在税务违法记录。

经核查，发行人整体变更过程中所涉及个人所得税的现有分期缴纳安排合法合规并已获得主管税务机关认可，相关自然人股东已按照经主管税务机关备案的分期缴纳计划足额缴纳了第一期税款。

▶▶ 追补税款不商议，行政处罚要告知

案例背景

《税务稽查案件办理程序规定》（国家税务总局令第52号）第三十九条：

拟对被查对象或者其他涉税当事人作出税务行政处罚的，应当向其送达税务行政处罚事项告知书，告知其依法享有陈述、申辩及要求听证的权利。税务行政处罚事项告知书应当包括以下内容：

（一）被查对象或者其他涉税当事人姓名或者名称、有效身份证件号码或者统一社会信用代码、地址。没有统一社会信用代码的，以税务机关赋予的纳税人识别号代替；

（二）认定的税收违法事实和性质；

（三）适用的法律、行政法规、规章及其他规范性文件；

（四）拟作出的税务行政处罚；

（五）当事人依法享有的权利；

（六）告知书的文号、制作日期、税务机关名称及印章；

（七）其他相关事项。

欠税务局的税款相当于本金，滞纳金相当于利息。欠债还钱，天经地义，这个用不着和纳税人商量，但是行政处罚不一样，那么纳税人拿到《税务行政处罚事项告知书》后怎么办呢？

方法提示

我们先来看看《税务行政处罚事项告知书》具体格式。

国家税务总局合肥市税务局稽查局税务行政处罚事项告知书

合税稽罚告〔2022〕××号

合肥××儿童教育科技有限公司：(纳税人识别号：9＊＊＊＊＊＊＊＊＊F)

对你单位(地址：合肥市蜀山区长江西路＊＊室)的税收违法行为拟于2022年6月30日之前作出行政处罚决定，根据《中华人民共和国税收征收管理法》第八条、《中华人民共和国行政处罚法》第四十四条、第六十三条、第六十四条规定，现将有关事项告知如下：

一、税务行政处罚的事实、理由、依据及拟作出的处罚决定

(一)违法事实

2015~2020年，你单位账外收取学费，在账簿上少列收入，造成2015年少缴营业税561 052.77元、2016~2019年少缴增值税1 565 263.44元、2015~2019年少缴城市维护建设税140 053.45元，2015~2020年少缴企业所得税759 390.89元，少缴税款合计3 025 760.55元，已构成偷税。

(二)拟作出的处罚决定及依据

根据《中华人民共和国税收征收管理法》第六十三条第一款"纳税人伪造、变造、隐匿、擅自销毁账簿、记账凭证，或者在账簿上多列支出或者不列、少列收入，或者经税务机关通知申报而拒不申报或者进行虚假的纳税申报，不缴或者少缴应纳税款的，是偷税。对纳税人偷税的，由税务机关追缴其不缴或者少缴的税款、滞纳金，并处不缴或者少缴的税款百分之五十以上五倍以下的罚款"规定，拟对你单位上述违法行为处少缴税款3 025 760.55元百分之五十罚款，即1 512 880.28元。

二、你单位有陈述、申辩的权利。请在我局作出税务行政处罚决定之前，到我局进行陈述、申辩或自行提供陈述、申辩材料；逾期不进行陈述、申辩的，视同放弃权利。

三、你单位有要求听证的权利。可自收到本告知书之日起五个工作日内向我局书面提出听证申请；逾期不提出，视为放弃听证权利。

国家税务总局合肥市税务局稽查局

二〇二二年四月十二日

联系人员：张××、檀××

联系电话：0551-×××××××

税务机关地址：合肥市××号

上图中引用《税收征收管理法》第八条：纳税人、扣缴义务人有权向税务机关了解国家税收法律、行政法规的规定以及与纳税程序有关的情况。

根据《中华人民共和国行政处罚法》：

第四十四条　行政机关在作出行政处罚决定之前，应当告知当事人拟作出的行政处罚内容及事实、理由、依据，并告知当事人依法享有的陈述、申辩、要求听证等权利。

．．．．．．．．．．

第六十三条　行政机关拟作出下列行政处罚决定，应当告知当事人有要求听证的权利，当事人要求听证的，行政机关应当组织听证：

（一）较大数额罚款；

（二）没收较大数额违法所得、没收较大价值非法财物；

（三）降低资质等级、吊销许可证件；

（四）责令停产停业、责令关闭、限制从业；

（五）其他较重的行政处罚；

（六）法律、法规、规章规定的其他情形。

当事人不承担行政机关组织听证的费用。

第六十四条　听证应当依照以下程序组织：

（一）当事人要求听证的，应当在行政机关告知后五日内提出；

（二）行政机关应当在举行听证的七日前，通知当事人及有关人员听证的时间、地点；

（三）除涉及国家秘密、商业秘密或者个人隐私依法予以保密外，听证公开举行；

（四）听证由行政机关指定的非本案调查人员主持；当事人认为主持人与本案有直接利害关系的，有权申请回避；

（五）当事人可以亲自参加听证，也可以委托一至二人代理；

（六）当事人及其代理人无正当理由拒不出席听证或者未经许可中途退出听证的，视为放弃听证权利，行政机关终止听证；

（七）举行听证时，调查人员提出当事人违法的事实、证据和行政处罚建议，当事人进行申辩和质证；

（八）听证应当制作笔录。笔录应当交当事人或者其代理人核对无误后签字或者盖章。当事人或者其代理人拒绝签字或者盖章的，由听证主持人在笔录中注明。

而在税务稽查程序的行政规章《税务稽查案件办理程序规定》（国家税务总局令第 52 号）中有更详尽的表述：

> 第四十条　被查对象或者其他涉税当事人可以书面或者口头提出陈述、申辩意见。对当事人口头提出陈述、申辩意见，应当制作陈述申辩笔录，如实记录，由陈述人、申辩人签章。应当充分听取当事人的陈述、申辩意见；经复核，当事人提出的事实、理由或者证据成立的，应当采纳。
>
> 第四十一条　被查对象或者其他涉税当事人按照法律、法规、规章要求听证的，应当依法组织听证。

这里特别强调以下几点：（1）陈述、申辩、听证的权利不要放弃，有些纳税人剑走偏锋，认为反正和稽查局关系也搞僵了，不如直接走行政复议或行政诉讼程序，找上头去解决。笔者从个人多年税务稽查工作经验角度觉得不是太妥当，既然有这个机会，就不要轻易放弃，李宁运动产品的广告语"一切皆有可能"值得纳税人深思，因为上述权利是要由纳税人发起的，纳税人放弃了，也就不可能重新回头再来要求。

（2）陈述申辩和行政处罚听证均可以行使，只不过陈述申辩是无条件的，而行政处罚听证是需要有前提条件的。《税务行政处罚裁量权行使规则》（国家税务总局公告 2016 年第 78 号）第二十条：税务机关对公民作出二千元以上罚款或者对法人或者其他组织作出一万元以上罚款的行政处罚决定之前，应当告知当事人有要求举行听证的权利；当事人要求听证的，税务机关应当组织听证。

（3）听证的几个时间节点，《中华人民共和国行政处罚法》第六十四条：当事人要求听证的，应当在行政机关告知后五日内提出。注意这里的五日是指的五个工作日。第六十四条：行政机关应当在举行听证的七日前，通知当事人及有关人员听证的时间、地点，以下是嘉兴市税务局稽查局的一份公告。

国家税务总局嘉兴市税务局稽查局

关于举行税务行政处罚听证会的公告

嘉税稽听告〔2019〕×× 号

根据《中华人民共和国行政处罚法》第四十二项第三款以及《税务行政

处罚听证程序实施办法（试行）》第十一条规定，现对我局即将举行的税务行政处罚听证会各项相关事宜进行公告，公告内容如下：

税务行政处罚听证当事人：琦洲 ×× 有限公司（现名：琦洲 ×× 股份有限公司，纳税人识别号：××××）

本案调查人员：陆某忠、劳某杰、徐某义

案由：琦洲 ×× 有限公司（现名：琦洲 ×× 股份有限公司）涉嫌偷税

听证时间：2019 年 11 月 14 日上午 10 时

听证地点：国家税务总局嘉兴市税务局稽查局（浙江省嘉兴市中山西路 ×× 号税务大楼 ×× 会议室）

听证是否公开：是

上图就是听证的场面，一方是本案检查人员，另一方是企业人员，而中间则是本次听证主持人员，具体参见《税务行政处罚听证程序实施办法（试行）》：

第七条　税务行政处罚的听证，由税务机关负责人指定的非本案调查机构的人员主持，当事人、本案调查人员及其他有关人员参加。听证主持人应当依法行使职权，不受任何组织和个人的干涉。

第八条　当事人可以亲自参加听证，也可以委托一至二人代理。当事人委托代理人参加听证的，应当向其代理人出具代理委托书。代理委托书应当注明有关事项，并经税务机关或者听证主持人审核确认。

…………

第十四条　听证过程中，由本案调查人员就当事人违法行为予以指控，并出示事实证据材料，提出行政处罚建议。当事人或者其代理人可以就所指控的事实及相关问题进行申辩和质证。

> 听证主持人可以对本案所及事实进行询问，保障控辩双方充分陈述事实，发表意见，并就各自出示的证据的合法性、真实性进行辩论。辩论先由本案调查人员发言，再由当事人或者其代理人答辩，然后双方相互辩论。辩论终结，听证主持人可以再就本案的事实、证据及有关问题向当事人或者其代理人、本案调查人员征求意见。当事人或者其代理人有最后陈述的权利。
>
> …………
>
> 第十九条　听证结束后，听证主持人应当将听证情况和处理意见报告税务机关负责人。
>
> …………
>
> 第二十一条　听证费用由组织听证的税务机关支付，不得由要求听证的当事人承担或者变相承担。

我们再来摘抄一篇《大河网》关于税务行政处罚听证的报道，加深对听证的理解。

本次听证严格按照《中华人民共和国行政处罚法》和国家税务总局《税务行政处罚听证程序实施办法》组织进行，两起听证会均由该局负责人授权委托的非本案调查人员主持召开。经过陈述、调查和辩论等听证程序的履行，申请人和调查人员双方发表了各自的意见陈述，并互相开展了详细的举证和质证，同时展开了针锋相对的听证辩论。通过听证，该局案件调查人员进一步说明和解释了案件调查情况、涉案违法事实、相关证据材料、适用法律依据和拟处理处罚意见，申请人对调查人员提出的违法事实、处理处罚意见及相关异议当场充分发表了申辩和质证意见，既有效维护了纳税人的合法权益，又最大限度地彰显了税法尊严。两场听证会组织严密，结构紧凑，寓教于法，规范有序，全程录音录像，历时三个多小时，为税企双方提供了一个平等、公平、公正、公开的沟通交流平台。该局特聘的常年法律顾问、河南省××律师事务所执业律师翟某静、社会代表及市地税稽查局工作人员30余人参加了旁听。

通过听证，一来真理越辩越明；二来陈述申辩毕竟只限于书面记录，不如现场听证唇枪舌剑，你来我往，更能产生观点的碰撞；三来当局者迷，旁观者清，众多的旁听者可以为听证会的是非曲直作出一定的判断，从而有利于税企双方站在法治的角度下认真审视行政处罚是否合理、合法、合规。

（4）听证主办方的注意点。《重大税务案件审理办法》（国家税务总局令第 51 号）第十四条第二款："当事人按照法律、法规、规章有关规定要求听证的，由稽查局组织听证。"即不管是否经过重大案件审理，均由稽查局组织听证，而不是重大案件审理委员会所在税务机关组织听证，主要原因就是因为案件是由立案稽查局，重大案件审理委员会并不是派出机构，不适宜作为听证主体。

（5）近些年来，税务机关越发重视程序的合法性，以避免不必要的行政争议引发不良社会影响，比如下面几个由于未充分给予纳税人陈述申辩权、听证权而导致诉讼失败的案例。

案例一

本案中的行政相对人（纳税人）是一家主要从事中药饮片和中药材提取原料药生产的药企，其既从其他药企收购药材，也从一些农户手上直接收购药材。因其上游药企被查证虚开，本案中的纳税人受到牵连。纳税人所在税务局稽查局经税务稽查认定：纳税人收购药材存在虚假交易，以取得虚开增值税专用发票和虚开农产品收购发票进行虚假的纳税申报，因此，不但不得凭上述发票抵扣进项税额，且其虚开导致不缴或者少缴应纳税款的行为已构成偷税，应处以少缴税款一倍的罚款。但是在稽查过程中，稽查局没有保障纳税人的陈述、申辩权，最终被法院确认行政行为程序严重违法。

纳税人的观点：

纳税人在陈述申辩中向稽查局提供了相应材料，但稽查局名义上给予纳税人陈述申辩权，实质上却对纳税人的陈述申辩不进行调查、复核，明显违反《中华人民共和国行政处罚法》第三十二条的规定，属于法律规定的拒绝听取陈述申辩，处罚不能成立的情形。

稽查局的观点：

稽查局于 2015 年 12 月 2 日依法立案后，依法实施检查，依法调取纳税人的相关账簿资料等，并对涉案相关人员进行询问，做了大量的调查取证工作。根据查明的事实，稽查局经审理后制作《税务行政处罚事项告知书》，于 2016 年 11 月 21 日送达纳税人，告知纳税人拟作出行政处罚决定的事实、理由及依据，并告知其依法享有陈述、申辩及申请听证的权利。纳税人在告知书送达后 3 日内向稽查局提出了陈述申辩，但未提出听证申请。稽查局仅收到纳税人提供的申辩书，稽查局对其申辩也进行了复核。稽查局经核实，并经重大税务案件审理委员会审理后，依法作出《税务行政处罚决定书》，并依法送达。

法院的观点：

稽查局未能充分保障纳税人的陈述、申辩权，属于程序严重违法。理由如下：一是稽查局于 2016 年 11 月 21 日向纳税人送达《税务行政处罚事项告知书》，纳税人于 2016 年 11 月 23 日向稽查局提交了《陈述申辩意见》。稽查局在提交本案被诉行政行为的证据材料时，未向法院提供上述书面陈述申辩意见。二是虽在本案庭审中稽查局确认其有收到纳税人的书面陈述申辩意见，但稽查局在重大税务案件审理委员会审理后已拟对纳税人作出行政处罚，其向纳税人进行告知是在此之后，并且纳税人的陈述、申辩意见也未再向重大税务案件审理委员会提交审理。另外，在稽查局提供的两次《税务稽查审理报告》中，就"税务稽查对象或者其他涉税当事人的陈述、申辩情况"问题，均载明"该公司陈述意见：对工作底稿拒绝确认"。三是，稽查局在纳税人向其提交书面陈述申辩意见后 2 日内，即于 2016 年 11 月 25 日对纳税人作出行政处罚决定书，在行政处罚决定书中也没有任何内容体现稽查局对纳税人的陈述申辩意见是否依法进行了复核、是否采纳。

（资料来源：https://www.sohu.com/a/308288691_665862）

案例二

甲公司住所地位于哈尔滨香坊区，系当地的房地产开发企业。2010 年，甲公司在成本列支中入账了两张由力源公司开具的编号为 4476 号、金额 59.5 万元及编号为 9561 号、金额 48 万元的增值税普通发票。2011 年，甲公司在成本列支中入账了一张由依兰建材商店开具的编号为 6023 号、金额 49 万元的发票。

2014 年，哈尔滨市香坊区地方税务局（以下简称"香坊地税局"）调取了甲公司 2010 年 1 月 1 日至 2011 年 12 月 31 日的账簿、记账凭证、报表和其他有关资料到税务机关，并进行了涉税情况检查。2015 年 12 月 30 日，香坊地税局对甲公司作出了 2015 年第 6 号《税务行政处罚事项告知书》，认定甲公司在 2010 年、2011 年取得的编号为 4476、9561、6023 三张增值税普通发票为虚假发票，并在成本中进行了虚假列支，致使甲公司在 2011 至 2012 年度少缴企业所得税 270 325 元，构成偷税，拟对甲公司少缴税款处以 0.5 倍罚款，即 135 162.5 元。

2016年1月4日，香坊地税局通知甲公司到税务局领取上述处罚事项告知书，甲公司的副总经理孟某到达税务机关后以领导未授权签字为由，拒绝在送达回证上签字。2016年1月8日，香坊地税局对甲公司作出2015年第5号《税务行政处罚决定书》。同日，香坊地税局工作人员到达甲公司办公场所当场送达了2015年第6号《税务行政处罚事项告知书》以及2015年第5号《税务行政处罚决定书》。甲公司的法定代表人在两份文书的送达回证上均签了字。

甲公司不服香坊地税局作出的税务行政处罚决定，向哈尔滨市香坊区人民法院提起行政诉讼。2016年2月23日，香坊区法院受理本案，并于2016年7月22日公开开庭进行了审理。2016年8月10日，香坊区法院作出判决，确认香坊地税局于2016年1月8日作出的2015年第5号《税务行政处罚决定书》无效。

香坊区人民法院对本案主要争议焦点的观点如下：

（1）2016年1月4日，香坊地税局是否完成处罚事项告知书的送达？

2016年1月4日，香坊地税局通知甲公司到香坊地税局信访办公室领取2015年第6号《税务行政处罚事项告知书》，甲公司指派其副总经理孟某领取，但由于孟某称未取得公司授权因而拒绝在送达回证上签字，孟某遂从香坊地税局信访办公室离开。根据《中华人民共和国民事诉讼法》第八十六条规定，"受送达人或者他的同住成年家属拒绝接收诉讼文书的，送达人可以邀请有关基层组织或者所在单位的代表到场，说明情况，在送达回证上记明拒收事由和日期，由送达人、见证人签名或者盖章，把诉讼文书留在受送达人的住所；也可以把诉讼文书留在受送达人的住所，并采用拍照、录像等方式记录送达过程，即视为送达。"而香坊地税局未提交证明2016年1月4日为甲公司送达告知书的程序合法的证据，即有见证人签名并记载受送达人拒收事由及日期的送达回证以及拍照、录像等证据。因此，税务行政处罚事项告知书的送达程序不符合上述规定，该告知书在2016年1月4日送达程序不成立。

（2）2016年1月8日，甲公司负责人的签字是否属于对处罚事项告知书在2016年1月4日的送达补签？

香坊地税局称2016年1月8日甲公司的负责人对税务行政处罚事项告知书的送达签字是2016年1月4日送达程序的补签，而我国税收征管法及民事诉讼法、行政诉讼法中均没有关于文书送达程序中补签程序的规定，因此对这一观点法院不予支持。

（3）香坊地税局是否侵害甲公司陈述、申辩的权利？

根据《中华人民共和国行政处罚法》第三十一条规定，"行政机关在作出行政处罚决定之前，应当告知当事人作出行政处罚决定的事实、理由及依据，并告知当事人依法享有的权利。"第三十二条第一款规定，"当事人有权进行陈述和申辩。行政机关必须充分听取当事人的意见，对当事人提出的事实、理由和证据，应当进行复核；当事人提出的事实、理由或者证据成立的，行政机关应当采纳。"香坊地税局虽然在处罚事项告知书中写明甲公司有陈述、申辩、申请听证的权利，但甲公司是在 2016 年 1 月 8 日同一时间签收处罚事项告知书和处罚决定书，说明香坊地税局未给予甲公司充分行使陈述、申辩及要求举行听证权利的时间。根据《中华人民共和国行政处罚法》第四十一条的规定，"行政机关及其执法人员在作出行政处罚决定之前，不依照本法第三十一条、第三十二条的规定向当事人告知给予行政处罚的事实、理由和依据，或者拒绝听取当事人的陈述、申辩，行政处罚决定不能成立；当事人放弃陈述或者申辩权利的除外。"香坊地税局明显违反了上述规定，所作被诉行政处罚决定无效。

综上，香坊区人民法院最终判决确认香坊地税局作出的 2015 年第 5 号《税务行政处罚决定书》无效。

（资料来源：https://zhuanlan.zhihu.com/p/25779692）

►► 评估须自行补税，稽查补罚全缴齐

案例背景

　　很多纳税人认为主管税务所或税务分局发送疑点后，在解释完疑点并补缴税款时，往往最多补税并缴滞纳金。但遇到税务稽查，补税加收滞纳金后，罚款总是少不了。所以得出结论，碰到稽查，罚款少不了。

方法提示

　　大多数的纳税评估是在税务部门的辅导下以制发《纳税评估税务事项通知书（纳税人自行补正）》而结束，纳税人多是以自行申报的方式补缴税款和滞纳金，除非询问约谈后仍无法排除疑点，从而进户检查可能会产生涉税违法行为的罚款。

　　但税务稽查明显不一样，纳税评估应对的是中低风险；而税务稽查针对的是高风险，特别是涉刑违法行为需要稽查移送司法机关，因此税务稽查的考核机制就相当有针对性了。税务稽查的几个指标如下。

　　查实率，本辖区内税务稽查机构所检查的纳税户数中有问题的户数占被检查户数的百分比，用以考核选案的精准率，越高说明选案越精准。

　　查结率，税务稽查机构检查纳税户数中有问题的户数并已处理完毕的结案户数，用以考核税务稽查的效率，越高说明检查效率越快。

　　处罚率，税务稽查机构检查纳税户数中有处罚的户数并已处理完毕的结案户数，用以考核处罚的比例。

　　还有一个复查率的问题，《税务稽查案件复查暂行办法》（国税发〔2000〕54号）：

第二条　上级稽查局依照本办法对下级稽查局调查处理的案件进行复查。

…………

第十条　组织复查的稽查局对税务稽查案件复查报告的事实内容和处理意见进行审议，根据不同情况分别作出复查结论：

（一）原税务处理决定认定事实清楚，证据确凿，适用依据正确，程序合法，内容适当的，予以维持。

（二）原税务处理决定主要事实不清、证据不足，适用依据错误，违反法定程序，超越权限，滥用职权，处理明显不当的，予以撤销或者部分撤销，并重新作出税务处理决定。

（三）复查发现新的税务违法问题与原税务处理决定相关，属于原税务处理决定错误的，予以纠正；属于同一时限、同一项目的数量增减变化的，应当在重新作出税务处理决定时注明原税务处理决定的相关内容。

（四）复查发现新的税务违法问题与原税务处理决定没有相关的，只对新发现的税务违法问题作出税务处理决定。

（五）原税务处理决定涉及少缴、未缴税款的，应当依法追缴；涉及多收税款的，应当依法退还。

（六）原税务处理决定的处罚原则上不再改变，但处罚明显偏重，或者案件原处理单位人员与被处理对象通谋，故意偏轻处罚的，可以改变。

那么作为一名税务稽查工作人员，就有必要在这些考核率上不拖后腿了，这样的话，被税务稽查的纳税人在查证属实的情况下，罚款往往接踵而至。

但是也不是说税务稽查就一定要补税、加收滞纳金、加处罚款，纳税人没有问题，也要实事求是，而不能搞"莫须有"的罪名。

《税务稽查案件办理程序规定》（国家税务总局令第 52 号）：

第四十二条　经审理，区分下列情形分别作出处理：

（一）有税收违法行为，应当作出税务处理决定的，制作税务处理决定书；

（二）有税收违法行为，应当作出税务行政处罚决定的，制作税务行政处罚决定书；

（三）税收违法行为轻微，依法可以不予税务行政处罚的，制作不予税务行政处罚决定书；

（四）没有税收违法行为的，制作税务稽查结论。

第四十六条　税务稽查结论应当包括以下主要内容：

（一）被查对象姓名或者名称、有效身份证件号码或者统一社会信用代码、地址。没有统一社会信用代码的，以税务机关赋予的纳税人识别号代替；

（二）检查范围和内容；

（三）检查时间和检查所属期间；

（四）检查结论；

（五）结论的文号、制作日期、税务机关名称及印章。

税务稽查结论格式如下：

国家税务总局哈尔滨市税务局第二稽查局

税务稽查结论

哈税稽二结〔2022〕××号

哈尔滨市××机动车驾驶员培训学校：（纳税人识别号：略）

经我局于 2020 年 7 月 27 日至 2022 年 1 月 18 日对你（单位）（地址：略）2016 年 1 月 1 日至 2018 年 12 月 31 日期间涉税情况的检查，未发现税收违法问题。

二〇二二年三月二十四日

比如我们具体来看下面这个公告，就可以从中发现税务机关实事求是的工作作风。

2019 年 7 月 4 日，重庆三峡油漆股份有限公司（股票名称渝三峡 A，以下简称渝三峡 A）再次发布公司涉税事项的报告，公布了其子公司涉税事项的稽查结论。具体内容如下：

（1）2019 年 7 月 3 日，重庆渝三峡化工有限公司收到国家税务总局重庆市税务局第五稽查局《税务稽查结论》（渝税五稽结〔2019〕100046 号），税务稽查结论如下：

"重庆渝三峡化工有限公司（纳税人识别号：91500116345980067T）：经对你（单位）2015年1月1日至2017年12月31日期间与福建省传祺能源科技有限公司业务往来情况的检查，未发现税收违法问题。"

（2）税务稽查结论对公司的影响。按照税务稽查结论，化工公司与福建省传祺能源科技有限公司的贸易业务往来中不存在涉嫌接收虚开增值税专用发票情况，因此化工公司所获得增值税进项税发票已经认证并按规定进行抵扣，出具的稽查结论不会对公司损益造成影响。

►► 重案审理很特殊，盖章复议要关注

案例背景

《税务稽查案件办理程序规定》（国家税务总局令第 52 号）第三十六条：

检查结束后，稽查局应当对案件进行审理。符合重大税务案件标准的，稽查局审理后提请税务局重大税务案件审理委员会审理。如果是重大税务案件审理委员会审理的案件，最终决定补税、加收滞纳金或予以行政处罚，制发文书的机关是实施检查的稽查局，还是审理定案的重大税务案件审理委员会所在的税务局呢？

方法提示

我们来看中国裁判文书网公布的一个案例。

原审法院经审理查明，2013 年 7 月 15 日，某市地税局稽查局制作"税务稽查立案审批表"，认为甲公司税负较低，根据《税务稽查工作规程》第十九条的规定，立案检查。2013 年 7 月 17 日，某市地税局稽查局作出并向甲公司送达 X 地税稽检通一（2013）25007 号《税务检查通知书》，告知甲公司自 2013 年 7 月 15 日起对其 2010 年 1 月 1 日至 2012 年 12 月 31 日期间涉税情况进行检查，并向甲公司的法定代表人出示了检查人员的税务检查证件。当天，某市地税务局稽查局向甲公司送达了《调取账簿资料通知书》，调取了甲公司的账簿资料，后某市地税局作出 X 地税处〔2014〕24 号《税务处理决定书》。甲公司不服，向省地税局申请行政复议。2015 年 7 月 27 日，省地税局以部分事实不清为由，决定撤销 X 地税处〔2014〕24 号《税务处理决定书》。2015 年 9 月 2 日，某市地税局稽查局向甲公司作出《税务事项通知书》，将税

收稽查的《检查发现问题清单》送达甲公司，要求甲公司将核对情况予以反馈。2015 年 9 月 8 日，甲公司作出书面陈述意见；同日，某市地税局稽查局经审理后，将甲公司税案作为重大税务案件提请某市地税局重大案件审理委员会讨论；次日，某市地税局重大税务案件审理委员会作出审理意见书。2015 年 12 月 23 日，某市地税局作出并向甲公司送达 X 地税处〔2015〕2 号《税务处理决定书》，决定对甲公司追缴及补征税费合计 20 189 508.54 元，加收滞纳金 307 965.45 元。甲公司不服，向省地税局申请行政复议。省地税局于 2016 年 2 月 26 日受理甲公司的复议申请，并于 2016 年 5 月 17 日作出 X 地税复决字〔2016〕2 号《税务行政复议决定书》，维持《税务处理决定书》。甲公司向原审法院提起诉讼，请求：

1. 撤销《税务处理决定书》；

2. 撤销《税务行政复议决定书》；

3. 某市地税局、省地税局承担本案诉讼费用。

……

本院认为，根据《税收征收管理法》的规定，税务机关有权进行税务检查。该法所称税务机关是指各级税务局、税务分局、税务所和按照国务院规定设立的并向社会公告的税务机构。《税收征收管理法实施细则》第九条规定，税收征收管理法第十四条所称按照国务院规定设立的并向社会公告的税务机构，是指省以下税务局的稽查局。稽查局专司偷税、逃避追缴欠税、骗税、抗税案件的查处。修订后的《重大税务案件审理办法》第五条第一款规定，省以下各级税务局设立重大税务案件审理委员会；第六条规定，审理委员会履行审理重大税务案件等职责；第三十四条规定，稽查局应当按照重大税务案件审理意见书制作税务处理处罚决定等相关文书，加盖稽查局印章后送达执行。本案中，甲公司不服某市地税局作出的 X 地税处〔2014〕24 号《税务处理决定书》，向省地税局申请行政复议，省地税局以部分事实不清为由撤销 X 地税处〔2014〕24 号《税务处理决定书》。后某市地税局稽查局向甲公司作出《税务事项通知书》，将税收稽查的"检查发现问题清单"送达甲公司，要求其将核对情况予以反馈。甲公司作出书面陈述意见，某市地税局稽查局经审理将甲公司税案作为重大税务案件提请某市地税局重大案件审理委员会讨论，某市地税局重大税务案件审理委员会作出审理意见书。2015 年 12 月 23 日，某市地税局作出《税务处理决定书》并向甲公司送达，决定对甲公司追缴及补征税费合计 20 189 508.54 元，加收滞纳金 307 965.45 元，未加盖某市地税局稽查局印章不符合《重大税务案件审理办法》第三十四条，"稽查局应当按照重大税务案件审理意见书制作税务处理处罚决定等相关文书，加盖稽查局印章后送达执行"的规定。故被诉《税务处理决定书》不符合规定，应予撤销。

根据《中华人民共和国行政复议法》第二十八条的规定，复议机关应当对被申请人作出的具体行政行为进行审查，省地税局在复议程序中未对涉案《税务处理决定书》是否加盖某市地税局稽查局印章进行审查，即作出被诉《税务行政复议决定书》决定维持《税务处理决定书》也不符合规定。综上，原审判决撤销某市地税局作出的涉案税务处理决定及省地税局作出的税务行政复议决定并无不当。

其实，这个案子就是一个印章引发的问题，2014 年制发《税务处理决定书》时，由于该案属于重大案件审理范畴，所以适用《重大税务案件审理办法（试行）》(国税发〔2001〕21 号)第十一条，审理委员会办公室受理移送的案件材料后，根据初审情况分别作出如下处理：(一)认为事实清楚、证据确凿，符合法定程序、适用法律正确，拟处理意见适当的，在《重大税务案件审理意见书》上写明同意拟处理意见，报审理委员会主任或主任授权的副主任批准后，以审理委员会所在机关名义制作税务处理决定书，交稽查部门执行。因此 X 地税处〔2014〕24 号《税务处理决定书》盖的是 X 市地税局的公章而不是稽查局的公章，但 X 地税处〔2014〕24 号《税务处理决定书》经过复议后被撤销，而再次稽查后经重大案件审理委员会审理后出具的 X 地税处〔2015〕2 号《税务处理决定书》时，就应当适用修订后的于 2015 年 2 月 1 日开始施行的《重大税务案件审理办法》(国家税务总局令第 34 号)第三十四条，"稽查局应当按照重大税务案件审理意见书制作税务处理处罚决定等相关文书，加盖稽查局印章后送达执行"，即应当加盖稽查局的公章，结果仍然加盖了 X 市地税局的公章，程序违法，相应的文书也就被法院判决撤销。

我们接下来再看一个在中国裁判文书网公布的与重大案件审理有关的案子。

一、一审情况

经审理查明，被告市国税稽查五局（以下称被告）通过人工选案，于 2013 年 5 月 10 日对原告 X 公司立案实施税务检查。在向原告送达税务检查通知书后，被告调取了 2010 年 1 月 1 日至 2012 年 12 月 31 日期间原告的经营和财务数据，因案情复杂，又延长了检查期限，并制作《询问（调查）笔录》及税务稽查工作底稿，查明原告于 2012 年 12 月在"管理费用""销售费用"科目计提当月工资 1 149 538.87 元，实际于 2013 年 1 月发放。在当年企业所得税汇算清缴时全额税前列支，未做纳税调整，少调增 2012 年企业所得税应纳税所得额 1 149 538.87 元；原告于 2011 年 12 月在"营业税金及附加"计提"外滩九里苑"项目的土地增值税 517 046 665 元，于 2012 年 6 月在"营业税金及附加"计提"外滩九里苑"项目的土地增值税 57 668 838.66 元，均在当年企业所得税汇算清缴时全额税前列支。另查明，原告在 2009 年~2012 年按预征方式实际申报缴纳"外滩九里苑"项目土地增值税分别为（按税款所属期）10 864 806.99 元、15 497 526.07 元、29 703 336.18 元、21 736 844.44 元。被告认定原告未按规定调增 2011 年、2012 年企业所得税应纳税所得额 460 980 995.76 元、35 931 994.22 元。鉴于案情重大，被告召开了重大案件审理会，再提请被告市国税务局重大案件审理委员会进行审理。2015 年 2 月 11 日，被告作出 X 国税五稽处（2015）6 号《税务处理决定书》，依据《企业所得税法》第八条、《企业所得税法实施条例》第三十四条、《中华人民共和国税收征收管理法》第三十二条的规定，决定原告补缴 2011 年企业所得税 115 245 248.94 元，加收滞纳金 20 398 409.06 元；补缴 2012 年企业所得税 9 270 383.27 元。《税务处理决定书》于 2 月 16 日送达原告。原告收悉后不服，在公司对原告所涉全部欠税款与滞纳金提供连带责任担保并经被告认可后，原告于同年 3 月 16 日向被告市国税局申请行政复议，被告市国税局于同月 18 日受理后向被告发出《提出答复通知书》。被告市国税局审查了被告提交的《税务行政复议答复书》及作出行政行为的证据和依据，并准许原告予以查阅。后因案情复杂，被告市国税局于 5 月 7 日决定延长行政复议审理期限 30 日。2015 年 6 月 11 日，被告市国税局作出被诉的行政复议决定，维持了税务处理决定，并将 X 国税复决（2015）2 号《税务行政复议决定书》邮寄送达原告。原告仍不服，向本院提起行政诉讼。

本院认为，本案的主要争议内容包括：行政程序是否合法；房地产开发企业在计算企业所得税应纳税所得额时，是否需对已按权责发生制原则作出的土地增值税金额会计处理进行纳税调整；本纳税年度未缴纳的税金以及已计提未发放的工资可否在企业所得税汇算时税前扣除等。

关于原告是否应在计算企业所得税应纳税所得额时对土地增值税的会计处理作纳税调整的争议，两被告对原告就土地增值税的会计处理符合财务会计制度规定并无异议，但认为因涉及"税会差异"，原告需作纳税调整。本院认为，《中华人民共和国企业所得税法实施条例》第九条虽然规定了企业应纳税所得额的计算，以权责发生制为原则，但该条款同时也规定，国务院财政、税务主管部门另有规定的除外。就本案涉及的土地增值税而言，由于现行土地增值税的征缴管理存在特殊性，即《中华人民共和国土增税条例实施细则》确立的预征和清算的特别规定，而在每一纳税年度预征土地增值税，正是基于房产开发项目周期长，在未竣工结算前，无法核算成本，也就不能精确计算土地增值税的立法考量。本案中，涉案的"外滩九里苑"项目尚未竣工结算，原告实际也是采用预征方式缴纳土地增值税，所预征的税金，应当视为当期实际发生的税金。因实际发生的预征土地增值税金与原告依据财务会计制度自行所作会计处理在金额上不一致，被告准予以当期预征的土地增值税金确定扣除额，并要求对差额部分作出纳税调整，该做法既符合设立土地增值税预征制度的立法本意，也能体现税收效率原则，本院予以认可。

关于原告在 2013 年 11 月补缴的归属期为 2012 年度的土地增值税应否在计算 2012 年度企业所得税时作税前扣除的问题，原、被告双方对《中华人民共和国企业所得税法》第八条所称"实际发生"的税金存在不同理解。本院认为，税金与企业经营性成本、费用性质迥异。由于依法在法定期限内缴纳税款是企业的刚性、法定的义务，逾期欠缴税款本身就属于违法行为，不受法律保护，故对纳税期内已发生但未申报缴纳的税金，不能视其为《中华人民共和国企业所得税法》第八条所定义的"合理"的支出而准予税前扣除。否则，国家要求纳税人按时纳税的强制性与严肃性便无从体现。原告在 2012 年度未缴足土地增值税，直至 2013 年 5 月遭税务检查为止，税金仍处于欠缴状态，被告市国税稽查五局未准予原告将 2012 年度欠缴的土地增值税作税前扣除，并无不当。至于原告认为该笔税金的欠缴非基于主观原因而应给予责任豁免的意见，因本案被诉的是纳税调整的税务处理行政行为，不涉及对纳税义务人是否存在主观故意的审查，故对原告的上述异议，本院不予采纳。当然，上述欠缴税金已于 2013 年 11 月补缴入库，原告仍可另行提出纳税调整，对该笔补缴税金作所得税税前扣除。换言之，就总体税负水平而言，被告的税务处理并未增加原告的负担。

关于已计提未发放的工资可否在本纳税年度税前扣除的争议，本院认为，《中华人民共和国企业所得税法实施条例》第三十四条规定："前款所称工资薪金，是指企业每一纳税年度支付给在本企业任职或者受雇的员工的……"；《国家税务总局关于企业工资薪金及职工福利费扣除问题的通知》（国税函〔2009〕3号）第一条也规定："《实施条例》第三十四条所称的'合理工资薪金'，是指企业……实际发放给员工的工资薪金"。上述行政法规及税务规范性文件均对企业工资薪金可予税前扣除的范围有明确表述，即以实际支付为要件，应理解为权责发生制原则的例外。故被告未准许原告将2012年12月已预提但未能在该纳税年度内支付的工资计入2012年，符合前述规定。本院注意到，国家税务总局在2015年5月发布的国家税务总局公告2015年第34号文中，对企业在年度汇算清缴结束前向员工支付已预提汇缴年度工资，已可准予在汇缴年度扣除。但因该公告发布于被诉行政行为之后，不能作为本案适用依据。

有关被诉税务处理决定的行政程序是否合法的争议，经本院审查，被告已按照《税务稽查工作流程》的规定，履行了选案、立案、现场检查、审理、作出决定等程序义务，行政程序合法。如本院在对证据的认证部分所述，被告在行政执法中确实存在制作笔录时互相授意代为签名等不规范做法，希被告在今后的工作中切实予以改进。

基于上述理由，本院认为被告所作税务处理决定认定的事实清楚，程序合法，法律适用正确。对原告要求撤销税务处理决定的诉讼请求，因缺乏事实根据和法律依据，本院依法应予驳回。另经本院审查，被告市国税局所作行政复议决定的程序亦合法。故对原告要求撤销行政复议决定的诉讼请求，本院亦应依法驳回。

二、二审情况

上诉人X公司因不服市国税五稽处（2015）6号税务处理决定及X国税复决（2015）2号行政复议决定一案，向本院提起上诉，本院于2016年2月18日受理。在审理过程中，上诉人以庭外协调处理行政争议为由，于2016年4月18日向本院申请撤回上诉。

本院认为，上诉人申请撤回上诉系其真实意思表示，符合法律规定，本院予以准许。依照《中华人民共和国行政诉讼法》第六十二条的规定，裁定如下：

准许上诉人撤回上诉。

本裁定为终审裁定。

看完一审和二审判决，不知读者有何感想，这里我们就程序法进行说明。

该案件系某市国税稽查五局稽查，后国税稽查五局召开了重大案件审理会，再提请被告市国税局重大案件审理委员会进行审理。2015 年 2 月 11 日，被告市国税稽查五局作出 X 国税五稽处（2015）6 号《税务处理决定书》，而这个时点恰好适用 2015 年 2 月 1 日开始施行的《重大税务案件审理办法》（国家税务总局令第34 号），其中第三十四条规定"稽查局应当按照重大税务案件审理意见书制作税务处理处罚决定等相关文书，加盖稽查局印章后送达执行"，即该《税务处理决定书》加盖了国税稽查五局的公章。

结果 X 公司依据《税务行政复议规则》（2010 年 2 月 10 日国家税务总局令第21 号）第十七条，对税务所（分局）、各级税务局的稽查局的具体行政行为不服的，向其所属税务局申请行政复议。既然是国税稽查五局检查我的，盖的也是稽查五局的章，于是就向所属税务局市国税局提起了行政复议，国税局也受理了，并作出维持决定，进而引发了后续的一系列行政诉讼。

但是问题来了，某市国税稽查五局实施的检查，这个案件经过了某市市国税局的重大案件审理委员会进行了审理。打个比方，X 公司原来是和国税稽查五局在场上踢球，踢着踢着，国税稽查五局的所属市国税局也上来踢球了，那么如果 X 公司提起行政复议，向某市国税局申请行政复议的话，就会出现某市国税局既当运动员又当裁判员的矛盾角色。

所以不应当适用《税务行政复议规则》第十七条这一条款，而应当适用第二十九条第二款，即申请人对经重大税务案件审理程序作出的决定不服的，审理委员会所在税务机关为被申请人。即市国税局才是被申请人，那么依据第十六条规定，对各级税务局的具体行政行为不服的，向其上一级税务局申请行政复议。此案中 X 公司实际上应当向某市国税务局的上一级主管机关申请行政复议才更为妥当。

▶▶ 征税复议是前置，处罚起诉未必适宜

案例背景

虽然说补税和加收滞纳金是欠税务机关的本金和利息，不需要和纳税人商量，但由于罚款、没收违法所得等行政处罚事实往往来源于补税这一事实，而行政处罚需要有告知程序。鉴于告知后纳税人享有的陈述、申辩权以及符合条件的听证权，有可能对补税这一事实产生影响。所以为慎重起见，税务稽查往往是在税务行政处罚事项告知书发布后，经过陈述、申辩、听证过程，最终确定下来，同时向纳税人送达《税务行政处理决定书》和《税务行政处罚决定书》。这时，纳税人若仍有争议，则可以采取税务行政复议和税务行政诉讼这两条法律救济措施，当然特殊情况还可以申请税务行政赔偿。

税务处理决定书格式如下。

国家税务总局广州市税务局第二稽查局

税务处理决定书

穗税二稽处〔2022〕××号

广州××科技股份有限公司（纳税人识别号：略）：

我局（所）于 2021 年 4 月 21 日至 2022 年 2 月 17 日对你（单位）（地址：略）2014 年 1 月 1 日至 2017 年 12 月 31 日税费缴纳情况进行了检查，违法事实及处理决定如下：

一、违法事实

（略）

上述违法事实有以下证据证明：（略）

二、处理决定及依据

（一）根据《中华人民共和国增值税暂行条例》第一条、第九条，《中华人民共和国增值税暂行条例实施细则》第十九条，你单位取得虚开的增值税专用发票，其进项税额不予抵扣，应追缴你单位增值税 ×× 元。

…………

（四）根据《中华人民共和国税收征收管理法》第三十二条、《中华人民共和国税收征收管理法实施细则》第七十五条的规定，对你单位已滞纳增值税 ×× 元及城市维护建设税 ×× 元，从滞纳税款之日起至税款缴纳之日止加收滞纳金；

以上合计补缴税费 ×× 元，无税基滞纳金 ×× 元。

限你（单位）自收到本决定书之日起 15 日内到国家税务总局广州市荔湾区税务局将上述税款及滞纳金缴纳入库，并按照规定进行相关账务调整。逾期未缴清的，将依照《中华人民共和国税收征收管理法》第四十条规定强制执行。

你（单位）若同我局（所）在纳税上有争议，必须先依照本决定的期限缴纳税款及滞纳金或者提供相应的担保，然后可自上述款项缴清或者提供相应担保被税务机关确认之日起六十日内依法向国家税务总局广州市税务局申请行政复议。

二○二二年二月十七日

税务行政处罚决定书格式如下。

国家税务总局咸宁市税务局第二稽查局
税务行政处罚决定书

咸税二稽罚〔2020〕×× 号

赤壁 ×× 材料实业有限公司：

我局从 2019 年 6 月 18 日起对你公司 2018 年 11 月 1 日至 2019 年 5 月 31 日的开票情况进行了检查，你单位存在违法事实及处罚决定如下：

一、违法事实

你公司 2018 年 12 月 1 日至 2019 年 1 月 31 日开具给 ×× 公司的 30 份

增值税专用发票，与实际业务不符，认定为虚开增值税专用发票，金额为××元，税额为××元。

二、处罚决定

根据《中华人民共和国发票管理办法》第三十七条规定："违反本办法第二十二条第二款的规定虚开发票的，由税务机关没收违法所得；虚开金额在1万元以下的，可以并处5万元以下的罚款；虚开金额超过1万元的，并处5万元以上50万元以下的罚款；构成犯罪的，依法追究刑事责任。"

对你公司虚开发票的行为处以500 000.00元的罚款。

以上应缴款项共计500 000.00元。限你单位自本决定书送达之日起15日内到国家税务总局赤壁市税务局办税服务厅缴纳入库。到期不缴纳罚款，我局将依照《中华人民共和国行政处罚法》第七十二条第（一）项规定，每日按罚款数额的百分之三加处罚款。

如对本决定不服，可以自收到本决定书之日起六十日内依法向国家税务总局咸宁市税务局申请行政复议，或者自收到本决定书之日起六个月内依法向人民法院起诉。如对处罚决定逾期不申请复议也不向人民法院起诉、又不履行的，我局将采取《中华人民共和国税收征收管理法》第四十条规定的强制执行措施，或者申请人民法院强制执行。

2020年10月27日

方法提示

第一，征税争议必须要申请行政复议，而不能直接诉诸行政诉讼。《税务行政复议规则》第十四条：

行政复议机关受理申请人对税务机关下列具体行政行为不服提出的行政复议申请：

（一）征税行为，包括确认纳税主体、征税对象、征税范围、减税、免税、退税、抵扣税款、适用税率、计税依据、纳税环节、纳税期限、纳税地点和税款征收方式等具体行政行为，征收税款、加收滞纳金，扣缴义务人、受税务机关委托的单位和个人作出的代扣代缴、代收代缴、代征行为等。

> 第三十三条第一款，申请人对本规则第十四条第（一）项规定的行为不服的，应当先向行政复议机关申请行政复议；对行政复议决定不服的，可以向人民法院提起行政诉讼。

第二，行政复议是有条件的，不管纳税人同意与否，想申请行政复议，必须先把税款、滞纳金缴了。没钱缴，提供纳税担保，若两者都办不了，纳税人就没有行政复议的资格了。

> 《税务行政复议规则》第三十三条第二款，申请人按照前款规定申请行政复议的，必须依照税务机关根据法律、法规确定的税额、期限，先行缴纳或者解缴税款和滞纳金，或者提供相应的担保，才可以在缴清税款和滞纳金以后或者所提供的担保得到作出具体行政行为的税务机关确认之日起60日内提出行政复议申请。
>
> 申请人提供担保的方式包括保证、抵押和质押。作出具体行政行为的税务机关应当对保证人的资格、资信进行审查，对不具备法律规定资格或者没有能力保证的，有权拒绝。作出具体行政行为的税务机关应当对抵押人、出质人提供的抵押担保、质押担保进行审查，对不符合法律规定的抵押担保、质押担保，不予确认。

有钱当然好办，没钱建议办理保证、抵押和质押，具体程序见《税收征收管理法实施细则》：

> 第六十一条，税收征管法第三十八条、第八十八条所称担保，包括经税务机关认可的纳税保证人为纳税人提供的纳税保证，以及纳税人或者第三人以其未设置或者未全部设置担保物权的财产提供的担保。
>
> 纳税保证人，是指在中国境内具有纳税担保能力的自然人、法人或者其他经济组织。法律、行政法规规定的没有担保资格的单位和个人，不得作为纳税担保人。
>
> 第六十二条：纳税担保人同意为纳税人提供纳税担保的，应当填写纳税担保书，写明担保对象、担保范围、担保期限和担保责任以及其他有关事项。担保书须经纳税人、纳税担保人签字盖章并经税务机关同意，方为有效。
>
> 纳税人或者第三人以其财产提供纳税担保的，应当填写财产清单，并写明财产价值以及其他有关事项。纳税担保财产清单须经纳税人、第三人签字盖章并经税务机关确认，方为有效。

纳税担保书格式如下。

纳税担保书

编号：

纳税人名称：　　　　纳税人识别号：　　　　地址：

纳税人登记注册类型：

担保人地址：　　　电话号码：　　　开户银行及账号：

担保形式：

担保范围：税款、滞纳金金额（大写）＿＿＿＿＿元以及实现税款、滞纳金入库的费用，滞纳金起算时间为＿＿＿＿＿年＿＿＿＿＿月＿＿＿＿＿日。

担保期限和担保责任：纳税人于＿＿＿＿＿年＿＿＿＿＿月＿＿＿＿＿日前未缴清应纳税款的，由纳税担保人自收到税务机关纳税通知之日起15日内缴纳税款、滞纳金。

纳税人以自己财产担保的，于＿＿＿＿＿年＿＿＿＿＿月＿＿＿＿＿日前未缴清应纳税款的，税务机关对担保财产采取税收强制执行措施。

用于纳税担保的财产名称及数量：

附：用于担保的财产证明及份数：

不动产价值（估价）（人民币大写）＿＿＿＿＿小写￥＿＿＿＿＿

动产价值（估价）（人民币大写）＿＿＿＿＿小写￥＿＿＿＿＿

其他财产价值（人民币大写）＿＿＿＿＿小写￥＿＿＿＿＿

担保财产总价值（估价）（人民币大写）＿＿＿＿＿小写￥＿＿＿＿＿

纳税担保人签字：纳税人签字：税务机关经办人签字：

证件名称：

证件号码：

纳税担保人（章）　　　　纳税人（章）　　　　税务机关（章）

年　　月　　日　　　年　　月　　日　　　年　　月　　日

第三，罚款的问题。其一，罚款先交再申请法律救济，还是不交直接申请法律救济？交与不交都不影响行政复议或行政诉讼的权利，但是根据《中华人民共和国行政处罚法》第七十二条规定，当事人逾期不履行行政处罚决定的，作出行政处罚决定的行政机关可以采取下列措施：

（一）到期不缴纳罚款的，每日按罚款数额的百分之三加处罚款，加处罚款的数额不得超出罚款的数额；

……

可见，如果到期不缴纳罚款的，每日按百分之三加处罚款，这个加罚率就相当高了，除了《中华人民共和国行政处罚法》第七十三条第三款的例外条款：当事人申请行政复议或者提起行政诉讼的，加处罚款的数额在行政复议或者行政诉讼期间不予计算。

所以，在规定期限内交了罚款，可以避免加处罚款，然后申请复议或诉讼。如果不交，觉得翻盘的概率不小，可以在不交的前提下申请复议或诉讼，而在此期间可以不加处罚款，等法律程序走完后，若能翻盘，自然不用交；翻不了盘，再不交，则继续加处罚款直至强制执行。

其二，如果不想复议或诉讼，而罚款仍交不起，这时有个缓冲举措，可以依据《中华人民共和国行政处罚法》第六十六条，行政处罚决定依法作出后，当事人应当在行政处罚决定书载明的期限内，予以履行。当事人确有经济困难，需要延期或者分期缴纳罚款的，经当事人申请和行政机关批准，可以暂缓或者分期缴纳。

《税务稽查案件办理程序规定》（国家税务总局令第52号）第五十一条，当事人确有经济困难，需要延期或者分期缴纳罚款的，可向稽查局提出申请，经税务局局长批准后，可以暂缓或者分期缴纳。

税务局（稽查局）
暂缓或者分期缴纳罚款通知书
税（稽）暂罚〔　　〕号
关于批准_____暂缓（分期）缴纳罚款的通知
_____:（纳税人识别号：　　　　　）
经对你（单位）____年____月____日提出的延期（分期）缴纳罚款申请研究，根据《中华人民共和国行政处罚法》第六十六条规定，批准你（单位）暂缓（分期）缴纳我局____年____月____日作出的《税务行政处罚决定书》（____税罚〔　　〕号）中所处以的罚款（大写）_____（¥　　　　　）（以

下内容区分暂缓或者分期缴纳的情形选择性填写）

经批准暂缓缴纳罚款，限你（单位）于＿＿年＿＿月＿＿日前缴清。

经批准分期缴纳罚款，限你（单位）于＿＿年＿＿月＿＿日前分＿＿期缴清。具体缴纳时限和金额为：

（一）＿＿年＿＿月＿＿日前缴纳（大写）＿＿＿＿＿＿（¥＿＿＿＿＿）；

（二）＿＿年＿＿月＿＿日前缴纳（大写）＿＿＿＿＿＿（¥＿＿＿＿＿）；

（三）＿＿年＿＿月＿＿日前缴纳（大写）＿＿＿＿＿＿（¥＿＿＿＿＿）；

税务机关（印章）

＿＿年＿＿月＿＿日

第四，与税款及滞纳金必须申请行政复议这个前提有所区别，罚款可以不经行政复议直接提起行政诉讼。《税务行政复议规则》第三十二条规定，申请人可以在知道税务机关作出具体行政行为之日起六十日内提出行政复议申请。《中华人民共和国行政诉讼法》第四十六条规定，公民、法人或者其他组织直接向人民法院提起诉讼的，应当自知道或者应当知道作出行政行为之日起六个月内提出。法律另有规定的除外。

这里笔者建议纳税人首先选择行政复议，行政复议无果的，可以再依照《中华人民共和国行政诉讼法》第四十五条申请行政诉讼，即公民、法人或者其他组织不服复议决定的，可以在收到复议决定书之日起十五日内向人民法院提起诉讼。复议机关逾期不作决定的，申请人可以在复议期满之日起十五日内向人民法院提起诉讼。法律另有规定的除外。

之所以建议大家先选择行政复议而不是直接诉诸法院的行政诉讼，有以下理由。

（1）上级税务机关的依法治税水平与对法治的敬畏相对于下级税务机关较优，比如《国家税务总局关于建立税务行政复议应诉案件材料报送制度的通知》（国税发〔1994〕160号）中规定：

一、报送范围：各省、自治区、直辖市税务局，各计划单列市税务局，直接受理的税务行政复议案件及地市级以下税务机关受理的重要复议案件。各级税务机关应诉的税务行政诉讼案件，以及其他有重大影响的涉税应诉的案件。

二、报送内容：税务行政复议案件，应当报送复议申请书、复议受理通知书、答辩书、复议决定书以及在复议过程中撤回复议申请的原因和结果的报告等。

应诉的税务行政诉讼案件以及其他有重大影响的涉税应诉案件，应当报送起诉状、答辩状、裁定书或判决书，以及在诉讼过程中改变具体行政行为的原因和结果的报告。

复议、诉讼案件结案后，应另行报送案件的分析报告。

三、报送日期：税务行政复议案件，其复议申请书、复议受理通知书从受理之日起五日内报送，答辩书从收到之日起五日内报送，复议决定书从作出复议决定之日起五日内报送。

应诉的税务行政诉讼案件以及其他有重大影响的涉税应诉案件，其起诉状从接到法院的应诉通知之日起五日内报送；答辩状从提交法院之日起五日内报送；裁定书或判决书从法院作出裁定或判决之日起五日内报送。

四、被报送机构：省级税务机关受理的复议案件和应诉的税务行政诉讼案件以及其他有重大影响的涉税应诉案件，应向国家税务总局政策法规司报送。

县级、地市级税务机关受理的重要复议案件和应诉的税务行政诉讼案件以及其他有重大影响的涉税应诉案件，除应向其上一级税务机关报送外，同时按照本通知的要求向国家税务总局政策法规司报送。

从上述文件内容可知，国家税务总局相当重视税务行政复议、税务行政诉讼，也就是希望案子做得扎实，有理有据，做成铁案。

（2）1989年全国人大制定的《中华人民共和国行政诉讼法》第二十五条规定，经复议的案件，复议机关决定维持原具体行政行为的，作出原具体行政行为的行政机关是被告；复议机关改变原具体行政行为的，复议机关是被告。2014年11月1日，全国人民代表大会常务委员会作出关于修改《中华人民共和国行政诉讼法》的决定，自2015年5月1日起施行。《中华人民共和国行政诉讼法》第二十六条规定，经复议的案件，复议机关决定维持原行政行为的，作出原行政行为的行政机关和复议机关是共同被告；复议机关改变原行政行为的，复议机关是被告。

修改的重点之处，即复议机关决定维持原具体行政行为的，复议机关成为共同被告之一！

我们知道，根据《税务行政复议规则》第七十五条，行政复议机构应当对被申请人的具体行政行为提出审查意见，经行政复议机关负责人批准，按照下列规定作出行政复议决定：

（一）具体行政行为认定事实清楚，证据确凿，适用依据正确，程序合法，内容适当的，决定维持。

（二）被申请人不履行法定职责的，决定其在一定期限内履行。

（三）具体行政行为有下列情形之一的，决定撤销、变更或者确认该具体行政行为违法；决定撤销或者确认该具体行政行为违法的，可以责令被申请人在一定期限内重新作出具体行政行为：

1. 主要事实不清、证据不足的；

2. 适用依据错误的；

3. 违反法定程序的；

4. 超越职权或者滥用职权的；

5. 具体行政行为明显不当的。

（四）被申请人不按照本规则第六十二条的规定提出书面答复，提交当初作出具体行政行为的证据、依据和其他有关材料的，视为该具体行政行为没有证据、依据，决定撤销该具体行政行为。

决定被申请人在一定期限内履行或决定撤销或者确认该具体行政行为违法，显然是对纳税人有利的，而决定维持或决定变更显然是对纳税人不利的，而无论决定维持或决定变更，只要纳税人不服提起行政诉讼，复议机关是当然的被告。

另外，《中华人民共和国行政诉讼法》第三条规定，被诉行政机关负责人应当出庭应诉。不能出庭的，应当委托行政机关相应的工作人员出庭。试想，税务稽查的对象不是复议机关检查的，但如果行政相对人对复议决定不服，向法院提起行政诉讼，复议机关将一律成为被告，而复议机关的行政负责人无特殊情况还要出庭应诉，故复议机关从自身角度考量势必严格负起审核责任，相关业务处室充分发挥职能作用，严谨细致地把好核查关，提出依据充分、说理清晰的业务意见，而不是无原则偏袒下级税务机关。

（3）《中华人民共和国行政诉讼法》第七十七条规定，行政处罚明显不当，或者其他行政行为涉及对款额的确定、认定确有错误的，人民法院可以判决变更。

《税务行政复议规则》第七十条规定，行政复议机关应当全面审查被申请人的具体行政行为所依据的事实证据、法律程序、法律依据和设定的权利义务内容的合法性、适当性。

可见两者还是有区别的，行政复议相较于行政诉讼而言，前者要考虑适当性，而后者只考虑明显不当。

打个比方，定性纳税人为偷税，处以罚款 3 倍，若直接去人民法院起诉税务机关，法官有可能就援引《税收征收管理法》第六十三条，对纳税人偷税的，由税务机关追缴其不缴或者少缴的税款、滞纳金，并处不缴或者少缴的税款百分之五十以上五倍以下的罚款；构成犯罪的，依法追究刑事责任。

那么处罚幅度为 0.5~5 倍，3 倍也不算明显不当，这个处罚就不需要判决变更，但是如果顶格处罚 5 倍，法院可能就要变更了，比如下面这个判例。

成都市××清真食品有限公司和成都市青白江区地方税务局
稽查局税务行政处罚二审行政判决书
（2013）成行终字第 168 号

…………

法院观点：对税务行政处罚的事实、证据、处罚幅度进行全面审查，对处罚幅度予以纠正。税务机关未举出充分有效证据证明上诉人不积极配合税务检查的行为具有处以五倍处罚的严重情节及社会危害后果。作出的被诉行政行为证据充分、适用法律正确、程序合法，但对上诉人处以五倍罚款，显失公正。

但若是纳税人选择首先行政复议，则上级税务机关会依据《税务行政处罚裁量权行使规则》（国家税务总局公告 2016 年第 78 号）第十条，税务机关在实施行政处罚时，应当以法律、法规、规章为依据，并在裁量基准范围内作出相应的行政处罚决定。

比如，这个纳税人是广东的，则复议机关会依据《广东省税务系统规范税务行政处罚裁量权实施办法》（广东省税务局公告 2021 年第 2 号），附广东省税务系统税务行政处罚裁量基准进行分析判断。

如果不属于严重情形，最多只罚 1 倍而已，复议机关就会变更原处罚决定书的罚款幅度。所以，既然行政处罚决定既可以行政复议，也可以行政诉讼，不妨选择先行政复议，争取一个机会，如果直接提起行政诉讼，行政复议机会就没有了。

广东省税务系统税务行政处罚裁量基准表

序号	违法行为	处罚依据		违法程度	违法情节	处罚基准
45	纳税人欠缴应纳税款，采取转移或者隐匿财产的手段，妨碍税务机关追缴欠缴的税款的	《税收征收管理法》第六十五条	由税务机关追缴欠缴的税款、滞纳金，并处欠缴税款百分之五十以上五倍以下的罚款；构成犯罪的，依法追究刑事责任	较轻	妨碍追缴欠税金额1万元以下的	处欠缴税款0.5倍罚款
				一般	妨碍追缴欠税金额1万元以上（不含本数），10万元以下的	处欠缴税款0.5倍以上1倍以下罚款
				严重	妨碍追缴欠税金额10万元以上的（不含本数）	处欠缴税款1倍以上5倍以下罚款

▶▶ 本想终南走捷径，赔了夫人又折兵

> 　　锐香有限公司被税务稽查局查补 1 000 万元税款，罚款 1 000 万元。该公司因暂时无法筹措 1 000 万元税款去缴纳，也就没有了行政复议的资格。于是听从某人指点，决定不起诉补税的《税务行政处理决定书》，在不缴纳罚款的前提下，直接起诉《行政处罚决定书》，只要法官能认可罚款的事实（与补税的事实相同）于法无据，即罚锐香有限公司 1 000 万元的前提——补税 1 000 万元这个事实站不住脚，那么不仅罚款可以撤销，顺带着也无须缴纳 1 000 万元的税款。

方法提示

　　《中华人民共和国行政诉讼法》第四十六条规定，公民、法人或者其他组织直接向人民法院提起诉讼的，应当自知道或者应当知道作出行政行为之日起六个月内提出。法律另有规定的除外。

　　这位"高手"的逻辑思维是这样的，既然《税务行政处罚决定书》的处罚决定是来源于"违法事实及证据"，那么起诉处罚决定，法官必定审阅违法事实及证据。如果法官认为税务机关认定的违法事实及证据于法无据，那么相应的处罚决定必定站不住脚，自然补缴税款同样也站不住脚，这样就可以间接地把补税 1 000 万元的《税务处理决定书》给推翻了。真的是这样吗？

　　事实是要打肿脸的，法官可不是这么想。

　　《税务行政复议规则》第十四条规定，行政复议机关受理申请人对税务机关下列具体行政行为不服提出的行政复议申请：

（一）征税行为，包括确认纳税主体、征税对象、征税范围、减税、免税、退税、抵扣税款、适用税率、计税依据、纳税环节、纳税期限、纳税地点和税款征收方式等具体行政行为，征收税款、加收滞纳金，扣缴义务人、受税务机关委托的单位和个人作出的代扣代缴、代收代缴、代征行为等。

··········

第三十三条　申请人对本规则第十四条第（一）项规定的行为不服的，应当先向行政复议机关申请行政复议；对行政复议决定不服的，可以向人民法院提起行政诉讼。

也就是说，补税的 1 000 万元只能申请行政复议，《税务行政复议规则》第三十二条规定，申请人可以在知道税务机关作出具体行政行为之日起六十日内提出行政复议申请。所以纳税人不在缴税或担保履行完毕后六十天内去申请行政复议，这个 1 000 万元哪怕事实上征错了，税务行政处理决定书也算生效了。反过来想，如果通过起诉《税务行政处罚决定书》就可以推翻《税务处理决定书》的事实及依据，那还要税务行政复议前置干什么？税务行政复议前置岂不是被轻松越过吗？

下面我们来看几个法院审判实例，加深对此问题的理解。

河南省南阳市中级人民法院行政判决书

（2020）豫 13 行终 64 号

··········

法院观点：因被上诉人未在法定期限内对上诉人作出的《税务处理决定书》提出复议，现该税务处理决定已发生效力。上诉人基于税务处理决定认定的事实，做出被诉的税务处罚决定，被上诉人如对处罚结果有异议，也只能是对处罚程序和处罚的数额提出异议。而被上诉人一审时提出的诉请主要是围绕应否纳税的问题，应否纳税属于纳税争议，纳税争议应该针对税务处理决定寻求权利救济，而非在税收处罚决定中否认应纳税的事实。本案是税务行政处罚案件，纳税争议不属于本案审查范围。

当然，也有极少数法院是顺带着审查了补税的税务处理决定的，但笔者只能说，这种情况相当少见。

安顺市国家税务局稽查局、贵州金星啤酒有限公司
税务行政管理（税务）二审行政判决书

…………

　　法院观点：虽然《税务处理决定书》并非本案的诉讼标的，且因金星公司在法定的申请复议期限内未申请复议已经丧失诉讼救济权。但该税务处理决定系本案被诉《税务行政处罚决定书》的基础性和关联性行政行为，该税务处理决定认定的金星公司少缴增值税、消费税税额同时成为本案被诉税务处罚决定的事实根据。且该税务处理决定与税务处罚决定系安顺国税稽查局同日作出，同日送达金星公司。因此，为了全案的妥善处理，减少当事人的诉累，取得良好的法律效果和社会效果，该税务处理决定所认定金星公司增值税、消费税偷税金额亦应当在本案中一并判决变更。

　　总结一下，纳税人因税收违法行为被予以处理、处罚的，往往伴随资产被查封、账户被冻结、账簿资料等被调走的情况，多数情形下因无力承担税款或担保不被确认而对税务处理决定丧失救济途径。此时，纳税人只能通过对行政处罚提起复议或行政诉讼实现权力维护。若以行政处理已经对违法事实予以认定、企业未对处理决定提起行政复议为由，否定司法机关对事实认定的审查权，而仅对"是否超越法定职权、是否符合法定程序、是否违反法定程序"进行审查，将使纳税人丧失实体诉权，不利于纳税人权利的保护。

　　所以税务行政复议对征税行为的复议前置、缴税或担保前置还是有一定问题的，因此未来的法制建设有这方面的改良考虑，此前财政部官网一则答复引起了强烈关注，如下图所示，摘录部分内容如下。

关于修订《税收征收管理法》问题。

《税收征收管理法》（修改）已列入十二届全国人大常委会立法规划一类项目，国家税务总局正在会同有关部门抓紧起草《税收征收管理法》（修订稿），争取早日上报国务院。您所提出的明晰征纳双方权利义务、规范税收征管基本程序、建立涉税信息获取制度、完善与有关法律制度的衔接等建议将在修订稿中予以体现。

关于争议处理问题。

为了形成科学有效的利益协调、诉讼表达和矛盾调处机制，保障纳税人的申诉权利，我们建议取消"先缴税后复议"的规定。同时，考虑到税款征收的专业性和特殊性，为了提高效率减少成本，并避免大量税务案件集中汇集到法院，我们建议保留"先复议后诉讼"的规定。

关于滞纳金问题。

《中华人民共和国行政强制法》第四十五条规定，行政机关依法作出金钱给付义务的行政决定，当事人逾期不履行的，行政机关可以依法加处罚款或者滞纳金。加处罚款或者滞纳金的数额不得超出金钱给付义务的数额。《税收征收管理法》第三十二条规定，纳税人未按照规定期限缴纳税款的，扣缴义务人未按照规定期限解缴税款的，税务机关除责令限期缴纳外，从滞纳税款之日起，按日加收滞纳税款万元分之五的滞纳金。由此可见，《税收征收管理法》所规定的滞纳金属于利息性质，在《税收征收管理法》修订过程中，我部会同税务总局等有关部门正在研究厘清税收利息与滞纳金的关系，并合理确定征收比例。

（资料来源：财政部官方网站）

目前出台的《法治政府建设实施纲要（2021—2025年）》提到，……（七）加强重要领域立法，修改《中华人民共和国行政复议法》《中华人民共和国行政许可法》，完善行政程序法律制度。不知道清税复议前置是否会得到相应的修改，大家拭目以待。

►► 偷税若能按时缴，刑事责任也可了

案例背景

　　记者从国家税务总局上海市税务局第一稽查局了解到，上海市税务局第一稽查局前期在郑某偷逃税案件检查过程中发现，张某作为郑某参演《倩女幽魂》的经纪人，负责相关演艺合同签订、片酬商谈、合同拆分、催款收款等事宜，并具体策划起草"增资协议"，设立"掩护公司"，掩盖"天价片酬"，规避行业主管部门监管，帮助郑某逃避履行纳税义务。

　　依据《税收征收管理法实施细则》第九十三条和《中华人民共和国行政处罚法》第三十二条的规定，综合考虑张某的违法事实以及有关情节等因素，对张某处以郑某在《倩女幽魂》项目中偷税额（4 302.7 万元）0.75 倍的罚款，计3 227 万元。上海市税务局第一稽查局已向张某依法送达《税务行政处罚决定书》，限其在规定期限内缴清罚款，目前正在依法追缴中。

方法提示

　　注意这里用的是"偷税"，根据《税收征收管理法》第六十三条：

　　对纳税人偷税的，由税务机关追缴其不缴或者少缴的税款、滞纳金，并处不缴或者少缴的税款百分之五十以上五倍以下的罚款；构成犯罪的，依法追究刑事责任。

　　《中华人民共和国刑法》第二百零一条第一款【逃税罪】规定，纳税人采取欺骗、隐瞒手段进行虚假纳税申报或者不申报，逃避缴纳税款数额较大并且占应纳税额百分之十以上的，处三年以下有期徒刑或者拘役，并处罚金；数额巨大并且占应纳税额百分之三十以上的，处三年以上七年以下有期徒刑，并处罚金。

税法称之为偷税，而刑法称之为逃税，实属异曲同工，即税务局定性为偷税并达到条件后需要移送司法机关按逃税罪定刑，张某案定性与金额及逃税占比，初估基本上应当移送司法机关。根据《税务稽查案件办理程序规定》（国家税务总局令第 52 号）第四十八条：

> 税收违法行为涉嫌犯罪的，填制涉嫌犯罪案件移送书，经税务局局长批准后，依法移送公安机关，并附送以下资料：
>
> （一）涉嫌犯罪案件情况的调查报告；
>
> （二）涉嫌犯罪的主要证据材料复制件；
>
> （三）其他有关涉嫌犯罪的材料。

那么本案为何目前只是催缴罚款，而不向司法机关移送呢？就是因为逃税罪（对应《税收征收管理法》的偷税）有例外的交钱不移送条款，即《中华人民共和国刑法》第二百零一条第三款：

> 有第一款行为，经税务机关依法下达追缴通知后，补缴应纳税款，缴纳滞纳金，已受行政处罚的，不予追究刑事责任；但是，五年内因逃避缴纳税款受过刑事处罚或者被税务机关给予两次以上行政处罚的除外。

也就是说如果税款、滞纳金、行政处罚全部缴讫或处罚完毕的，是可以不移送司法机关的。

所以纳税人就要注意了：如果不缴讫滞纳金、补税款、罚款，逼着税务机关移送司法机关，则税款和滞纳金同样少不了，只不过以司法罚金代替了行政罚款，但这个牢还是要坐的。比如，中国裁判文书网公布下述案例。

北京市昌平区人民法院刑事判决书

（2021）京 0114 刑初 314 号

北京市昌平区人民检察院指控，北京××世纪信息技术有限公司（以下简称"××世纪公司"）于 2007 年注册成立，时任法定代表人为被告人文某。2014 年至 2015 年间，被告人文某在北京市昌平区回龙观镇龙跃苑及科星西路 106 号院美唐花园经营××世纪公司期间，在无真实业务的情况下，通过伪造发票等方式，分别虚列成本人民币（以下币种均为人民币）516 万元、350 万元，分别占其会计年度应纳税总额的 22.38%、24.39%，共计少缴企业所得税 216.5 万元。2019 年 9 月，国家税务总局北京市税务局第三稽查局对 ×× 世纪公司作出《税务处理决定书》和《税务行政处罚决定书》，先后采取邮寄、公告方式送达，并于 2019 年 11 月公告送达《催告书》，责令限期缴纳相关税款，但 ×× 世纪公司仍未缴纳。被告人文某于 2021 年 3 月 1 日退缴税款 216.5 万元。

本院认为，被告人文某作为单位直接负责的主管人员，采取欺骗、隐瞒手段进行虚假纳税申报，逃避缴纳税款数额较大并且占应纳税额百分之十以上，其行为已构成逃税罪，依法应予惩处。北京市昌平区人民检察院指控被告人文某犯逃税罪的事实清楚，证据确实、充分，罪名成立，量刑建议适当，本院予以采纳。关于辩护人所提被告人文某构成自首的意见，经查，根据到案经过等证据可以证实，2020 年 11 月 18 日，小汤山派出所民警接到经侦大队的线索确认文某的住处后，到文某住处将其传唤到派出所接受讯问，故文某不具有投案的主动性，不构成自首，辩护人该辩护意见不予采纳。辩护人所提被告人文某到案后能够如实供述犯罪事实，自愿认罪认罚，已退缴全部应缴税款，建议对其从轻处罚的意见本院予以采纳。依据《中华人民共和国刑法》第二百零一条第一款、第三十一条、第二百一十一条、第六十七条第三款、第五十二条、第五十三条、第六十四条的规定，判决如下：

一、被告人文某犯逃税罪，判处有期徒刑一年零九个月，并处罚金人民币十万元。

二、在案扣押被告人文某退缴的税款人民币二百一十六万元五千元，移送国家税务总局北京市昌平区税务局处理。

情况是北京市昌平区人民检察院以京昌检二部刑诉〔2021〕Z69 号起诉书指控被告人文某犯逃税罪，于 2021 年 3 月 3 日向本院提起公诉，纳税人是在此前两天即被告人文某于 2021 年 3 月 1 日退缴税款 216.5 万元。

本来早点缴纳税款、滞纳金、罚款，可以免却实刑，结果税款还是补了，但因为迟了，却被判一年零九个月有期徒刑，聊以自慰的是根据《中华人民共和国行政处罚法》第三十五条第二款规定：违法行为构成犯罪，人民法院判处罚金时，行政机关已经给予当事人罚款的，应当折抵相应罚金。《最高人民法院关于适用〈中华人民共和国刑事诉讼法〉的解释》（法释〔2012〕21 号）第四百三十九条第二款规定：行政机关对被告人就同一事实已经处以罚款的，人民法院判处罚金时应当折抵。扣除行政处罚已执行的部分，也即罚金吸收罚款，而不能是罚款吸收罚金，税务机关按偷税条款罚其 0.5 倍，216.5 万元的 50% 即 108.25 万元，因为最终罚金只有 10 万元，所以只要缴纳罚金 10 万元就可以了，税务机关的罚款就不必再执行了。道理很简单，如果税务局再向文某追缴 98.25 万元的话，就会出现罚款吸收罚金的悖论了。

再比如，纳税人对于购买增值税专用发票用于抵扣税款的行为，所涉金额是否巨大很重要，认罪认罚的态度好不好也很重要。

第一，纳税人所涉金额不大，态度很好，且及时主动补缴应纳税款及滞纳金，可以不起诉。

2015 年至 2019 年间，贾某、田某利用二人名下公司，在无真实交易的情况下，以虚构合同、资金回流的方式，直接或通过中间人介绍，向张某、杨某等人经营的南京某实验仪器设备有限公司、南京某贸易有限公司等 12 家民营企业虚开增值税专用发票 232 张，票额共计 1 136 余万元，税额共计 163 余万元。按照法律规定，虚开增值税专用发票罪中的上游开票、中介介绍、下游受票都须承担相应刑事责任。

为审慎处理涉企案件，保护民营企业发展，浦口区检察院特邀人大代表、人民监督员、企业代表、税务机关代表等 7 人作为评议员，就案件处理举行公开听证。听证人员大多表示，希望检察机关能够找到一个打击违法犯罪和保护民营企业生存发展的平衡点，综合考虑部分企业的实际情况，尽量从宽处理。浦口区检察院结合代表意见，并综合考量涉案企业虚开数额、认罪认罚情况等，依法决定对具有从轻、减轻处罚情节的 10 家民营企业、10 名企业经营者不起诉，对虚开税额较高的两家企业依法提起公诉。

半个月后，浦口区检察院举行了 20 余人参加的不起诉公开集中宣告，并联合税务机关开展训诫教育。不起诉宣告后，税务稽查人员以授课形式，向各被不起诉单位、不起诉人进一步明晰了危害税收征管行为的严重后果，介绍了当前税收减免的政策法规，督促当事企业吸取教训、合法经营。

"不起诉"不代表"不处罚"，会上，浦口区检察院还向税务机关送达了检察意见书，建议对被不起诉单位、各被不起诉人依法作出行政处罚。

（资料来源《检察日报》，2020 年 8 月 19 日）

第二，纳税人所涉金额较大，但是认罪认罚态度好，且有自首、立功情节，并主动缴纳税款、罚款、滞纳金，也可以不起诉。

葛某某让他人为其虚开增值税专用发票 109 份，税额共计 1 612 835.14 元，应在三年以上十年以下有期徒刑的量刑幅度定罪处罚。但葛某某具有自首、立功两个减轻处罚情节。根据《中华人民共和国刑法》第六十七条第一款的规定："犯罪以后自动投案，如实供述自己的罪行，是自首。对于自首的犯罪分子，可以从轻或者减轻处罚。其中，犯罪较轻的，可以免除处罚。"第六十八条规定："犯罪分子有揭发他人犯罪行为，查证属实的，或者提供重要线索，从而得以侦破其他案件等立功表现的，可以从轻或者减轻处罚；有重大立功表现的，可以减轻或者免除处罚。"

《中华人民共和国刑法》第六十三条第一款："犯罪分子具有本法规定的减轻处罚情节的，应当在法定刑以下判处刑罚；本法规定有数个量刑幅度的，应当在法定量刑幅度的下一个量刑幅度内判处刑罚。"因此，如果具有减轻处罚情节的，可以在三年以下有期徒刑量刑幅度内判处刑罚。

本案中，葛某某不仅具有减轻处罚情节，而且是具有两个减轻处罚情节，此外，葛某某已全额补缴税款和缴纳罚款、滞纳金，且系初犯，表示悔罪。因此，检察院依据《中华人民共和国刑事诉讼法》第一百七十七条第二款对葛某某作出不起诉决定。《中华人民共和国刑事诉讼法》第一百七十七条第二款规定：对于犯罪情节轻微，依照刑法规定不需要判处刑罚或者免除刑罚的，人民检察院可以作出不起诉决定。

（资料来源：中国裁判文书网）

我们再看 2021 年 6 月 3 日，最高人民检察院举办"依法督促涉案企业合规管理将严管厚爱落到实处"新闻发布会，发布企业合规改革试点典型案例中的一则典型案件：

（一）基本案情

被告单位上海 A 医疗科技股份有限公司（以下简称 A 公司）、上海 B 科技有限公司（以下简称 B 公司），被告人关某某系 A、B 两家公司实际控制人。

2016年至2018年间，关某某在经营A公司、B公司业务期间，在无真实货物交易的情况下，通过他人介绍，采用支付开票费的方式，让他人为两家公司虚开增值税专用发票共219份，价税合计2 887余万元，其中税款419余万元已申报抵扣。2019年10月，关某某到案后如实供述上述犯罪事实并补缴涉案税款。

2020年6月，公安机关以A公司、B公司、关某某涉嫌虚开增值税专用发票罪移送检察机关审查起诉。上海市宝山区检察院受理案件后，走访涉案企业及有关方面了解情况，督促企业作出合规承诺并开展合规建设。

（二）企业合规整改情况及处理结果

检察机关走访涉案企业了解经营情况，并向当地政府了解其纳税及容纳就业情况。经调查，涉案企业系我国某技术领域的领军企业、上海市高新技术企业，科技实力雄厚，对地方经济发展和增进就业有很大贡献。公司管理人员及员工学历普遍较高，对合规管理的接受度高、执行力强，企业合规具有可行性，检察机关遂督促企业作出合规承诺并开展合规建设。同时，检察机关先后赴多地税务机关对企业提供的纳税材料及涉案税额补缴情况进行核实，并针对关某某在审查起诉阶段提出的立功线索自行补充侦查，认为其具有立功情节。

2020年11月，检察机关以A公司、B公司、关某某涉嫌虚开增值税专用发票罪对其提起公诉并适用认罪认罚从宽制度。12月，上海市宝山区人民法院采纳检察机关全部量刑建议，以虚开增值税专用发票罪分别判处被告单位A公司罚金15万元，B公司罚金6万元，被告人关某某有期徒刑三年，缓刑五年。

法院判决后，检察机关联合税务机关上门回访，发现涉案企业的合规建设仍需进一步完善，遂向其制发检察建议并公开宣告，建议进一步强化合法合规经营意识，严格业务监督流程，提升税收筹划和控制成本能力。检察机关在收到涉案企业对检察建议的回复后，又及时组织合规建设。经了解，涉案企业已经逐步建立合规审计、内部调查、合规举报等有效合规制度，聘请专业人士进行税收筹划，大幅节约生产经营成本，提高市场占有份额。

（三）典型意义

一是检察机关推动企业合规与适用认罪认罚从宽制度相结合。本案中，检察机关在督促企业作出合规承诺并开展合规建设的同时，通过适用认罪认罚从宽制度，坚持和落实能不判实刑的提出判缓刑的量刑建议等司法政策，努力让企业"活下来""留得住""经营得好"，取得更好的司法办案效果。

二是检察机关推动企业合规与检察建议相结合。本案中，检察机关会同税务机关在回访过程中，发现涉案企业在预防违法犯罪方面制度不健全、不落实，管理不完善，存在违法犯罪隐患，需要及时消除的，结合合规整改情况，向涉案企业制发检察建议，推动其深化实化合规建设，避免合规整改走过场、流于形式。

第三，涉嫌虚开增值税专用发票被逮捕，纳税人却不补缴进项税款，最终由检察院起诉，并被法院判处实刑。

2017年至2018年，被告人范某瑞担任盐城××燃料有限公司业务经理期间，代表公司在河北等地的煤场以不含税的价格购买煤炭后，因无进项发票销售购买的煤炭，便联系到三门峡××煤炭运销有限公司（另案处理），以10%至12%的开票费让该公司为其虚开增值税专用发票。被告人范某瑞在没有实际交易的情况下，让三门峡××煤炭运销有限公司为其虚开70份增值税专用发票，价税合计人民币6 843 261.9元，税额1 163 354.6元，已全部用于抵扣。案发后，被告人范某瑞经电话通知到案，如实供述，认罪认罚，在检察机关退出税款2万元。

依照《中华人民共和国刑事诉讼法》第十五条及《中华人民共和国刑法》第二百零五条第一款、第三十条、第三十一条、第六十七条第一款、第五十二条、第五十三条、第六十四条的规定，判决：

一、被告单位盐城××燃料有限公司犯虚开增值税专用发票罪，判处罚金人民币三十万元；

二、被告人范某瑞犯虚开增值税专用发票罪，判处有期徒刑五年零三个月；

三、扣押在案的税款20 000元，由扣押单位上缴国库。责令被告单位盐城××燃料有限公司退出违法所得1 143 354.6元，上缴国库。

看到这里我们发现，纳税人实际抵扣税款1 163 354.6元，却只缴了2万元税款。余款不缴，就没有不起诉或缓刑的结果了，而是判处实刑，另外仍然追缴余款1 143 354.6元。

综上所述，我们还是建议纳税人第一时间把税款补上，争取主动，此时不补，将来还是要补，但将来再补就晚了。

另外，我们有必要讲一个广大财务朋友关心的问题，即作为财务人员，将虚开的发票入账抵扣进项税额，甚至可能对老板买票也知情，如果东窗事发，财务人员会不会被作为责任人同样受法刑事处罚？

对于虚开发票、逃税这种单位和个人均犯罪的刑事罪名，老板是否处罚，财务是否处罚，我们来看几个文件和判例，可以从中找寻一些答案。

> 《全国法院审理金融犯罪案件工作座谈会纪要》（2001年1月21日，法〔2001〕8号）规定，单位犯罪直接负责的主管人员和其他责任人员的认定：直接负责的主管人员，是在单位实施的犯罪中起决定、批准、授意、纵容、指挥等作用的人员，一般是单位的主管负责人，包括法定代表人。其他直接责任人员，是在单位犯罪中具体实施犯罪并起较大作用的人员，既可以是单位的经营管理人员，也可以是单位的职工，包括聘任、雇佣的人员。应当注意的是，在单位犯罪中，对于受单位领导指派或奉命而参与实施了一定犯罪行为的人员，一般不宜作为直接责任人员追究刑事责任。

比如下面这个来自中国文书裁判网的判例，我们可以一窥实际案件中的处罚尺度。

陕西省西安市中级人民法院刑事判决书
（2021）陕01刑初25号

被告人吴某某，男，系陕西华东房地产有限公司（以下简称华东地产公司）股东、副总经理。

被告人杜某某，男，系华东地产有限公司财务总监。

经审理查明，2012年年底，华东地产公司在开发"万元悦城"项目过程中，经招投标并签订协议，由陕西聚力××有限公司（以下简称聚力公司）法定代表人李某泉利用陕西鲁诚××有限公司（以下简称鲁诚公司）的资质，以鲁诚公司、聚力公司的名义承揽项目土方工程。为解决华东地产公司及股东前期借款利息支出无发票入账处理的问题，根据公司法定代表人肖同春的授意，被告人吴某某、杜某某利用公司系主管税务部门的重点税源管理户，易于代开发票的有利条件，选择为鲁诚公司、聚力公司等不易被发现的土方等施工企业代开发票，以使华东地产公司取得虚开的发票。为此，吴某某、杜某某经联系、商议，李某泉、鲁诚公司实际控制人刘某、鲁诚公司代账会计周某等人同意为××地产公司代开、虚开发票协助提供公司证照资质、办理《跨区涉税项目税务登记证》，签订了超出实际工程量的合同，预先提供转账支票、电汇凭证，并配合进行虚假发票款项的收取、转回。现已查明，从 2013 年 3 月 8 日至 2016 年 4 月 28 日，通过以鲁诚公司、聚力公司名义申请代开，××地产公司共计取得七份"建筑业统一发票（代开）"，金额总计 97 318 490.73 元，鲁诚公司、聚力公司将收取的上述发票款项中扣除实际应收取的土方工程款、约定的"过账开票费用"后，将其余款项又转回××地产公司，实际虚开发票金额为 66 490 493.08 元。

本院认为，陕西××房地产有限公司情节特别严重。被告人吴某某系直接负责的主管人员，被告人杜某某系其他直接责任人员，其行为亦构成虚开发票罪。西安市人民检察院指控各被告人的犯罪事实及罪名成立。被告人吴某某、杜某某到案后能如实供述自己的罪行，愿意接受处罚，对二位被告人可以从轻处罚；被告人吴某某、杜某某能认罪认罚，可从轻处罚，并适用判处缓刑。根据被告人犯罪的事实、犯罪的性质、情节和对于社会的危害程度，依照《中华人民共和国刑法》第二百零五条第一款、第二款、第三十条、第三十一条、第五十二条、第五十三条、第七十二条、第七十三条第二款、第三款、第七十六条、第六十一条及《中华人民共和国刑事诉讼法》第二百零一条的规定，判决如下：

一、被告人吴某某犯虚开发票罪，判处有期徒刑二年又二个月，缓刑二年又六个月，并处罚金人民币十五万元（已缴纳）。

二、被告人杜某某犯虚开发票罪，判处有期徒刑二年，缓刑二年，并处罚金人民币一万元（已缴纳）。

同样的道理，如果法定代表人并未参与此事，也不会被追究法律责任。比如这则中国裁判文书网公布的案例，加深对此问题的理解。

被告人：王某林，原系北京××制药厂法定代表人。

被告单位：北京××制药厂，住所地北京市延庆县南菜园开发区，法定代表人王某林。

起诉书指控：1998 年 1 月至 1999 年 1 月，被告人王某林在任北京××制药厂法定代表人及北京某医疗中心主任期间，从××制药厂取走本厂生产的"健骨生丸" 5 100 余大盒，至北京某医疗中心销售，销售金额为 4 508 240 元，未入本厂财务账，也未向延庆县国税局申报纳税，涉嫌偷税额达 655 043. 42 元，占同期应纳税款额的 52.97％。公诉机关认为被告单位 ×× 制药厂及被告人王某林的行为均构成偷税罪，提请法院依据《中华人民共和国刑法》第二百零一条、第二百一十一条对被告单位北京 ×× 制药厂及被告人王某林定罪处罚。

被告单位北京 ×× 制药厂的诉讼代表人及辩护人对起诉书指控的事实未提异议，但提出偷税行为系被告人王某林个人利用担任北京 ×× 制药厂法定代表人的职务所实施，应当由被告人王某林个人承担全部责任。

……

北京市延庆县人民法院认为：被告单位 ×× 制药厂及其直接责任人王某林为企业获取非法利益，违反税收法规，采取生产的产品不入账，用白条出库，收款不入账的手段，通过在某医疗中心销售本厂生产的药品，偷逃税款人民币 655 043.42 元，占同期应纳税额 52.97％，破坏了税收征管制度，扰乱了社会市场经济秩序，均已构成偷税罪，应予惩处。延庆县人民检察院指控被告北京 ×× 制药厂、被告人王某林犯偷税罪的事实清楚，证据充分，指控的罪名成立。在偷税的过程中，任北京 ×× 制药厂法定代表人兼任某医疗中心主任的王某林负有直接责任。在追究法人单位的同时应一并追究直接责任人王某林的刑事责任。依照《中华人民共和国刑法》第二百零一条第一款、第二百一十一条、第七十二条第一款、第七十三条第二款、第三款和《最高人民法院关于审理偷税抗税刑事案件具体应用法律若干问题的解释》第一条第二项的规定，判决如下：

1. 被告单位北京 ×× 制药厂犯偷税罪，判处罚金人民币一百四十万元。

2. 被告人王某林犯偷税罪，判处有期徒刑三年，缓刑三年，并判处罚金人民币七十万元。

一审宣判后，被告单位北京 ×× 制药厂及被告人王某林不服，向北京市第一中级人民法院提出上诉。

被告单位北京 ×× 制药厂上诉称虽然单位构成偷税罪，不应对单位判处巨额罚金。

被告人王某林上诉提出其行为不构成偷税罪。

北京市第一中级人民法院经审理认为：被告单位 ×× 制药厂为偷逃税款，故意将生产的部分产品隐匿，销售后收入不入账，偷逃增值税税款人民币共计 655 043.42 元，占同期应纳税额 52.97％，其行为已构成偷税罪，依法应予惩处。

被告人王某林虽为北京××制药厂的法定代表人，但经法庭质证确认的证据证明，北京××制药厂由总经理王某霖负责，将其中358 313盒登记在药厂正式账上，其余208 287盒采用不登记入库的方法，另做记录可由药厂销售科人员以打白条形式领走，系王某霖授意为之，无证据证明王某林具有决定、批准、授意、指挥企业人员不列或少列收入，从而偷税的行为。故认定王某林系匡达制药厂偷税犯罪直接负责的主管人员，应追究偷税罪的刑事责任证据不足，一审法院判决认定北京××制药厂构成偷税罪的证据确实、充分，审判程序合法。但量刑不当，应予改判。被告单位北京××制药厂及其辩护人所提对单位罚金过重、被告人王某林及其辩护人所提王某林的行为不构成偷税罪的上诉理由和辩护意见，本院予以采纳。据此，依照《中华人民共和国刑事诉讼法》第一百八十九条第（三）项和《中华人民共和国刑法》第二百零一条第一款、第二百一十一条、第三条及《最高人民法院关于审理偷税抗税刑事案件具体应用法律若干问题的解释》第一条、《中华人民共和国刑事诉讼法》第一百八十九条第（二）项、《最高人民法院关于执行〈中华人民共和国刑事诉讼法〉若干问题的解释》第一百七十六条第四项的规定，判决如下：

1. 撤销北京市延庆县人民法院（2002）延刑初字第176号刑事判决主文。

2. 被告单位北京××制药厂犯偷税罪，判处罚金人民币七十万元。

3. 被告人王某林无罪。

[资料来源：《刑事审判参考》（总第33集）指导案例251号]

►► 法律位阶有级次，厘清规则有收益

2020 年 1 月 8 日，宁夏回族自治区石嘴山市中级人民法院作出"（2019）宁 02 破申 5 号"民事裁定书，裁定受理宁某破产清算申请，同日作出"（2020）宁 02 破 1 号"决定书，指定宁夏 ×× 律师事务所担任宁某管理人。2020 年 4 月 10 日，国家税务总局银川市金凤区税务局就宁某自 2013 年 1 月至 2020 年 1 月期间所欠缴的税款及其滞纳金和欠缴的社会保险费及其滞纳金向被告管理人进行了债权申报。

2020 年 11 月 6 日，经被告管理人审核向税务局出具了债权确认通知书，内容为税务局向债务人宁夏 ×× 国际物流有限公司、宁某申报债权共 2 笔，其中：申报税金债权数额共计 1 005 046 元，确认税金本金为 661 308.40 元，清偿顺序为税收债权；滞纳金为 343 737.60 元，清偿顺序为普通债权；申报社会保险费用债权数额共计 3 131 328.29 元，确认社会保险费用本金为 1 763 993.26 元，清偿顺序为职工债权；滞纳金为 1 367 335.03 元，清偿顺序为普通债权。

2020 年 12 月 15 日，税务局就宁某自 2020 年 1 月 9 日至 2020 年 12 月 14 日欠缴的税款及其滞纳金向被告管理人进行了债权申报。2020 年 12 月 25 日，经被告管理人审核向原告出具了债权不予确认通知书，内容为原告于 2020 年 12 月 15 日向债务人宁某补充申报债权 1 笔，申报债权数额为 507 464.87 元，对于原告申报的欠税滞纳金 477 899.73 元（2020 年 1 月 9 日至 2020 年 12 月 14 日）不予认可。现税务局认为被告管理人对上述 3 笔债权的确认不符合法律规定，特提起本案诉讼。

税务局认为根据《国家税务总局关于税收优先权包括滞纳金问题的批复》

（国税函〔2008〕1084 号），按照《税收征收管理法》的立法精神，税款滞纳金与罚款两者在征收和缴纳时顺序不同，税款滞纳金在征缴时视同税款管理，税收强制执行、出境清税、税款追征、复议前置条件等相关条款都明确规定滞纳金随税款同时缴纳。税收优先权等情形也适用这一法律精神，《税收征收管理法》第四十五条规定的税收优先权执行时包括税款及其滞纳金。

（资料来自中国裁判文书网）

方法提示

既然税款具有优先权，滞纳金当然一并也具有优先权。

这里我们就要注意一个重要的观点，即《中华人民共和国行政诉讼法》第六十三条第一款规定，"人民法院审理行政案件，以法律和行政法规、地方性法规为依据。"第三款规定，"人民法院审理行政案件，参照规章。"《最高人民法院关于适用中华人民共和国行政诉讼法若干问题的解释》（法释〔2015〕9 号）第二十一条规定，规范性文件不合法的，人民法院不作为认定行政行为合法的依据，并在裁判理由中予以阐明。作出生效裁判的人民法院应当向规范性文件的制定机关提出处理建议，并可以抄送制定机关的同级人民政府或者上一级行政机关。而《国家税务总局关于税收优先权包括滞纳金问题的批复》（国税函〔2008〕1084 号）并不属于法律、行政法规、地方性法规，也不属于规章，因此法院并不采用，而采用的是《最高人民法院关于税务机关就破产企业欠缴税款产生的滞纳金提起的债权确认之诉应否受理问题的批复》（法释〔2012〕9 号），税务机关就破产企业欠缴税款产生的滞纳金提起的债权确认的诉讼，人民法院应依法受理。

依照企业破产法、税收征收管理法的有关规定，破产企业在破产案件受理前因欠缴税款产生的滞纳金属于普通破产债权。对于破产案件受理后因欠缴税款产生的滞纳金，人民法院应当依照《最高人民法院关于审理企业破产案件若干问题的规定》第六十一条规定处理。[第六十一条：下列债权不属于破产债权：（一）行政、司法机关对破产企业的罚款、罚金以及其他有关费用；（二）人民法院受理破产案件后债务人未支付应付款项的滞纳金，包括债务人未执行生效法律文书应当加倍支付的迟延利息和劳动保险金的滞纳金；（三）破产宣告后的债务利息；（四）债权人参加破产程序所支出的费用；（五）破产企业的股权、股票持有人在股权、股票上的权利；（六）破产财产分配开始后向清算组申报的债权；（七）超过诉讼时效的债权；（八）债务人开办单位对债务人未收取的管理费、承包费。上述不属于破产债权的权利，人民法院或者清算组也应当对当事人的申报进行登记。]

据此法院认为：本院于 2020 年 1 月 8 日裁定受理宁某破产清算一案，原告所请求自 2013 年 1 月至 2020 年 1 月 8 日欠缴的税款和社会保险费的滞纳金属于被告在破产案件受理前欠缴的税款和社会保险费的滞纳金，参照《最高人民法院关于税务机关就破产企业欠缴税款产生的滞纳金提起的债权确认之诉应否受理问题的批复》（法释〔2012〕9 号）（以下简称"法释〔2012〕9 号"）中对于"依照企业破产法、税收征收管理法的有关规定，破产企业在破产案件受理前因欠缴税款产生的滞纳金属于普通破产债权"的批复，被告宁某管理人确认被告自 2013 年 1 月至 2020 年 1 月 8 日欠缴的税款和社会保险费的滞纳金 1 711 072.63 元为普通债权并无不当。原告所请求的 2020 年 1 月 9 日起至欠缴税款实际缴纳之日止的滞纳金属于被告在破产案件受理后欠缴的税款滞纳金，依据《最高人民法院关于适用〈中华人民共和国企业破产法〉若干问题的规定（三）》第三条的规定："破产申请受理后，债务人欠缴款项产生的滞纳金，包括债务人未履行生效法律文书应当加倍支付的迟延利息和劳动保险金的滞纳金，债权人作为破产债权申报的人民法院不予确认。"原告向被告管理人申报债权的该部分滞纳金不属于破产债权，管理人未确认该部分滞纳金为破产债权正确，原告所申报的该部分债权本院不予确认。综上所述，原告的诉讼请求依法不能成立，本院不予支持。税务局主张 2013 年 1 月至 2020 年 1 月欠缴税款和社会保险费的滞纳金依据最高法院相关司法解释不应列为优先债权清偿，且破产受理后因欠缴税款产生的滞纳金依据最高人民法院《关于审理企业破产案件若干问题的规定》第六十一条规定，不属于破产债权。管理人向税务局做出的债权认定结果符合法律规定。

正是由于这些法院判例的现实，国家税务总局于 2019 年 12 月 12 日制发了《国家税务总局关于税收征管若干事项的公告》（国家税务总局公告 2019 年第 48 号），税务机关在人民法院公告的债权申报期限内，向管理人申报企业所欠税款（含教育费附加、地方教育费附加，下同）、滞纳金及罚款。因特别纳税调整产生的利息，也应一并申报。

企业所欠税款、滞纳金、罚款，以及因特别纳税调整产生的利息，以人民法院裁定受理破产申请之日为截止日计算确定。

这样就和"法释〔2012〕9号"这一司法解释保持了吻合。

还有一个著名的案例，虽然税务机关拿出总局办公厅的文件，法院也不予作为判决依据。我们不妨看看此案例。

新疆维吾尔自治区乌鲁木齐市中级人民法院

行政判决书（2014）乌中行终字第 95 号

2012 年 6 月 29 日，税务局对瑞成房产公司作出《税务行政处理决定书》，要求瑞成房产公司对少缴税款进行补缴。瑞成房产公司收到该处理决定后对少缴税款已补缴完毕。2012 年 10 月 31 日，税务局对瑞成房产公司作出"新地税稽罚（2012）12 号"《税务行政处罚决定》，对瑞成房产公司少缴 2009 年～2010 年营业税、城建税、印花税、房产税、土地使用税、土地增值税（查补数），合计 1 610 002.80 元，处以少缴款一倍的罚款计 1 610 002.80 元。对瑞成房产公司应扣未扣个人所得税 102 565.72 元处以一倍的罚款 102 565.72 元。以上应缴款项共计 1 712 568.52 元。2012 年 11 月 7 日，税务局将该处罚决定送达瑞成房产公司。

瑞成房产公司不服，遂向法院提起诉讼。

瑞成房产公司对营业税中第 2 项税务局认定 2010 年以低于市场价格销售给某投资发展有限公司离退休职工住宅，应按同期市场价格进行调整补缴营业税，调整金额 2 494 258.77 元，少缴营业税 124 712.94 元存有异议，称其在经营过程中，对企业的商品价格进行调整是企业自主经营的权利，税务局以价格明显偏低对瑞成房产公司进行处罚没有依据。

原审法院认为，税务局在无价格认定行政职权的情况下，以瑞成房产公司在 2010 年以低于市场价格销售给某投资发展有限公司离退休职工住宅为由，直接以同期市场价格对瑞成房产公司进行调整补缴营业税，调整金额 2 494 258.77 元，并据此认定瑞成房产公司少缴营业税 124 712.94 元，属越权行为。故其认定瑞成房产公司以低于市场价格销售的事实不清，主要证据不足。遂判决：撤销新疆维吾尔自治区地方税务局稽查局 2012 年 10 月 31 日作出的"新地税稽罚（2012）12 号"税务行政处罚决定的具体行政行为。

二审庭审中，2013 年 9 月 16 日，上诉人税务局以"新地税发〔2013〕221 号"

文件，向国家税务总局递交关于《新疆维吾尔自治区税务局执法时是否要告知纳税人申请回避权等问题》函文，该文载明：关于税务核定营业额是否属于越权执法的问题。同年 11 月 4 日，国家税务总局办公厅以"税总办函〔2013〕783 号"文件就上诉人税务局在函文中请示的相关问题予以答复。其主要内容为：关于税务机关核定营业额是否属于超越执法权的问题。《中华人民共和国税收征收管理法》第三十五条第一款第六项规定，纳税人申报的计税依据明显偏低，又无正当理由的，税务机关有权核定其应纳税额。《中华人民共和国营业税暂行条例》第四条、第五条规定，营业税以营业额为计税依据，营业额为纳税人收取的全部价款和价外费用；第七条规定，纳税人提供应税劳务的，由主管税务机关核定其营业额。《中华人民共和国营业税暂行条例实施细则》第二十条规定，纳税人有条例第七条所称价格明显偏低并无正当理由或者本细则第五条所列视同发生应税行为而无营业额的，税务机关可以确定其营业额。根据上述规定，价格是计算营业税计税依据营业额的基础，税务机关只有认定价格偏低，才能认定营业额是否偏低并确定是否适用核定是否征收。据此，税务机关认定价格偏低，核定营业额等行为不属于越权执法。

法院认为：《中华人民共和国税收征管法》第三十五条第六项规定，"纳税人申报的计税依据明显偏低，又无正当理由的，税务机关有权核定其应纳税额。"本案中，瑞成房产公司应其上级主管部门要求，为解决企业老职工住房困难，化解信访突出问题，经上级主管部门批准、瑞成房产公司董事会研究决定给老职工售房价格让利 20% 的证据确凿，事实清楚。上述法律规定，虽规定纳税人申报计税依据明显偏低，又无正当理由的，税务机关有权核定其应纳税额，但法律法规对"计税依据明显偏低"没有具体标准，对"无正当理由"也没有明确的界定。……税务局简单地将此认定为"明显低于市场价格，无正当理由的"，并以此为由对瑞成房产公司处以 124 712.94 元营业税罚款显属错误。

关于对税务局在二审中向法庭递交的其向国家税务总局的请示及国家税务总局办公厅复函的效力认定问题，《中华人民共和国行政诉讼法》第六十三条规定，人民法院审理行政案件，以法律和行政法规、地方性法规为依据。地方性法规适用于本行政区域内发生的行政案件。人民法院审理民族自治地方的行政案件，并以该民族自治地方的自治条例和单行条例为依据。人民法院审理行政案件，参照规章。本案中，税务局向本院递交的"国家税务总局办公厅税总办函〔2013〕783 号"

及"税总办函〔2013〕884号"复函，非人民法院审理行政案件所应适用的法律依据，也非人民法院审理行政案件所参照的规章，且税务局向其上级主管部门的请示内容并未客观、全部反映案件事实，故该两份复函不能作为定案的依据。

因此，纳税人若申请行政诉讼，其中原因之一就是税务机关依据税收规范性文件对其作出了处理处罚，那么纳税人是可以依据《中华人民共和国行政诉讼法》第五十三条，公民、法人或者其他组织认为行政行为所依据的国务院部门和地方人民政府及其部门制定的规范性文件不合法，在对行政行为提起诉讼时，可以一并请求对该规范性文件进行审查。而法院则依据第六十四条，人民法院在审理行政案件中，经审查认为本法第五十三条规定的规范性文件不合法的，不作为认定行政行为合法的依据，并向制定机关提出处理建议。

链接：法律级次小知识

法律体系主要由宪法、法律、法规（行政法规、地方性法规、自治法规）、部门规章（部门规章、地方政府规章）、规范性文件等构成。

第一层：宪法。宪法是中华人民共和国的根本大法，规定拥有最高法律效力，立法机关为全国人民代表大会。

第二层：法律。法律是由享有立法权的立法机关行使国家立法权，依照法定程序制定、修改并颁布，并由国家强制力保证实施的基本法律和普通法律的总称。立法机关为全国人民代表大会、全国人民代表大会常务委员会，由国家主席签署主席令予以公布。在命名方面，一般为《中华人民共和国某某法》，比如《中华人民共和国税收征收管理法》《中华人民共和国企业所得税法》《中华人民共和国车船税法》等。

第三层：法规。法规是法令、条例、规则和章程等法定文件的总称。法规根据制定主体不同，可分为行政法规、地方性法规、自治法规。

（1）行政法规。行政法规根据宪法和法律的授权制定，行政法规必须经过法定程序制定，行政法规具有法的效力。行政法规的效力仅次于宪法和法律，高于部门规章和地方性法规，制定主体是国务院。由国务院总理签署国务院令公布，具有全国通用性，法规多称为某某条例，比如《中华人民共和国增值税暂行条例》《中华人民共和国税收征收管理法实施细则》等。

（2）地方性法规。地方性法规是有立法权的地方国家机关依法制定与发布的规范性文件。根据本行政区域的具体情况和实际需要，在不同宪法、法律、行政法规相抵触的前提下有权制定地方性法规。制定主体是省、自治区、直辖市，设区的市的人民代表大会及其常委会。

（3）自治法规。由民族自治地方的人民代表大会依照当地民族的政治、经济和文化特点制定并修改的自治条例和单行条例，在不违背法律和行政法规的基本原则的前提下，可以对法律和行政法规的规定作出变通规定，但不得对宪法和民族区域自治法的规定以及其他有关法律、行政法规专门就民族自治地方所作的规定作出变通规定，由民族自治地方的人民代表大会制定。

第四层：规章。规章根据制定机关不同，主要有部门规章和地方政府规章。

（1）部门规章、部门规章是指国务院各组成部门以及具有行政管理职能的直属机构根据法律和国务院的行政法规、决定、命令，在本部门权限内按照规定程序制定的规范性文件总称。制定者是国务院各部、委员会、具有行政管理职能的直属机构，这些规章仅在本部门的权限范围内有效。比如《中华人民共和国增值税暂行条例实施细则》《税务登记管理办法》《税务行政复议规则》等，以财政部部长令或国家税务总局局长令方式发布。

（2）地方政府规章。地方政府规章是省、自治区、直辖市、设区的市、自治州的人民政府和广东省东莞市和中山市、甘肃省嘉峪关市等三个不设区的市人民政府，可以根据法律、行政法规和本省、自治区、直辖市的地方性法规，制定规章，是由省（自治区、直辖市）、省和自治区政府所在市和经国务院批准的较大的市人民政府制定。

第五层：规范性文件。这里主要从狭义方面来讲，指法律范畴以外的其他具有约束力的非立法性文件。《税收规范性文件制定管理办法》（国家税务总局令第50号）第二条规定，本办法所称税务规范性文件，是指县以上税务机关依照法定职权和规定程序制定并发布的，影响纳税人、缴费人、扣缴义务人等税务行政相对人权利、义务，在本辖区内具有普遍约束力并在一定期限内反复适用的文件。国家税务总局制定的税务部门规章，不属于本办法所称的税务规范性文件。……第七条，税务规范性文件可以使用"办法""规定""规程""规则"等名称，但是不得称"条例""实施细则""通知""批复"等。

为了使读者加深对法律级次的理解，下图中的法律体系层次更加明了清晰。

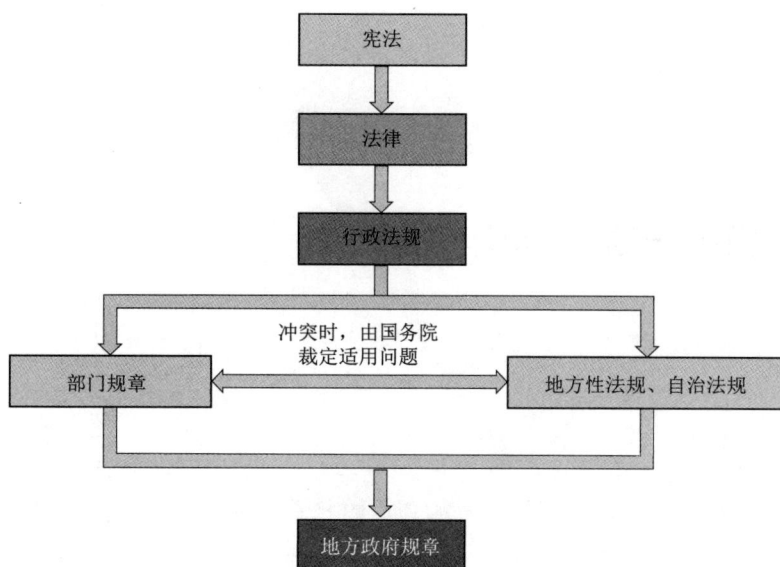

▶▶ 复议只有一次，诉讼不止两次

案例背景

现实生活中，有些纳税人很重视自己的权益维护，在行政复议无果后，便提请行政诉讼，这当然是正当的。不过这里我们要注意，国家司法资源是有限的，滥诉不可取。因此，一般一审初审后，对一审判决结果不服，再提二审，即上诉。二审通常为终审。但是现实中，我们也会看到甚至还有三审，确实有案子是经三审改判了，那到底是怎么回事呢？

方法提示

《中华人民共和国行政诉讼法》第八十一条规定：

人民法院应当在立案之日起六个月内作出第一审判决。有特殊情况需要延长的，由高级人民法院批准，高级人民法院审理第一审案件需要延长的，由最高人民法院批准。……第八十五条规定，当事人不服人民法院第一审判决的，有权在判决书送达之日起十五日内向上一级人民法院提起上诉。当事人不服人民法院第一审裁定的，有权在裁定书送达之日起十日内向上一级人民法院提起上诉。逾期不提起上诉的，人民法院的第一审判决或者裁定发生法律效力。

正常情况下，二审即终审，即第八十八条规定，人民法院审理上诉案件，应当在收到上诉状之日起三个月内作出终审判决。有特殊情况需要延长的，由高级人民法院批准，高级人民法院审理上诉案件需要延长的，由最高人民法院批准。

但是有个特殊条款，即第九十条规定，当事人对已经发生法律效力的判决、裁定，认为确有错误的，可以向上一级人民法院申请再审，但判决、裁定不停止执行。

第九十一条规定，当事人的申请符合下列情形之一的，人民法院应当再审：

（一）不予立案或者驳回起诉确有错误的；

（二）有新的证据，足以推翻原判决、裁定的；

（三）原判决、裁定认定事实的主要证据不足、未经质证或者系伪造的；

（四）原判决、裁定适用法律、法规确有错误的；

（五）违反法律规定的诉讼程序，可能影响公正审判的；

（六）原判决、裁定遗漏诉讼请求的；

（七）据以作出原判决、裁定的法律文书被撤销或者变更的；

（八）审判人员在审理该案件时有贪污受贿、徇私舞弊、枉法裁判行为的。

也就是说一审、二审纳税人是有主动权的，但法院是否启动再审程序，则不是纳税人点头与否的问题了，而是是否符合前提条件。

有这么个案件，最高人民法院启动了再审，在全国范围内都有相当的影响力，我们摘录中国裁判文书网要点如下。

中华人民共和国最高人民法院行政判决书

（2015）行提字第 13 号

再审申请人（一审原告、二审上诉人）：广州××房产建设有限公司（以下简称房产公司）。

被申请人（一审被告、二审被上诉人）：广东省广州市地方税务局第一稽查局（以下简称广州税稽一局）。

一、二审法院查明：2004 年 11 月 30 日，房产公司与广州穗和拍卖行有限公司签订委托拍卖合同，房产公司在拍卖合同中对上述总面积为 63 244.794 4 m² 的房产估值金额为 530 769 427.08 港元。2004 年 12 月 2 日，穗和拍卖行公布将于 2004 年 12 月 9 日举行拍卖会。穗和拍卖行根据委托合同的约定，在拍卖公告中明确竞投者须在拍卖前将拍卖保证金 6 800 万港元转到房产公司指定的银行账户内。2004 年 12 月 19 日，盛丰实业有限公司（香港公司）通过拍卖，以底价 1.3 亿港元（按当时的银行汇率，兑换人民币为 1.382 55 亿元）竞买了上述部分房产。上述房产拍卖后，房产公司按 1.382 55 亿元的拍卖成交价格，先后向税务部门缴付营业税 6 912 750 元并取得了相应的完税凭证。2006 年间，广州税稽一局在检查房产公司 2004 年至 2005 年地方税费的缴纳情况时，发现房产公司存在上述情况，立即展开调查。经向广州市国土资源和房屋管理局调取房产公司委托拍卖房产所在的周边房产的交易价格情况进行分析，广州税稽一局认为房产公司以 1.382 55 亿元出售上述房产，拍卖成交单价仅为 2 300 元/m²，不及市场价的一半，价格严重偏低。遂于 2009 年 8 月 11 日根据《税收征收管理法》第三十五条及《税收征收管理法实施细则》第四十七条的规定，作出税务检查情况核对意见书，核定房产公司委托拍卖的房产的交易价格为 311 678 775 元，并以 311 678 775 元为标准核定应缴纳营业税。房产公司应缴纳营业税 15 583 938.75 元，扣除已缴纳的 6 912 750 元，应补缴 8 671 188.75 元，该意见书同时载明广州税稽一局将按规定加收滞纳金及罚款的情况。

2009 年 9 月 14 日，广州税稽一局作出穗地税稽一处〔2009〕66 号税务处理决定，认为房产公司存在违法违章行为并决定：根据《税收征收管理法》第三十五条、《税收征管法实施细则》第四十七条、《中华人民共和国营业税暂行条例》第一条、第二条、第四条的规定，决定追缴房产公司未缴纳的营业税 8 671 188.75 元，并根据《税收征收管理法》第三十二条的规定，对房产公司应补缴的营业税加收滞纳金 2 805 129.56 元。房产公司不服广州税稽一局的处理决定，向广州市地方税务局申请行政复议。广州市地方税务局经复议后于 2010 年 2 月 8 日作出穗地税行复字〔2009〕8 号行政复议决定，维持了广州税稽一局的处理决定。

一审、二审房产公司均输了。

房产公司不服，向广东省高级人民法院申请再审，广东省高级人民法院作出"（2012）粤高法行申字第 264 号"驳回再审申请通知，驳回房产公司再审申请。

房产公司向本院申请再审称：

……

3. 被诉税务处理决定认定房产公司申报纳税存在"申报的计税依据明显偏低"和"无正当理由"的证据明显不足。

4. 再审申请人已经按照拍卖成交价足额申报纳税并取得主管税务机关出具的完税凭证，没有任何税法违法违章行为，被申请人无权重新核定应纳税额。

5. 即使再审申请人存在"申报的计税依据明显偏低"和"无正当理由"的

情况，被申请人也应当依照《税收征收管理法》第五十二条行使职权，其在再审申请人申报纳税四年多后进行追征税款和滞纳金，超过了《税收征收管理法》第五十二条关于税款和滞纳金追征期限的规定。税务机关追征税款和滞纳金，除法定的其他前提条件外，需受到三年追征期限的限制。

广州税稽一局答辩称：

……

2. 关于答辩人对拍卖成交价格不予认可的问题。

（1）答辩人质疑拍卖成交价的法律依据。《税收征收管理法》第三十五条第一款第六项所称的"纳税人申报的计税依据明显偏低，又无正当理由的"情形，并没有将拍卖成交价格明显偏低的情形排除在外。

（2）答辩人认为计税依据明显偏低的主要理由：一是拍卖价格与历史成交价相比悬殊。根据再审申请人提供的广州市东方会计师事务所有限公司2005年6月23日出具的《专项审计报告》显示，再审申请人全部物业的收入为7.17亿元，再审申请人约八成的收入是由约三成的物业销售产生，其余约二成的收入1.38亿元，是由再审申请人本次拍卖约七成的物业产生。二是本次拍卖成交价格明显偏低，明显偏离同期、同类、同档次物业的市场成交价格。三是拍卖成交价格远低于再审申请人自行提供的评估价和成本价。再审申请人委托拍卖的估价，均价约为8 400元/m²；再审申请人委托会计师事务所审计确认的成本均价约为7 100元/m²。

（3）关于计税依据明显偏低，无正当理由的依据。一是只有唯一竞买人。根据现行拍卖行规及《中华人民共和国拍卖法》的规定，拍卖应当公开竞价。只有两个或两个以上的竞买人才能进行竞价，没有竞买人竞争的不能称为拍卖，在仅有一位竞买人的情况下，应当中止拍卖。二是拍卖保证金门槛设置过高。本次拍卖保证金占拍卖保留价的比例高达50%，但再审申请人一直未对其拍卖前设立高额保证金门槛的具体理由，作出令人信服的解释，过高的保证金比例限制了其他潜在的竞买人参与拍卖竞买。三是拍卖保留价设置过低。依据《最高人民法院关于人民法院民事执行中拍卖、变卖财产的规定》第八条、《最高人民法院关于人民法院委托评估、拍卖工作的若干规定》第十三条的规定，拍卖保留价应参照财产评估价确定，本案申请人第一次拍卖就将拍卖保留价，设置约为其自行确定房产评估价的20%，明显不符合财产拍卖的惯常做法。四是拍卖的房产已办抵押，拍卖未征询全部抵押权人银行的同意。再审申请人在拍卖前并未按照《中华人民共和国担保法》等法律规定将本次拍卖的时间、地点等拍卖信息书面通知银行债权人，甚至个别债权人对此一无所知。五是竞买人拍卖前知道拍卖底价，交易双方有诚信问题。委托拍卖前，唯一竞买人曾私下接触拍卖行，拍卖行向其透露底价，违反公平交易原则。答辩人调查取证时，交易双方均否认拍卖前相识。事实上，交易双方法定代表人曾经是夫妻关系。

3. 关于追征税款、滞纳金问题。税务机关查补税款是法定的职责，再审申请人的房产于 2004 年 12 月 9 日拍卖成交，答辩人于 2006 年 9 月 18 日依法对再审申请人送达《税务检查通知书》，历经三年税务检查，并于 2009 年 9 月 16 日依法作出税务处理决定，系依法履行职责，本案也不属于《税收征收管理法》第五十二条第一款的情形，根据《税收征收管理法实施细则》第八十条规定，税务机关的责任是指税务机关适用法律、行政法规不当或者执法行为违法，本案不存在此类情形。再审申请人以其自认为合理的价格进行纳税申报，应对其未能如实、依法纳税申报的行为承担法律责任。

本院认为：本案争议的焦点问题是房产公司将涉案房产拍卖形成的拍卖成交价格作为计税依据纳税后，广州税稽一局在税务检查过程中能否以计税依据价格明显偏低且无正当理由为由重新核定应纳税额补征税款并加收滞纳金。结合双方当事人再审期间的诉辩意见，本院对当事人广州税稽一局将涉案房产拍卖价格作为计税依据申报纳税是否明显偏低且无正当理由、广州税稽一局追征税款和加收滞纳金是否合法等问题分别评述如下：

（一）关于房产公司以涉案房产的拍卖成交价格作为计税依据申报纳税是否存在"计税依据明显偏低，又无正当理由"情形的问题

根据《税收征收管理法》第三十五条第一款第六项规定，税务机关不认可纳税义务人自行申报的纳税额，重新核定应纳税额的条件有两个：一是计税依据价格明显偏低，二是无正当理由。房产公司委托拍卖的涉案房产拍卖实际成交价格 1.3 亿港元，明显低于房产公司委托拍卖时的 5.3 亿港元估值；涉案房产 2 300 元/m² 的平均成交单价，也明显低于广州税稽一局对涉案房产周边的写字楼、商铺和车库等与涉案房产相同或类似房产抽样后确定的最低交易价格标准，更低于房产公司委托的广州东方会计师事务所有限公司对涉案房产项目审计后确认的 7 123.95 元/m² 的成本价。因此，广州税稽一局认定涉案房产的拍卖价格明显偏

低并无不当。

拍卖是销售不动产的方式之一，不动产的公开拍卖价格就是销售不动产的营业额，应当作为营业税等税费的计税依据。就本案而言，广东省和广州市的地方税务局有更为明确的规范性文件可以参考，《广东省地方税务局关于拍卖行拍卖房地产征税问题的批复》（粤地税函〔1996〕215号）和《广州市地方税务局关于明确拍卖房地产税收征收问题的通知》（穗地税发〔2003〕34号）明确规定拍卖房地产的拍卖成交额可以作为征收营业税的计税价格；《广东省财政厅、广东省地方税务局关于规范我省二手房屋交易最低计税价格管理的指导性意见》（粤财法〔2008〕93号）规定，通过法定程序公开拍卖的房屋，以拍卖价格为最低计税价格标准。

对于一个明显偏低的计税依据，并不必然需要税务机关重新核定；尤其是该计税依据是通过拍卖方式形成时，税务机关一般应予认可和尊重，不宜轻易启动核定程序，以行政认定取代市场竞争形成的计税依据。

但应当明确，拍卖行为的效力与应纳税款核定权，分别受民事法律规范和行政法律规范调整，拍卖行为有效并不意味税务机关不能行使应纳税额核定权，另行核定应纳税额也并非否定拍卖行为的有效性。具体到本案，广州税稽一局在被诉税务处理决定中认定拍卖价格明显偏低且无正当理由的主要依据是，涉案房产以底价拍卖给唯一参加竞买的盛丰实业有限公司，而一人竞买不符合拍卖法关于公开竞价的规定，扭曲拍卖的正常价格形成机制，导致实际成交价格明显偏低。此问题的关键在于，在没有法定机构认定涉案拍卖行为无效，也没有充分证据证明涉案拍卖行为违反拍卖法的禁止性规定，涉案拍卖行为仍然有效的情况下，税务机关能否以涉案拍卖行为只有一个竞买人参加竞买即一人竞拍为由，不认可拍卖形成的价格作为计税依据，直接核定应纳税额。一人竞拍的法律问题较为特殊和复杂，拍卖法虽然强调拍卖的公开竞价原则，但并未明确禁止一人竞拍行为，在法律或委托拍卖合同对竞买人数量没有作出限制性规定的情况下，否定一人竞买的效力尚无明确法律依据。但对于拍卖活动中未实现充分竞价的一人竞拍，在拍卖成交价格明显偏低的情况下，即使拍卖当事人对拍卖效力不持异议，因涉及国家税收利益，该拍卖成交价格作为计税依据并非绝对不能质疑。本案中，虽然履行拍卖公告的一人竞拍行为满足了基本的竞价条件，但一人竞拍因仅有一人参与拍卖竞价，可能会出现竞价程度不充分的情况，特别是本案以预留底价成交，而拍卖底价又明显低于涉案房产估值的情形，即便房产公司对拍卖成交价格无异议，税务机关基于国家税收利益的考虑，也可以不以拍卖价格作为计税依据，另行核定应纳税额。同时，"计税依据明显偏低，又无正当理由"的判断，具有较强的裁量性，人民法院一般应尊重税务机关基于法定调查程序作出的专业认定，除非这种认定明显不合理或者滥用职权。广州税稽一局在被诉税务处理决定中认定涉案拍卖行为存在一人竞拍、保留底价偏低的情形，广州市地方税务局经复议补充认为，涉案拍卖行为保证金设置过高，一人竞拍导致拍卖活动缺乏竞争，以较低的保留底价成交，综合判定该次拍卖成交价格不能反映正常的市场价格，且房产公司未能合理说明上述情形并未对拍卖活动的竞价产生影响的情况下，广州税稽一局行使核定权，依法核定房产公司的应纳税款，并未违反法律规定。

（二）关于广州税稽一局核定应纳税款后追征税款和加征滞纳金是否合法的问题

税收征管法对税务机关在纳税人已经缴纳税款后重新核定应纳税款并追征税款的期限虽然没有明确规定，但并不意味税务机关的核定权和追征权没有期限限制。税务机关应当在统筹兼顾保障国家税收、纳税人的信赖利益和税收征管法律关系的稳定等因素的基础上，在合理期限内核定和追征。在纳税义务人不存在违反税法和税收征管过错的情况下，税务机关可以参照《税收征收管理法》第五十二条第一款规定确定的税款追征期限，原则上在三年内追征税款。本案核定应纳税款之前的纳税义务发生在 2005 年 1 月，广州税稽一局自 2006 年对涉案纳税行为进行检查，虽经三年多调查后，未查出德发公司存在偷税、骗税、抗税等违法行为，但依法启动的调查程序期间应当予以扣除，因而广州税稽一局 2009 年 9 月重新核定应纳税款并作出被诉税务处理决定，并不违反上述有关追征期限的规定。房产公司关于追征税款决定必须在 2008 年 1 月 15 日以前作出的主张不能成立。

因此，广州税稽一局重新核定房产公司拍卖涉案房产的计税价格后新确定的应纳税额，纳税义务应当自核定之日发生，其对房产公司征收该税款确定之前的滞纳金，没有法律依据。此外，被诉税务处理决定没有明确具体的滞纳金起算时间和截止时间，也属认定事实不清。

综上，广州税稽一局核定房产公司应纳税额，追缴 8 671 188.75 元税款，符合《税收征收管理法》第三十五条、《税收征管法实施细则》第四十七条的规定；广州税稽一局认定房产公司存在违法违章行为没有事实和法律依据；责令房产公司补缴上述税费产生的滞纳金属于认定事实不清且无法律依据。判决如下：

一、撤销广州市中级人民法院（2010）穗中法行终字第564号行政判决和广州市天河区人民法院（2010）天法行初字第26号行政判决；

二、撤销广州市地方税务局第一稽查局穗地税稽一处〔2009〕66号税务处理决定中对广州房产公司征收营业税滞纳金2 805 129.56元的决定；

三、责令广州市地方税务局第一稽查局在本判决生效之日起三十日内返还已经征收的营业税滞纳金2 805 129.56元，并按照同期中国人民银行公布的一年期人民币整存整取定期存款基准利率支付相应利息；

四、驳回广州房产公司其他诉讼请求。

纳税信用评价指标和评价方式（试行）

纳税人信用历史信息	基本信息	税务登记信息：纳税人名称、纳税人识别号、注册地址、经营地址……			
		人员信息：法定代表人（姓名＋身份证号码）、财务负责人（姓名＋身份证号码）、出纳（姓名＋身份证号码）、办税人（姓名＋身份证号码）			
		经营信息：×× 年度经营收入合计 ×× 元，已缴税款合计 ×× 元（其中：增值税 ×× 元，消费税 ×× 元……）			
	评价年度之前优良信用记录	外部门信用最高级别 （比如：2010 年：海关 ××，工商 ××，质检 ××，环保 ××，银行 ××……） （比如：2011 年：海关 ××，工商 ××，质检 ××，环保 ××，银行 ××……）			
		本部门 A 级信用记录（比如：2010 年，2011 年，2012 年……）			
		国 / 地税稽查无问题年份（比如：2011 年，2012 年……）			
	评价年度之前不良信用记录	外部门信用最低级别 （比如：2010 年：海关 ××，工商 ××，质检 ××，环保 ××，银行 ××……） （比如：2011 年：海关 ××，工商 ××，质检 ××，环保 ××，银行 ××……）			
		本部门 D 级信用记录（比如：2010 年，2011 年，2012 年……）			

	一级指标	二级指标	三级指标	扣分标准	直接判级
税务内部信息	经常性指标信息	01. 涉税申报信息	0101. 按照规定申报纳税	010101. 未按规定期限纳税申报（按税种和按次计算）	5 分	
				010102. 未按规定期限代扣代缴（按税种和按次计算）	5 分	
				010103. 未按规定期限填报财务报表	3 分	
				010104. 评价年度内非正常原因增值税连续 3 个月或累计 6 个月零申报、负申报的	11 分	
				010105. 自纳税人向税务机关办理纳税申报之日起不足 3 年的	11 分	

续上表

税务内部信息	经常性指标信息	一级指标	二级指标	三级指标	扣分标准	直接判级
税务内部信息	经常性指标信息	01. 涉税申报信息	0102. 增值税抄报税	010201. 增值税一般纳税人未按期抄报税的（按次计算）	5分	
			0103. 出口退（免）税申报与审核	010301. 未在规定期限内办理出口退（免）税资格认定的（按次计算）	3分	
				010302. 未按规定设置、使用和保管有关出口货物退（免）税账簿、凭证、资料的；未按规定装订、存放和保管备案单证的（按次计算）	3分	
				010303. 未按规定报送出口退税申报资料的（按次计算）	3分	
				010304. 从事进料加工业务的生产企业，未按规定期限办理进料加工登记、申报、核销手续的	3分	
				010305. 出口企业提供虚假备案单证的	11分	
				010306. 将应适用增值税征税政策的出口货物劳务及服务申报出口退（免）税	11分	
			0104. 税收优惠资格资料真实申报	010401. 增值税优惠申报材料虚假；010402. 消费税优惠申报材料虚假；010403. 营业税优惠申报材料虚假；010404. 企业所得税优惠申报材料虚假；010405. 车船使用税申报材料虚假；010406. 印花税优惠申报材料虚假；010407 契税优惠申报材料虚假；010408. 土地增值税优惠申报材料虚假；010409. 城市维护建设税优惠申报材料虚假；010410. 资源税优惠申报材料虚假；010411. 耕地占用税优惠申报材料虚假；010412. 土地使用税优惠申报材料虚假；010413. 房产税优惠申报材料虚假	—	直接判 D
			0105. 未按规定报送相关涉税资料	010501. 未按规定时限报送财务会计制度或财务处理办法；010502. 使用计算机记账，未在使用前将会计电算化系统的会计核算软件、使用说明书及有关资料报送主管税务机关备案的；010503. 纳税人与其关联企业之间的业务往来未按规定标准提供有关价格、费用标准信息而未提供的；010504. 未按规定提供其他涉税资料的（按次计算）	3分	
				010505. 未在规定时限内向主管税务机关报告开立（变更）账号的	5分	
				010506. 提供虚假涉税资料，不如实反映或拒绝提供涉税资料的	11分	

续上表

一级指标	二级指标	三级标准	扣分标准	直接判级
税务内部信息 经常性指标信息 02.税（费）款缴纳信息	0201.欠缴税款（费）次数	020101.未按规定期限缴纳已申报或批准延期申报的应纳税（费）款的（按次计算）	5分	
	0202.欠缴税款金额	020201.至评定期末，已办理纳税申报后纳税人未在税款缴纳期限内缴纳的税款或经批准延期缴纳的税款，纳税人未在税款缴纳期限内缴纳的税款在5万元以上的（含）	11分	
		020202.至评定期末，已办理纳税申报后纳税人未在税款缴纳期限内缴纳的税款或经批准延期缴纳的税款，纳税人未在税款缴纳期限内缴纳的税款在5万元以下的	3分	
	0203.未按规定履行代扣代缴义务	020301.已扣未收税款，未按规定解缴的（按次计算）	11分	
		020302.应扣未扣，应收不收税款的（按次计算）	3分	
	0204.核定征收	020401.日常管理中被税务机关依职权核定计算税款的（按税种）	11分	
税务内部信息 经常性指标信息 03.发票与税控器具信息	0301.发票开具、取得、保管、缴销、报告	030101.应当开具而未开具发票；030102.使用电子器具开具发票，未按规定保存、报送开具发票数据的（按次计算）	5分	
		030103.未按规定保管纸质发票并造成发票损毁、遗失的；030104.纸质发票未加盖发票专用章；030105.未按规定向税务机关报告发票使用情况的；030106.未按照规定缴销发票；030107.未按规定区域携带、邮寄、运输或者存放纸质空白发票；030108.违规跨境开具发票（按次计算）	3分	
		030109.擅自损毁发票的（按次计算）	11分	
		030110.虚开增值税专用发票或善意取得虚开增值税专用发票的；030111.非法代开发票的；030112.私自印制、伪造、变造发票、非法制造发票防伪专用品的；030113.转借、转让、介绍他人转让发票、发票监制章和发票防伪专用品的；030114.知道或者应当知道是私自印制、伪造、变造、非法取得或者废止的发票而受让、开具、存放、携带、邮寄、运输的；030115.违反增值税专用发票管理规定、违反发票管理规定，致其他单位或者个人未缴、少缴或者骗取税款的	—	直接判D

一级指标	二级指标	三级指标	扣分标准	直接判级
税务内部信息 经常性指标信息	03. 发票与税控器具信息 0302. 税控器具安装、使用、保管	030201. 未按照税务机关的要求安装、使用税控装置的；030202. 未按规定申请办理增值税税控系统变更发行的	3分	
		030203. 损毁或者擅自改动税控装置的	11分	
		030204. 未按规定保管税控专用设备造成毁遗失的（按次计算）	1分	
	04. 登记与账簿信息 0401. 税务登记	040101. 未按规定期限办理税务登记或变更税务登记的；040102. 未按规定开具或核销外出经营税管理证明的（按次计算）	3分	
		040103. 有非正常户记录的其他纳税人；040104. 非正常户直接责任人员注册登记或成负责经营的其他纳税户；040105.D级纳税人的直接责任人员注册登记或成负责经营的其他纳税户	—	直接判D
		040106. 法律规定对纳税人进行强制认定，纳税人未在规定时限内办理税务认定的（如增值税一般纳税人认定等）	5分	
	0402. 账簿与凭证	040201. 应设置未设置或未按照规定设置账簿、记账凭证以及其他纳税资料的；040202. 未按规定保管账簿、记账凭证以及其他纳税资料的	11分	
		040203. 账目混乱，残缺不全、难以查账以查账或原始凭证不合法、不真实的；040204. 不能按照国家统一的会计制度规定设置账簿，并根据合法、有效凭证核算，向税务机关提供准确财务资料的	11分	
税务内部信息 非经常性指标信息	05. 纳税评估、税务审计、反避税调查信息 0501. 纳税评估信息	050101. 补税金额不满1万元且占当年应纳税额不满1%、已补缴税款、加收滞纳金、缴纳罚款的	1分	
		050102. 补税金额不满1万元且占当年应纳税额1%以上、已补缴税款、加收滞纳金、缴纳罚款的	1分+（应补税款÷评价期应纳税款×100%）	
		050103. 补税金额1万元以上且占当年应纳税额不满1%、已补缴税款、加收滞纳金、缴纳罚款的	3分	

续上表

一级指标	二级指标	三级指标	扣分标准	直接判级
	0501. 纳税评估信息	050104. 补税金额 1 万元以上且占当年应纳税额 1% 以上，已补缴税款、加收滞纳金、缴纳罚款的	3 分 +（应补税款 ÷ 评价期应纳税款 × 100%）	
		050105. 无补税，行为罚 2 000 元或以下且已缴纳（按次计算）	1 分	
		050106. 无补税，行为罚 2 000 元以上且已缴纳（按次计算）	3 分	
		050107. 在规定期限内未补交或补足额补缴税款、滞纳金和罚款	—	
		050108. 拒绝、阻挠税务机关依法进行纳税评估的	11 分	直接判 D
05. 纳税评估、税务审计、反避税调查信息	0502. 大企业税务审计信息	同 050101	1 分	
		同 050102	1 分 +（应补税款 ÷ 评价期应纳税款 × 100%）	
		同 050103	3 分	
		同 050104	3 分 +（应补税款 ÷ 评价期应纳税款 × 100%）	
		同 050105	1 分	

非经常性指标信息

税务内部信息

续上表

一级指标	二级指标	三级指标	扣分标准	直接判级
05. 纳税评估、税务审计、反避税调查信息	0502. 大企业税务审计信息	同 050106	3分	
		同 050107	—	直接判 D
		050208. 拒绝、阻挠税务机关依法进行大企业税务审计的	11分	
	0503. 反避税调查信息	050301. 拒绝、阻挠税务机关依法进行反避税调查或拒绝提供反避税调查资料的	11分	
06. 税务稽查信息	0601. 涉税犯罪	060101. 存在逃避缴纳税款、逃避追缴欠税、骗取出口退税、虚开增值税专用发票等行为，构成犯罪的；060102. 骗取国家出口退税款、被停止出口退（免）税资格期间的；060103. 以暴力、威胁方法拒不缴纳税款或者拒绝、阻挠税务机关依法实施税务稽查执法行为的	—	直接判 D
	0602. 涉税违法被行政处罚	060201. 存在偷税行为，未构成犯罪，但偷税（逃避缴纳税款）金额 10 万元以上且占当年各税种应纳税总额 10% 以上、已缴纳税款、滞纳金和罚款的	—	直接判 D
		060202. 存在逃避追缴欠税、骗取出口退税、虚开增值税专用发票等税收违法行为，未构成犯罪、已缴纳税款、滞纳金和罚款的	—	直接判 D
06. 税务稽查信息	0603. 发现少缴税款行为，作出补缴税款处理	同 050101	1分	
		同 050102	1分＋（应补税款÷评价期应纳税款×100%）	
		同 050103	3分	

一级指标列左侧纵向文字：

税务内部信息　非经常性指标信息

税务内部信息　非经常性指标信息

续上表

一级指标	二级指标	三级指标	扣分标准	直接判级
税务内部信息 非经常性指标信息 06.税务稽查信息	0603.发现少缴税款的行为，作出补缴税款处理	同050104	3分＋（应补税款÷评价期应纳税款×100%）	
		同050105	1分	
		同050106	3分	
	0604.拒绝、阻挠税务机关执法	060401.拒绝或阻止税务执法人员依法开展入户检查时的记录、录音、录像、照相和复制的	11分	
一级指标	二级指标			评级标准
外部信息 外部参考信息	评价年度优良信用记录	外部门信用最高级别（比如：2014年：海关××，工商××，质检××，环保××，银行××……）		仅记录，不扣分
	评价年度不良信用记录	外部门信用最低级别（比如：2014年：海关××，工商××，质检××，环保××，银行××……）		仅记录，不扣分
外部评价信息	银行	银行账户设置数大于纳税人向税务机关提供数		扣11分
	工商	已经在工商部门完成股权转让变更登记或其他涉税变更登记的纳税人至评价年度结束时未向税务机关报告		扣11分
	房管、土地管理部门或媒介	欠税5万元以上纳税人处置其不动产或大额资产之前未向税务机关报告相关信息		扣11分
	海关	进口货物报关数小于增值税进项申请抵扣数		扣11分
	……	……		……